4457   8531

S0-BJB-157

LA APACIBLE Y PODEROSA

VOZ DE DIOS

WITHDRAWN

BEAVERTON CITY LIBRARY
Beaverton, OR 97005
Member of Washington County
COOPERATIVE LIBRARY SERVICES

WITHDRAWN

BILL HYBELS

LA APACIBLE Y PODEROSA

VOZ DE DIOS

CÓMO ESCUCHAR A DIOS
Y TENER AGALLAS PARA RESPONDER.

 Vida®

La misión de Editorial Vida es ser la compañía líder en comunicación cristiana que satisfaga las necesidades de las personas, con recursos cuyo contenido glorifique a Jesucristo y promueva principios bíblicos.

LA APACIBLE Y PODEROSA VOZ DE DIOS
Edición en español publicada por
Editorial Vida – 2010
Miami, Florida

©2010 por Bill Hybels

Originally published in the USA under the title:
Power of a Whisper
©2010 by Bill Hybels
Published by permission of Zondervan, Grand Rapids, Michigan 49530
All rights reserved. Further reproduction or distribution is prohibited.

Traducción: *Marcela Robaina*
Edición: *Madeline Díaz*
Diseño interior : *Cathy Spee*
Adaptación de cubierta: *Gus Camacho*

RESERVADOS TODOS LOS DERECHOS.

ISBN: 978-0-8297-5559-6

CATEGORÍA: Vida cristiana / Crecimiento espiritual

IMPRESO EN ESTADOS UNIDOS DE AMÉRICA
PRINTED IN THE UNITED STATES OF AMERICA

10 11 12 13 ❖ 6 5 4 3 2 1

Para Dick y Betsy DeVos
y
Ron y Sharon VanderPol

Solo cuando lleguemos a la otra orilla podrán ustedes saber
todo lo que significó su amistad y respaldo
para la familia Hybels
y la familia mundial de Willow Creek

Libros de Bill Hybels

Axioma

Divina insatisfacción

Simplemente acércate a ellos

La revolución de los voluntarios

Liderazgo audaz

Redescubriendo la iglesia (con Lynne Hybels)

¿Lo juro por Dios?

Aptos para casarse (con Lynne Hybels)

Descendiendo hacia la grandeza (con Rob Wilkins)

Conviértase en un cristiano contagioso (con Mark Mittelberg y Lee Strobel)

CONTENIDO

Reconocimientos   9

Prólogo de Wayne Cordeiro   11

Introducción: Una odisea de cincuenta años de mensajes   15

1. El oído de Samuel   19

2. Un Dios que se comunica   37

3. Infinidad de pruebas   57

4. Cómo reconocer la voz de Dios   83

5. Los mensajes de Dios por escrito   103

6. Luz para las noches oscuras del alma   129

7. Mandatos para los padres   147

8. Cuando Dios habla a través de otras personas   167

9. Mensajes que cambian el mundo   183

10. Basta con que digas una sola palabra   211

Apéndices

1. Versículos bíblicos para grabar en tu corazón   229

2. «¿Este mensaje será en realidad de Dios?»   233

Notas   237

RECONOCIMIENTOS

Todo comenzó con mi maestra cristiana de segundo grado, la señorita Van Solen, la cual se tomó el tiempo para aconsejar a un pequeño muchacho y desafiarlo a reflexionar en un sencillo poema de cuatro versos.

La oportunidad de plasmar este material en un libro se la debo a la gentileza de Moe Girkens, presidente de Zondervan.

Ashley Wiersma me ayudó a conceptualizar el contenido y revisó los manuscritos hasta el último momento.

Mi esposa, Lynne, su amiga September Vaudrey y yo armamos un equipo para realizar la edición final.

Mi hija, Shauna, que ya es una autora por derecho propio, me inspiró para hacer de este libro mi mejor obra hasta el momento.

Mi hijo, Todd, es un ejemplo vivo de un joven que toma muy en serio la voz de Dios.

¿Y qué puedo decir de la congregación de la Iglesia Comunitaria de Willow Creek? Hace ya más de treinta y cinco años que me escuchan predicar sobre los mandatos y la voz de Dios. Sin embargo, lo que es más importante, ellos han tenido el valor de obedecer la dirección del Espíritu Santo, aun cuando el precio fue alto.

A ustedes, mis colegas, familia y comunidad de la fe, mi más profundo agradecimiento.

PRÓLOGO
DE WAYNE CORDEIRO

ALLÁ POR LOS AÑOS SETENTA, ANTES DE LA LLEGADA AL mercado de los afinadores digitales de guitarra, yo era un músico en ciernes (después de varias décadas, todavía lo soy) y tenía que prepararme para interpretar una canción en una convención juvenil. Afinar una guitarra en aquellos días requería que cada una de las cuerdas del instrumento estuviera armonizada con las demás cuerdas. No es una tarea difícil, pero otra banda que iba a presentarse en el mismo programa estaba haciendo una prueba de sonido a todo volumen. Mi pobre Martins no podía competir con los potentes amplificadores Marshall de estos estridentes artistas cargados de adrenalina. Tenía que apoyar la oreja casi contra la boca de la guitarra y rasgar las cuerdas con toda la fuerza posible; no obstante, la música retumbante que emitía el sistema competidor ahogaba mis mejores esfuerzos. Finalmente, como último recurso, apoyé el oído contra la caja de madera del instrumento. Entonces, a pesar de los ataques estruendosos de los roqueros, podía escuchar los tiernos sonidos de mi guitarra acústica bien, sin problemas, apaciblemente.

Lo mismo pasa con Dios. Cuando quiere que sus hijos lo escuchen, nuestro Padre no compite ni disputa por conseguir toda nuestra atención. A menudo no hace más que tocarnos el hombro, tan ligeramente que si no reconocemos la fuente podríamos desestimarlo. Él nos susurra, con suaves murmullos que nos invitan a inclinar el oído, o toda nuestra vida, hasta apoyarlo contra sus labios.

Mis primeros recuerdos de escuchar a Dios se remontan a cuando estaba en séptimo grado. Era un joven católico viviendo con mi familia en Japón. Conocía el catecismo, pero no conocía a la persona de Cristo. Sabía que Dios estaba «por algún lado», pero no había aprendido todavía a reconocer el sonido de su voz.

Más o menos por aquella época fui con una pareja de misioneros que eran amigos de la familia a visitar una ciudad cercana durante unos días. Mientras los observaba trabajar con un grupo de huérfanos indefensos y sin esperanza, tuve la sensación de percibir un mensaje divino de lo alto: «Esto es lo que harás, Wayne. Ayudarás a las personas por el resto de tu vida».

Hasta el día de hoy, todavía me veo sentado en aquel orfanato, atento a las conversaciones, testigo del amor mutuo, sintiendo palpitar el gozo que se siente al poder satisfacer las necesidades más profundas de los demás, y con la certidumbre de que a partir de ese momento mi vida cambiaría de forma radical. Pasado el tiempo, le entregaría mi vida a Cristo y descubriría que la voz que escuché aquel día había sido la voz de Dios.

Nuestra vida tiene una frecuencia diseñada para permanecer afinados, y esa frecuencia es la voz única de Dios. Una vez que aprendamos a escucharla —y *es posible* reconocerla cada vez mejor— descubriremos que nuestro deseo de ella se intensifica a medida que nuestro ser se esfuerza por escuchar a Dios cada vez más. La percibí por primera vez cuando tenía doce años y desde entonces la reconozco siempre. Nada inflará las velas de nuestra vida como la capacidad de absorber el aliento venido del cielo.

Hace poco, mi vida me llevó directamente al pozo profundo del agotamiento mental. Ya no podía escuchar la voz de Dios y estaba convencido de que mi pasión por el ministerio se había esfumado. Mi futuro era sombrío, nebuloso y opaco. Sin embargo, durante esa estación de silencio casi absoluto, conocí de primera mano el poder de un susurro. Aprendí a percibir el sonido de la calma y, en medio de esa tranquilidad, finalmente escuché hablar a Dios. «Entrena líderes», parecía decirme.

¿Entrenar líderes? ¿Hablaba Dios en serio?

Estaba pasando por el dolor emocional más intenso de mi vida y la solución de Dios a mi estado de agotamiento era darme otra tarea que realizar.

Lo que Dios sabía y yo ignoraba en aquella ocasión era que sus hermosas palabras de sabiduría no pretendían ser un consuelo. El propósito era infundirme *confianza*, algo que en realidad necesitaba en aquellas circunstancias. Dios no pretendía aerotransportarme; en vez de sacarme del pozo, me ofrecía un camino de salida *a través* de él. Dios sabía que en el fondo de mi corazón no deseaba abandonar mi vocación, a mi familia o mi vida. Lo que en verdad necesitaba era la certeza de que todavía podría contribuir a favor del Reino. Una vida de ocio era tentadora para mi carne, pero lo que necesitaba de veras y con desesperación era algo que alimentara mi alma.

Isaías 30:21 dice: «Ya sea que te desvíes a la derecha o a la izquierda, tus oídos percibirán a tus espaldas una voz que te dirá: "Éste es el camino; síguelo"». Descubrí que durante aquellos días difíciles, escuchaba a Dios paso a paso. Para comenzar el día, me sumergía en un pasaje de su Palabra, a fin de disponerme a escuchar su voz de nuevo. Una vez que recibía algunas instrucciones, me lanzaba a trabajar. No obstante, al llegar al primer terreno resbaladizo o precipicio escarpado, me daba cuenta de que necesitaba otra inyección de ayuda. «No tengo más luz», le decía a Dios. Y una y otra vez él ampliaba el área de iluminación para que pudiera dar otro pequeño paso.

Hoy, solo por pura obediencia a ese susurro divino que escuché en el pozo, divido mi tiempo entre mi iglesia original en Hawai y una facultad bíblica en Oregón, donde colaboro con la formación de jóvenes hombres y mujeres que serán los pastores del mañana. Sin embargo, a pesar de los éxitos evidentes que he tenido por obedecer al pedido de Dios de entrenar líderes, creo que lo que él en realidad quería era que apoyara mi vida contra sus labios.

Es probable que esto también sea cierto para ti. Tal vez tomaste este libro porque deseas recibir un aporte circunstancial de Dios: ¿Qué quiere Dios para tu futuro? ¿Alguna vez se hará realidad el trabajo que deseas? ¿Qué piensa hacer Dios con respecto a tu cónyuge? ¿La vida te dará un respiro alguna vez? Con todo, creo que si sostienes este libro en tus manos, en realidad es para aprender a depender más de Dios.

La apacible y poderosa voz de Dios es el «rayo abductor» del alma que los profetas de antaño escuchaban a diario. En la cacofonía del mundo moderno, en medio del ruido de los teléfonos celulares, los correos electrónicos y los mensajes de texto, lo que diferenciará al pueblo de Dios de otras personas será la capacidad de escuchar y obedecer los mensajes de lo alto. Espero que lean y reflexionen detenidamente sobre estas cosas. Renueven su aptitud para distinguir el suave timbre de la voz de nuestro amante Padre. Afinen su vida para que no desentone con la única frecuencia que en verdad puede saciar nuestra alma. Anímense hoy a responder con valor a los delicados susurros de Dios.

UNA ODISEA DE CINCUENTA AÑOS DE MENSAJES

IMAGINEN MI SORPRESA CUANDO DESPUÉS DE UN SERVICIO DE FIN de semana en nuestra iglesia, miré a los ojos de una persona que no había visto en casi cincuenta años. «¿Me recuerdas?», preguntó el hombre de negocios, que tendría más o menos mi edad, mientras los ojos se le nublaban de lágrimas. A decir verdad, no lo recordaba.

Me dio algunas pistas y entonces pude ubicarlo sin dificultad. Recordé no solo su nombre, sino los nombres de otros seis jóvenes con los que habíamos compartido una cabaña durante un campamento de verano.

Intentamos ponernos al día en unos instantes y actualizar cinco décadas de noticias en un breve lapso. Luego, mientras él observaba el espacioso auditorio, me miró fijamente y me preguntó: «¿Cómo llegaste a todo esto?».

Le describí cómo comenzamos la obra de la Iglesia Comunitaria de Willow Creek a mediados de los setenta en una sala de cine alquilada y cómo muchos años después adquirimos un predio y colocamos los cimientos para construir las instalaciones permanentes.

«No», me interrumpió mi antiguo compañero de cabaña, «no me refería a cómo lograste tener este *edificio*. Me refería a cómo tu *vida* llegó a ser como es».

Luego me comentó que probablemente no me agradaría saber cómo terminaron las vidas del resto de los compañeros del campamento y que él no pensaba aburrirme con los detalles de su propia saga. «Sin embargo, con franqueza, nunca me hubiera imaginado que tu vida iba a resultar de esta manera», me dijo. Miró la fila de personas que aún aguardaban para saludarme y me sugirió que nos encontráramos un día para cenar y conversar. Nos estrechamos la mano y nos despedimos.

Esa noche, ya acostado, con la mirada perdida en el cielorraso, reflexioné sobre cómo podría ayudar a mi compañero de campamento a comprender la verdad sobre el curso insospechado que había tomado mi vida. ¿Cómo explicarle a este cínico e inteligente hombre de negocios que mi odisea de cincuenta años era fruto de una serie de mensajes de Dios? Aun más, que se debía a mensajes *inaudibles*. Suponía que el empleo de dicho lenguaje acortaría considerablemente nuestra cena, pero no tenía otra explicación. Mi trayectoria de vida se reduce a una serie de mandatos imprevistos que recibí del cielo y marcaron el rumbo de mi vida: una vida que nunca hubiera podido prever.

DECIDÍ ESPERAR TREINTA Y CINCO AÑOS ANTES DE ESCRIBIR UN libro acerca de cómo los mensajes que Dios me susurró influyeron en mi vida... en parte, debido a la controversia que esta cuestión suele generar. Aun hoy, cuando menciono en público los mensajes que recibo de Dios, no alcanzo a descender del podio antes de verme rodeado de media docena de personas prestas a recordarme que muchos asesinos se defienden y justifican sus crímenes diciendo: «Dios me dijo que lo hiciera». Los cristianos conservadores cuestionan mi ortodoxia cuando describo mis experiencias con los mandatos del Espíritu Santo, mientras que a los cristianos más seculares esto les causa risa o les comentan a sus cónyuges que Hybels perdió la cordura. O ambas cosas.

Con todo, creo que escuchar la voz apacible del Dios trascendente es uno de los privilegios más extraordinarios de mi vida... y constituye potencialmente la dinámica más transformadora de la fe cristiana. Cuando la gente oye una voz del cielo, es difícil que siga siendo la misma. Cuando el Dios soberano decide comunicarse con alguien —que puede tener ocho, dieciocho u ochenta años— el mundo de esa persona se estremece. Sin temor a exagerar, puedo afirmar que la apacible voz de Dios me salvó de una vida de aburrimiento y destrucción. Sus mensajes allanaron mis sendas, me rescataron de la tentación y me infundieron nuevas fuerzas en los momentos de mayor angustia, cuando había perdido toda esperanza. ¡Me inspiraron a tener una vida «a toda máquina», como la llaman los aficionados a las lanchas!

¿Por qué tomarme entonces el trabajo de escribir las palabras plasmadas en estos capítulos? Porque creo y estoy convencido de que Dios también tiene mensajes para ti. Si bajas el volumen del ruido ambiental de tu vida y le prestas una atención expectante a la voz apacible de Dios, lo escucharás. Y cuando sigas esa guía, Dios hará estremecer tu mundo. Comencemos, entonces.

Bill Hybels
South Haven, Michigan
Agosto 2009

Capítulo 1

EL OÍDO DE SAMUEL

Me crié en una familia cristiana y asistí a una escuela cristiana de niño, lo que evidentemente tiene tanto ventajas como desventajas. Ahora que tengo una apreciación adulta de la sólida educación espiritual que recibí, valoro más uno de los aspectos positivos: Todos los días, antes del recreo, me sentaba con mis compañeros de clase para escuchar una breve historia de la Biblia que nos leía nuestra maestra. Mientras más atendíamos, más rápido ella leía; y mientras más rápido leía, más pronto podíamos salir al campo de béisbol. Con esa motivación, era todo oídos durante todo el día.

Uno de aquellos días, cuando estaba en segundo grado en una escuela de Kalamazoo, en el estado de Michigan, mi maestra leyó la historia acerca de Elí —un trabajador anciano del templo— y un joven llamado Samuel, al que Elí cuidaba y educaba. Según esta historia, una noche después de acostarse Samuel creyó escuchar que Elí lo llamaba. Se levantó, acudió corriendo a donde descansaba Elí y le dijo:

—Aquí estoy. ¿Para qué me llamó usted?[1]

Elí miró al joven Samuel. El anciano frunció el ceño, confundido.

—Yo no te he llamado —respondió Elí—. Vuelve a acostarte[2].

Samuel, por supuesto, obedeció. Sin embargo, un poco más tarde, volvió a escuchar su nombre.

—¡Samuel! —oyó que la voz lo llamaba.

Samuel se levantó, corrió hacia donde estaba Elí y le dijo:

—Aquí estoy, ¿me llamó usted?

Elí le dijo de nuevo al muchacho que él no lo había llamado. Y Samuel volvió una vez más a su cama.

A la tercera ocasión, el anciano al fin se dio cuenta de lo que sucedía.

—Samuel, quizás Dios tiene un mensaje para ti —le explicó Elí—. Ve y acuéstate. Si alguien vuelve a llamarte, dile: «Habla, Señor, que tu siervo escucha»[3].

El texto bíblico dice que Samuel se fue y se acostó en su cama[4], y poco después oyó que mencionaban su nombre de nuevo.

—¡Samuel! ¡Samuel! —lo llamó el Señor.

—Habla, que tu siervo escucha —respondió Samuel sin demora[5].

El mensaje que el Señor le comunicó al joven Samuel fue una promesa profética que afectaría de forma radical a toda una nación. No obstante, sentado en mi banco de madera de la escuela, el contenido de aquel mensaje no fue lo que me llamó la atención. Lo más impactante fue que el contenido del mensaje se transmitió por los oídos y labios de un pequeño niño.

La campana que daba comienzo al recreo sonó, la señorita Van Solen se levantó y mis compañeros salieron corriendo por la única puerta del salón. Yo solía ser el primero en llegar al campo a fin de elegir los equipos, designar quiénes jugarían en cada puesto y organizar en general el deporte del día. No fue así en aquella ocasión. Me quedé pegado a mi asiento. La historia que leyó la maestra me había dejado apabullado, y no entendía bien por qué.

Cuando quedé a solas en el salón con la señorita Van Solen, me incorporé y con las manos hundidas en los bolsillos me acerqué a mi maestra.

—¿Qué quieres, Billy? —preguntó, tal vez temiendo lo peor, dado que era la hora del recreo y yo todavía no había salido.

—Señorita Van Solen —dije mientras la voz se me entrecortaba—, ¿Dios *todavía* les habla a los niños?

Ella sonrió y se le escapó un suspiro de alivio. Apoyó ambas manos sobre mis pequeños hombros y me miró directo a los ojos.

—*Sí*, Billy —declaró—. Estoy segura de que lo hace. Y si aprendes a guardar silencio y prestas atención, incluso te hablará a ti. Estoy *segura* de eso.

Sentí un gran alivio al considerar por primera vez en mis siete años de vida que tal vez el cristianismo era algo más que un montón de normas antiguas, credos y conductas caprichosas. Tal vez Dios hablaba *de veras*. Quizás me hablara a mí.

Satisfecho con su respuesta, me volví para salir a las canchas de béisbol.

—Billy, espera, tengo algo para ti —me llamó la señorita Van Solen mientras me retiraba. Hurgó en el primer cajón de su escritorio—. Por alguna razón guardé este poema aquí, pero quisiera dártelo ahora. Quizás te ayude, en vista de lo que conversamos hoy.

Ella colocó una hoja doblada en la palma de mi mano y me despidió con una leve inclinación de cabeza.

AQUELLA NOCHE, MIENTRAS ME PONÍA EL PIJAMA, NO PODÍA alejar de mi mente la idea de que tal vez Dios me hablara algún día. Busqué en los bolsillos de mis pantalones del uniforme y saqué el papel que me había dado la señorita Van Solen. Abrí la hoja arrugada y la estiré, descubriendo un poema acerca de tener los oídos de Samuel para escuchar a Dios todos los días. Leí y releí el poema. Volví a leerlo una tercera vez. Se me ocurrió pensar que lo podría memorizar. Y lo hice.

Al día siguiente, justo antes del recreo, la señorita Van Solen leyó una historia bíblica que no representó nada para mí. Fingí prestar atención sabiendo que así podríamos salir antes a jugar béisbol, y cuando sonó la tan ansiada campana, salté de mi banco y me abalancé a la puerta del salón.

—Sin tanto apuro, Billy —sonó la cantarina voz de la señorita Van Solen mientras sentía que me tomaba por el cuello de la camisa, entretanto mis amigos pasaban a mi lado y se dirigían al recreo—. ¿Qué pensaste del poema que te di?

—Me gustó mucho —respondí.

—¿Quieres decir que lo leíste? —preguntó.

—Me lo aprendí de memoria —dije muy serio encogiéndome de hombros.

—¿*En verdad?* —comentó estupefacta.

—Sí, así es —repliqué.

Pensó que estaba fanfarroneando y me preguntó:

—¿Podrías recitarlo?

Acepté el desafío.

—Dame el oído de Samuel —comencé a recitar—, un oído abierto,

Señor, atento y pronto para escuchar cada susurro de tu palabra; que como él responda a tu llamado y te obedezca primero a ti.

Al terminar de recitar el poema, pensé que la señorita Van Solen casi se desmayaba. Mientras una sonrisa orgullosa se dibujaba en su rostro, sentí de nuevo que apoyaba sus manos sobre mi frágil figura:

—Continúa esperando oír la voz de Dios, Billy —dijo—, y créeme que él usará tu vida de una manera muy especial.

DESPUÉS DE ESA EXPERIENCIA, ME ESFORCÉ POR ESCUCHAR LA voz apacible de Dios. No lo hice lo suficiente bien ni con la debida frecuencia, pero a medida que transcurría mi joven vida y enfrentaba las decisiones comunes a todos los varones adolescentes, a veces recordaba los cadenciosos versos.

> *Dame el oído de Samuel,*
> *un oído abierto, Señor,*
> *atento y pronto para escuchar*
> *cada susurro de tu palabra;*
> *que como él responda a tu llamado*
> *y te obedezca primero a ti[6].*

Cada vez que esta súplica para tener oídos como los de Samuel cruzaba por mi mente, era como si oyera la voz de Dios alentándome... al menos hasta el punto en que entendía a «Dios» en aquella época. Ante una encrucijada o un dilema, sentía que él me decía: «¡Billy, cuentas con mi apoyo! Obra con ética; nunca lo lamentarás». No debería sorprenderme que el camino de Dios sea siempre el mejor. Sin embargo, cada vez que me decido por el camino más ético y me siento tan bien por andar en ese camino, levanto la vista al cielo y sacudo la cabeza: «¡Dios, otra vez tenías razón!».

A medida que me conformaba a mi versión de la adolescencia, crecía en mí un deseo insaciable de aventura. Mi padre había discernido un carácter aventurero en mí desde una edad muy temprana y sabía que si él no hacía algo para canalizar esa energía en una dirección positiva, acabaría arruinándome la vida. Antes de cumplir los diez años, me puso en un tren y me envió solo a Aspen, en el estado de Colorado. Era evidente que deseaba que aprendiera a esquiar, algo que quizás habría logrado si él hubiera estado presente para enseñarme. No obstante, el verdadero propósito, como me di cuenta con el tiempo, era que aprendiera a navegar por el ancho mundo en que vivía. Y vaya si aprendería a viajar por este mundo.

Cuando tenía dieciséis años, mi excéntrico padre llegó un día a casa del trabajo y me anunció: «Billy, en mi opinión, deberías conocer *más* mundo». Estábamos en medio del año lectivo, una realidad que estoy seguro se reflejó en mi expresión atónita. Al ver la expresión en mi rostro, mi padre agregó con una sonrisa: «Por supuesto, no podemos permitir que la escuela interfiera con tu educación».

No podíamos permitirlo, sin duda.

A la semana siguiente, me encontraba en un avión rumbo a Europa. Durante ocho semanas seguidas —de nuevo solo—anduve por los países escandinavos y el Oriente Medio antes de ir a Nairobi, en Kenia.

Como no sabía qué hacer cuando llegué a Nairobi, decidí salir a caminar. No habían pasado más de cinco minutos cuando lamenté profunda y desesperadamente esa decisión. Tomé por un concurrido camino de tierra, y al girar en la primera esquina, me encontré cara a cara con un grado de sufrimiento humano que desconocía por completo. La calle se extendía y mi mirada se posaba en cientos y cientos de personas apoyadas sobre construcciones desmanteladas y derruidas. Las secuelas de las enfermedades y los efectos de la desnutrición eran evidentes, respiraba el fétido olor de las alcantarillas, sentía el aire rancio y pesado, y supe que jamás volvería a ser el mismo.

Mientras zigzagueaba entre las filas de rostros enjutos y demacrados, comencé a sentir náuseas. «Soy un muchacho holandés de Kalamazoo, Michigan», pensé. «¿Qué estoy haciendo *aquí*?».

Al doblar en la siguiente esquina, vi a un muchacho como de mi edad. Tenía lepra, una enfermedad que azotaba esta parte de la ciudad. Al joven le faltaba la parte inferior de su brazo, y en el muñón de su antebrazo sostenía una pequeña lata. Comprendí su trágica condición e intenté que no se me reflejara demasiado en el rostro. Nuestras miradas se cruzaron y pronunció una escueta frase.

—¿Una moneda?

Hurgué en los bolsillos, pero no tenía nada que le pudiera dar. Mis dedos palparon los bordes duros y redondeados de la tarjeta American Express de mi padre —que de nada le serviría a este joven— y luego un fajo de cheques de viajero y el pasaje de la aerolínea que me llevaría hacia mi siguiente destino, cualquiera que fuera.

—Lo siento —murmuré, y le mostré mis manos vacías.

Avergonzado, me apresuré a seguir mi camino.

Una vez fuera de la vista del joven, corrí lo más rápido que pude de regreso al hotel. Entré de prisa a mi habitación, vacié mis bolsillos, me arrodillé y hundí la cabeza en la alfombra. Comencé a orar, aunque mi relación con la persona a la que le oraba era aún frágil y no tenía idea de qué decir. Todo lo que sabía era que nunca había visto la clase de sufrimiento que observe aquel día en las calles de Nairobi, y la única persona que para mí podría saber qué hacer era aquel Dios que según había oído odia el sufrimiento.

Sentado y acongojado, mientras las lágrimas se deslizaban por mis mejillas, escuché un mensaje inaudible de Dios: «Si me dejas guiarte en la vida, un día te usaré para que mitigues el dolor que viste».

Me apresuré a sellar el pacto. «Perfecto», le dije al silencio que me rodeaba. «Estoy *completamente* de acuerdo con eso».

AL VERANO SIGUIENTE, LE ENTREGUÉ MI VIDA A CRISTO. DESDE antes de cumplir los diez años asistía a un campamento cristiano en Wisconsin, pero recién cuando tenía diecisiete años, en aquella ladera que me era tan familiar, me entregué de verdad a Dios. En la perfecta quietud de las altas horas de la noche, las palabras de Tito 3:5, un versículo que me habían obligado a memorizar de niño en la Escuela Dominical, se filtraron en mi conciencia. «Él nos salvó, no por nuestras propias obras de justicia sino por su misericordia. Nos salvó mediante el lavamiento de la regeneración y de la renovación por el Espíritu Santo»[7]. En un destello de lucidez divina, escuché la voz dulce y apacible de Dios: «Nunca podrás ganarte mi aprobación por tus propios medios, Bill, pero puedes contar incondicionalmente con ella ahora mismo». Su mensaje reflejaba un amor profundo y puro que era tan exquisito y real que me preguntaba si no sería todo fruto de mi imaginación.

Regresé de prisa a mi cabaña, desperté a mis amigos y les dije: «No tengo palabras para describir lo que acaba de suceder en mi corazón, pero di un paso de fe y le entregué mi vida a Dios en serio. Para siempre. ¡Él vino a mi vida y me siento diferente!».

Mis compañeros de cabaña me miraban con ojos somnolientos, dándome a entender que esa no era una razón lo suficiente buena para interrumpir su sueño, pero yo conocía la verdad en mi corazón. No había inventado esa experiencia en la montaña. La decisión que tomé aquella noche era innegable, irreversible y *buena*. Nunca me arrepentí de haberlo hecho.

POCO DESPUÉS DE MI ATAQUE NOCTURNO DE GRACIA DIVINA comencé a debatirme con el grado de compromiso que asumiría mi nueva fe. Comprendía que Jesús había muerto en la cruz por mí, que había perdonado mis pecados y me había prometido un hogar celestial. Incluso entendía la conveniencia de dedicar unos pocos minutos diarios a leer la Biblia y hacer algunas oraciones; tal vez incluso a participar de forma activa en la vida de una iglesia. No obstante, en medio de mis reservas, también escuchaba historias de otras personas de mi edad que se entregaban por entero a Dios. Asumían un compromiso pleno y se consagraban a Dios, permitían que su fe modificara su moral, sus relaciones, la administración de su dinero y, en algunos casos, aun la *elección de su carrera profesional*, lo que para mí era llevar las cosas al extremo.

De niño, la voz de Dios me había ayudado a obrar con rectitud. En un barrio pobre de Kenia, su voz me había hecho prestarle atención al sufrimiento que observaba por todas partes. En Wisconsin, la voz de Dios me pidió que le entregara toda mi vida. Sus mensajes continuaban una y otra vez, y a medida que escuchaba más seguido la voz de Dios, comencé a sentir que aumentaba mi necesidad de recibir instrucciones de lo alto.

Deseaba vivir de lleno para Dios, pero mi pecado era un obstáculo casi insalvable. A decir verdad, desde que tengo memoria, poseo una propensión increíble y tendenciosa que me hace racionalizar cualquier cosa mala que haga para verla bajo una luz positiva. Tiendo a justificar mi conducta cuando hago algo que evidentemente no debería hacer. Esto hace que desee quedarme quieto cuando Dios me pide que avance, que vaya hacia la derecha cuando Dios me sugiere que gire a la izquierda, que haga públicas mis opiniones cuando siento que mejor sería que guardara silencio.

Dios me exhortaba a ser un joven de palabra, a no apresurar mis juicios ni ser vengativo. «Ama a tus enemigos», me susurraba justo cuando el ambiente se caldeaba. «No devuelvas mal por mal, sino vence con el bien el mal».

«*¿En serio*, Dios?», me preguntaba.

Mi preocupación era que si me dedicaba de una forma más plena a Dios, esas batallas se intensificarían. Quería escuchar directamente la voz del cielo desde que estaba en segundo grado, pero ahora que escuchaba sus instrucciones con frecuencia y que estas a menudo contrariaban mi primera reacción, dudaba de lo adecuado de mi deseo infantil.

Más o menos por esa misma época se me acercó un hombre cristiano mayor y me invitó a cenar. En vista de mi juventud y mi frugalidad holandesa, el ofrecimiento de una comida gratis era imposible de rechazar.

No le había dado cinco mordidas a mi hamburguesa cuando el hombre me dijo:

—En fin, Bill, todo parece indicar que un día estarás al frente de la empresa familiar. Aunque me parece una buena decisión, tengo una pregunta que hacerte. ¿Qué harás con tu vida que dure para *siempre*? No tengo dudas de que podrás hacer mucho dinero y obtener muchísimos logros —continuó el hombre—. Eres un muchacho listo y probablemente te destaques en cualquier cosa que decidas hacer. Sin embargo, tengo curiosidad por saber qué cosas harás que te *sobrevivan* a ti y a todos tus logros terrenales.

Lo miré a los ojos mientras masticaba con cuidado cada bocado de la hamburguesa para no tener que hablar. ¿Qué se supone que debía responder ante *ese tipo* de comentario? Era un adolescente, y los varones adolescentes están interesados por definición solo en tres cosas: la comida, las emociones fuertes y las muchachas. En mi caso, también estaba interesado en Dios, pero *cuánto* interés tenía por Dios era una cuestión debatible.

Impertérrito, el hombre continuó.

—¿Qué harás para servir a la gente? Porque la gente es lo único que tiene otra vida más allá...

Cuando me di cuenta de que las preguntas no cesarían hasta que le ofreciera algún tipo de respuesta, reuní algunas palabras para quitarme de encima a este individuo. No obstante, los efectos de aquella cena supuestamente gratis no me abandonaron durante el resto de la noche.

Mientras me acostaba, unas horas más tarde, tuve una fuerte sensación de la presencia de Dios. Era como si él entrara a mi cuarto, se sentara en mi cama, y en la oscuridad de la noche me repitiera las palabras de aquel anciano. «¿Qué harás con tu vida, con la única vida que tienes?» Sentí el susurro divino. «¿Cuál será tu contribución personal para la eternidad? Los automóviles veloces, las riquezas y las diversiones... todas esas cosas se quedarán en la tumba».

Mientras miraba el cielorraso, sentí que mis días de diversión se me escurrían de las manos, como si fueran arena. Se me exigía que tomara una decisión: ¿Elegiría un futuro que podía crear y controlar yo mismo, o me arriesgaría a las incertidumbres de una vida guiada por Dios? Ni siquiera tenía la certeza de cómo sería una «vida guiada por Dios», pero estaba casi seguro de que no tendría tantas diversiones como las que deseaba tener.

Entonces recordé las palabras con las que mi compañero de mesa se despidió:

—Bill, te voy a hacer un reto —me dijo justo antes de despedirnos—. ¿Por qué no pones *toda tu vida* en manos de Dios? ¿Por qué no confías en él por entero? Te desafío a que le des total libertad para dirigir tu vida en *todas* las áreas hasta que te demuestre que es indigno de tu confianza. En ese caso, podrás hacer lo que quieras. No obstante, hasta ese momento, entrégale a Dios el control total de tu vida. Te desafío a que aprietes el acelerador a fondo y vivas tu vida plenamente para Dios. Prueba a ver a dónde te lleva su camino. Creo que nunca lo lamentarás.

En el silencio de mi cuarto, las palabras del hombre se repetían una y otra vez en mi mente, cada vez con más fuerza. *Había* algo que despertaba mi curiosidad; quería ver lo que Dios podría hacer con mi vida. ¿A dónde me guiaría? ¿Quién llegaría a ser? Si él no cumplía su parte del trato, yo quedaría libre, ¿no?

Recostado en mi cama, consideré el reto del hombre y lo reformulé como una especie de reto a Dios: «¿Tú quieres guiar mi vida, Dios? Bien, hagámoslo. Veamos qué puedes hacer».

DESPUÉS DE AQUELLOS TUMULTUOSOS DÍAS DE SECUNDARIA, mientras todavía trabajaba en el negocio de frutas y verduras de mi familia, mi padre me entregó otro pasaje de avión.

«Billy», me informó, «es hora de que amplíes un poco más tu mundo». Esta vez me enviaba a América Latina. Me preguntaba si yo sería en realidad tan testarudo que Dios debía llevarme a los extremos más lejanos de la tierra para que le prestara atención. Con la tarjeta de crédito de American Express en mi bolsillo y una mente más abierta, subí a un avión con destino a Brasil.

Cuando llegué a Río de Janeiro, que en aquellos días era la capital mundial de la alta sociedad, me enteré de que esa noche me quedaría en un hotel frente a la playa. Después de caminar por la playa y reconocer el ambiente, subí al restaurante en el piso más alto del hotel, me senté frente al mar y pedí la cena.

En una mesa cercana se hallaba sentada una pareja de jubilados estadounidenses que conversaban tan alto que era imposible no escucharlos. En un momento de su conversación, el hombre miró a su esposa con una mirada de satisfacción y le dijo: «Querida, estar aquí esta noche, en *este* hotel y en *esta* playa, hace que hayan valido la pena todos los esfuerzos de la vida. ¡Quiero decir, *mira* esto! ¡La playa de *Copacabana*! Las largas jornadas en el trabajo, las horas extra, los viajes de negocios… todo valió la pena para estar aquí, en este lugar».

Sus palabras me golpearon como un mazazo. Yo tenía *diecinueve años* y ya estaba «aquí». La idea de pasar los siguientes cincuenta años de mi vida trabajando en un empleo aburrido para regresar luego a este mismo hotel, en esta misma playa, y sentarme a cenar en esta misma mesa, me resultaba un desvarío. Sentía que mi desilusión iba en aumento mientras ardía de rabia en silencio. «No me conformo con esto luego de cinco décadas de vida», pensé. «¡No puede ser que la gente se conforme con esto!»

Como si Dios leyera mis pensamientos, me respondió con un susurro: «Bill, casi todas las personas que conoces viven para ganar más dinero, sin embargo, tú todavía no has gastado los dos cheques adicionales que tienes en tu billetera. ¿Cuántos cheques más necesitas tener antes de comprender lo que intento decirte? Si el dinero te atrajera, ya los habrías gastado. *Nunca* te sentirás motivado por un salario, Bill. No está en ti ser así, no te creé para ser ese tipo de persona».

Quedé tan desconcertado con esta experiencia que dejé mi churrasco a medio terminar sobre la mesa y me fui a mi habitación del hotel, unos pisos más abajo. En mi mente repasaba una y otra vez la pregunta: «Dios, si un salario nunca será suficiente motivación para mí, ¿qué necesito para sentirme motivado?».

En mi habitación, me senté con las palmas vueltas hacia arriba extendidas sobre mi regazo. Con las palabras más sinceras que pude pronunciar, oré: «Dios, guía mi vida hacia un propósito que en realidad valga la pena. Estoy dispuesto a aceptar la manera en que tú quieras dirigir mi vida».

No escuché ninguna respuesta. Nada audible. En cambio, me sentí embargado por una sensación extraña, el tipo de sensación que los conductores de carreras de automóviles deben experimentar cuando toman una curva a máxima velocidad y luego comienzan a perder el control de su vehículo, una sensación de adrenalina pura mezclada con terror.

Pocos meses después de aquella noche monumental, dejaría el negocio de mi familia, abandonaría las comodidades de la vida que conocí en Kalamazoo, y me mudaría a Chicago, donde ayudaría a un amigo con el ministerio juvenil que un día se convertiría en la Iglesia Comunitaria de Willow Creek. Finalmente comencé a comprender que los susurros de Dios son importantes. Son *muy* importantes.

Décadas después, todavía sacudo la cabeza maravillado del poder de un mensaje que recibí después de no cenar en un hotel frente a la playa más famosa de Brasil.

A LOS TRES AÑOS DE DIRIGIR AQUEL GRUPO DE JÓVENES, LA asistencia había aumentado de unos veinticinco a más de mil chicos. Como en todos los ministerios, hubo desafíos, pero recuerdo la *vida* y la *paz* de aquella época. Era testigo del cumplimiento cabal de la promesa de Romanos 8:6, y apenas era un joven de unos veinte años. Este versículo dice: «La mentalidad pecaminosa es muerte, mientras que la mentalidad que proviene del Espíritu es vida y paz». El grupo de jóvenes crecía, la gente venía a los pies de Cristo, tenía una hermosa esposa, estábamos esperando a nuestro primer hijo... la vida me sonreía.

Siempre que había luchado contra la guía de Dios en mi vida, había experimentado sentimientos de ansiedad y «muerte». ¿Pero aquí? ¿Ahora? ¿Cuando estaba enseñándoles a los niños que amaba? Me hallaba justo donde se suponía que debía estar por el resto de mi vida. Al menos, eso pensaba. No obstante, comencé a tener algunas inquietudes. Me parecía que Dios me guiaba en una nueva dirección.

Imaginen la conversación que tuve con mi esposa, joven y embarazada, cuando le sugerí que deberíamos poner en venta la casa que acabábamos de comprar porque estaba escuchando que Dios me mandaba a comenzar una iglesia de la nada en un vecindario alejado. ¡Bastará con decir que fue una noche muy larga!

Y así entra en escena el cine de Willow Creek.

TENER CULTOS EN UNA SALA DE CINE TAL VEZ LES PAREZCA divertido, pero cuando en la misma sala pasan películas de terror los sábados en la noche y dan por sentado que, ya que estaremos allí los domingos por la mañana, no tendremos problema en limpiar el piso y los ocasionales vómitos, la idea pierde su atractivo.

Todavía más, los que sentimos el llamado a comenzar la comunidad de Willow éramos unos adolescentes o jóvenes veinteañeros, sin dinero y que no sabíamos nada acerca de cómo comenzar una iglesia. En este caso, la «vida» y la «paz» vinieron por medio de la venta puerta a puerta de tomates a fin de financiar la compra de un mísero sistema de sonido, así como de la obtención de todos los préstamos que pudiéramos obtener para pagar la electricidad.

Sin embargo, nadie se sorprendió de la fidelidad de Dios a cada paso del camino, a pesar de los errores que cometí como novato en el liderazgo, los cuales muchas veces casi acabaron por hundirnos.

Finalmente, después de muchas decisiones por Cristo, reconsagraciones, bautismos, oraciones de corazón, oportunidades de crecimiento aprovechadas y acciones de servicio llevadas a cabo, Dios bendeciría a Willow Creek con una propiedad permanente para que fuera nuestro hogar. Con el tiempo, aquella pequeña banda de vendedores de tomates —que habían asumido el compromiso de escuchar y obedecer la voz de Dios— recibiría la oportunidad de influir en las personas a una escala imposible de imaginar.

Hacia fines de los ochenta, me di cuenta de una nota común en el tipo de llamadas telefónicas que recibíamos en la iglesia. Había pastores desde Dallas hasta Orlando, desde Los Ángeles hasta Seattle, que al enterarse de la obra de Dios en Willow Creek comenzaron a llamarnos para pedir ayuda. «¿Podrían entrenarnos?», era la solicitud más común. «¿Podrían mostrarnos cómo "tener" una iglesia como la de ustedes?»

Aquellas llamadas se hicieron cada vez más insistentes, pero estaba ocupado en la dirección de Willow y no me parecía que tuviera mucho que decir a fin de ayudar a esos pastores. Los líderes de Willow y yo estábamos tan concentrados en cumplir la misión que Dios nos había encomendado que nunca me detuve a evaluar *cómo* estábamos haciendo las cosas. Nos sentíamos bastante satisfechos con hacer avanzar nuestra obra en South Barrington y dejar que los demás arreglaran sus propios asuntos.

No obstante, hubo un pastor que nos hizo un ofrecimiento imposible de rechazar. Me encontraba sentado en mi oficina cuando recibí su llamada, y después de unos cumplidos preliminares, el pastor fue al grano.

—Estoy tan decidido a aprender las lecciones de liderazgo que su equipo aprendió, que pagaré un vuelo a Chicago para encontrarme con usted el día que más le convenga si no tiene inconveniente en que nos reunamos —nos rogó.

Le planteé varias razones por las que consideraba que su plan no resultaría: estaba demasiado ocupado; no tenía nada importante que pudiera enseñarle; estábamos concentrados en servir a South Barrington.

No eran más que débiles excusas.

—Con seguridad no soy el primer pastor que lo llama... —dijo.

—Pues, no —debí reconocer.

—¿Por qué no hace una lista de unos diez o doce pastores que lo llamaron —sugirió— y reserva un día para entrenarnos a todos al mismo tiempo? Con gusto coordinaré la reunión. Podríamos alquilar un salón de conferencias en un hotel de la localidad, para que no haya necesidad de usar uno de los salones de Willow. Lo único que usted tendrá que hacer es venir y responder preguntas durante todo el día. Yo me encargaré de todos los detalles.

Este individuo tenía determinación. No tenía forma de negarme.

—Si usted está dispuesto a encargarse de todos los preparativos, con gusto estaré presente —accedí—. Hágame saber las posibles fechas y sigamos adelante.

A las pocas semanas, me presenté en una sala de conferencias de un hotel ante veinticinco pastores dedicados y decididos a mejorar su liderazgo. El nivel de compromiso era elevado, las preguntas fueron inteligentes y el diálogo que se entabló actuó como un catalizador para todos los presentes. Cuando miré la hora, eran las cuatro de la tarde. El día había pasado volando.

Tenía un compromiso esa noche en la iglesia, de modo que mientras me retiraba del hotel y regresaba por la calle Algonquin, tuve la sensación de recibir un mandato de Dios con una claridad meridiana. «Sirve a los pastores», dijo. Ese era el mensaje. «Sirve a los pastores».

A medida que absorbía ese mandato, le dije a Dios: «¡Si lo que quieres decir con ese mensaje es que haga lo que hice hoy, cuenta conmigo! Ahora veo el valor de entrenar a otros líderes. Si quieres que dedique a eso parte de mi tiempo e invierta mi energía, lo haré». Me di cuenta de que poner en práctica ese mandato quizás me complicaría bastante la vida y el ministerio, pero no podía negar la claridad de las instrucciones que había recibido de Dios ni tampoco refutar el poder de lo que vi aquel día en aquella sala de conferencias. La convocatoria de Dios era clara y yo estaba decidido a ver hacia dónde me conduciría.

En los años subsiguientes, este deseo se plasmaría en la Asociación Willow Creek, que procura ayudar a todos los pastores de las iglesias locales como sea posible a fin de que *todas* las congregaciones puedan prosperar. A medida que el número de las iglesias asociadas llegó a ser mil, después cinco mil, y luego diez mil y más, me asaltaba a veces un pensamiento: «Me encanta saber que Dios en su voluntad nos habla y se interesa tanto por nosotros sus hijos como para susurrarnos la senda por la que quiere que andemos».

Hay dos frases que describen esta época de mi vida: «espiritualmente vivo» y «rebosante de paz». Sin embargo, como suele ser el caso cuando caminamos muy cerca de Cristo, las mareas de nuestro mundo pueden variar de repente y a veces de manera muy determinante.

A LOS POCOS AÑOS, ME DI CUENTA DE QUE ESTABA RECIBIENDO otro tipo de llamadas. Las llamadas que en un principio provenían de Dallas, Orlando, Los Ángeles y Seattle, ahora se originaban en Londres, Frankfurt, Sydney y Singapur. Era el comienzo de nuestras incursiones en el ámbito internacional.

Comencé a viajar a diversos lugares del mundo donde trabajaban pastores consagrados que anhelaban mejorar sus dotes de liderazgo. Un año, durante un viaje en particular exigente a través de Europa Oriental, llegué a la ciudad suiza de Lucerna, donde tendría que hablar ante cuatrocientos pastores en una conferencia regional de líderes. Estaba exhausto y me pregunté seriamente si debería continuar accediendo a tantas invitaciones internacionales.

Después de mi sesión de seis horas de enseñanza, subió al estrado una persona para dirigir la alabanza. Sentado en primera fila en aquel templo suizo de varios siglos de antigüedad, lo que más deseaba era regresar a mi hotel y dejarme caer en la cama. Sin embargo, era evidente que eso no iba a ser posible. El individuo que se hallaba en la plataforma tenía más de una canción final en mente.

«Creo que deberíamos quedarnos unos pocos minutos más», dijo mientras rasgaba con suavidad y reverencia las cuerdas de su guitarra, en un espíritu de adoración que yo claramente no compartía.

Lo miré con desconfianza, como si su improvisada prolongación de la reunión fuera una provocación a mi clamor silencioso de poder marcharme a dormir. Sentía la garganta reseca, me dolía la espalda, estaba obnubilado... lo único que deseaba era un colchón. Sus palabras volvieron a interrumpir mis pensamientos:

«Continuaré tocando todo lo que sea necesario para que Dios tenga la oportunidad de hablarle a los que necesitamos escuchar de él ahora mismo».

«¡Nooo!», me rebelaba. «No puedes jugar *esa* carta». Hundí la cabeza entre mis manos. No podía más del agotamiento. «Haznos un favor y acaba esta sesión ya mismo».

No tuve suerte. Esta persona estaba convencida de que Dios intentaba hablarle a alguien. Exasperado por completo, murmuré en silencio: «Dios, si yo soy la persona que impide que termine esta conferencia, háblame y acabemos esto de una vez por todas».

Con la mano sobre una Biblia, les aseguro que Dios me habló de un modo inconfundible. «Por razones que no tienes por qué entender», me dijo, «te llamo a servir a los líderes de las iglesias más allá de las fronteras de los Estados Unidos. No prometo que será fácil. En realidad, requerirá más sacrificios que ninguna otra cosa que te haya solicitado hacer hasta ahora, pero te lo pido en este instante... sirve a los líderes de las iglesias de todo el mundo en todas las oportunidades que se presenten».

No fueron más de quince segundos... un susurro inocente que trastocaría gran parte de mi vida.

Por más abrumadora que la tarea me pareciera aquel día en la primera fila de aquel templo histórico, había caminado con Dios el tiempo suficiente para saber que aun sus tareas más difíciles son preciosas encomiendas llenas de confianza. Y cuando él nos llama a hacer un sacrificio, siempre estaremos acompañados de su cuidado y afecto. Nunca hubiera podido imaginar cómo aquel mensaje complicó los siguientes veinte años de mi vida: el tiempo que he tenido que pasar lejos de mi familia ha sido más duro de lo que supuse; el precio que pagó Willow sería una historia por sí sola; y el costo psicológico y físico que implica cruzar diferentes husos horarios miles de veces es mayor de lo previsto. A decir verdad, llevar a la práctica el «mensaje de Lucerna» me ha llevado a grados de soledad y angustia que ni siquiera sabía que existían. No podría decir la cantidad de veces que le pedí a Dios que modificara o revocara ese mandato. Es interesante —a veces exasperante— que esa oración no reciba respuesta.

Mientras escribo esto, estoy recuperándome del cambio de horario de un viaje a Asia. ¿Sentí la presencia y el favor de Dios? ¡Por supuesto! ¿Fui obediente a su llamado? Sí. ¿Hubo momento de regocijo? Sí. No obstante, ¿me agradaría recibir un nuevo mandato que me liberara de todos los compromisos internacionales a partir de hoy? ¡Vaya si me agradaría!

Los susurros de Dios pueden ser peligrosos. Es posible que tengan un costo muy elevado. El susurro de Dios a su Hijo, Jesús —a fin de que hiciera una visita redentora al planeta Tierra— tuvo un precio muy alto, y como veremos en el capítulo siguiente, los susurros con un alto costo son una parte muy grande de lo que mantuvo vivo el sueño del Reino a través de los siglos. Por lo tanto, no debería sorprendernos que algunos mensajes que recibimos nos hagan doblar las rodillas y pongan a prueba nuestra fe. Que así sea. Solo vivimos una vez y prefiero la idea de presentarme un día ante Dios habiendo hecho su voluntad de la mejor manera según mi entendimiento, que enfrentarlo sabiendo bien que desatendí su voz y desobedecí los mandatos más difíciles que recibí. Hasta el día de hoy, todavía me aferro a lo que comenzó con una poesía recitada para la señorita Van Solen:

Dame el oído de Samuel,
un oído abierto, Señor,
atento y pronto para escuchar
cada susurro de tu palabra;
que como él responda a tu llamado
y te obedezca primero a ti.

CAPÍTULO 2

UN DIOS QUE SE COMUNICA

HACE POCO VIAJÉ A MINNEAPOLIS, EN MINNESOTA, PARA ayudar a una iglesia de la Asociación Willow Creek a recaudar fondos para un edificio que pronto se construirá en el nuevo predio que adquirieron. Esta iglesia maravillosa, de ser un pequeño puñado de personas hace siete años, creció hasta tener hoy casi tres mil miembros. Según lo que había entendido, mi participación en dicha reunión consistiría en hablar ante mil de sus principales miembros, apretujados en la sala de bailes del hotel Radisson local, acerca del sacrificio necesario de tiempo, talento y recursos a fin de construir su primer edificio «de verdad».

Ese es el tipo de cosas que acostumbro a hacer. Me encanta ayudar a las iglesias a tener instalaciones más útiles o a promover nuevas iniciativas del ministerio. En estas situaciones, lo único que llevo encima es una hoja con algunas anotaciones pertinentes.

Aquella noche particular en Minneapolis, unos quince minutos antes de comenzar el programa, el pastor principal y yo conversábamos sobre el contexto de la iglesia. Mientras él me daba una breve lección de la historia de esa iglesia, sentí un mensaje categórico de Dios. No era una voz audible que pudiera discernir, pero supe de manera inconfundible que el cielo intentaba comunicarme algo.

Era como si Dios me dijera: «El mensaje que tienes preparado no es el que quiero que presentes».

El pastor principal seguía hablando, pero para entonces su voz quedaba ahogada por la conversación inaudible que tenía lugar en mi cabeza. «El mensaje que *traje*», le repliqué a Dios, «es el único mensaje que *tengo*».

El pastor principal proseguía dándome detalles. Y el Espíritu continuaba hablándome. «Te daré otro mensaje», dijo, como si eso me sirviera de consuelo cuando tenía que subir al estrado en doce minutos.

Sin saber qué otra cosa hacer, interrumpí al pastor principal en medio de una frase.

—Disculpe, ¿habrá algún cuarto privado en el que pueda permanecer a solas durante unos minutos? —le pregunté.

Preocupado por el temor de que su principal orador se fuera a desplomar, inquirió:

—¿Se siente bien? ¿Está seguro de que se siente bien?

Como sabía que mi respuesta no lo tranquilizaría, le respondí sin rodeos:

—No estoy seguro. ¿Podríamos encontrar ese cuarto?

Una vez dentro de una pequeña habitación a la derecha del estrado, tomé papel y lápiz. «Dios», dije en voz alta, «estoy dispuesto a dar una conferencia diferente a la que traje preparada. *Muy* dispuesto. No obstante, este es el trato: Tienes solo nueve minutos y nada más. Esto tiene que ser rápido».

Comencé a escribir con fervor mientras me venían las ideas del cielo y a formular un breve bosquejo entretanto las recibía. A la mitad de este frenesí, escuché un golpe en la puerta.

—Pastor Hybels —alguien me llamaba—, ya comenzaron con la música. Tiene que salir.

Con la tinta todavía húmeda sobre el papel, subí a la plataforma y comencé la presentación del mensaje que acababa de recibir. A los treinta segundos, resultó obvio que esto era exactamente lo que Dios quería que comunicara. Esas ideas —las que él había disparado en mi mente a través de mi leve estado de pánico— eran justo las que él quería que le presentara al grupo reunido aquella noche.

Durante los treinta y cinco minutos que duró mi exposición, no podía dejar de pensar: «Si esta gente supiera...».

Terminada la reunión, mientras salía por una puerta lateral para tomar el vuelo de regreso a casa, el pastor me detuvo y estrechó mi mano.

—No tengo palabras para agradecerle que haya venido, Bill —dijo—. ¡Y qué mensaje tan extraordinario! Fue muy... *nuevo*.

Me reí. ¡Y me lo dice a mí!

Momentos después, en el auto, pensaba: «Durante más de cincuenta años he intentado inclinar mi oído hacia el cielo, ¿cómo puede ser que aún quede asombrado cuando Dios en efecto decide hablarme».

Dios ha hablado a lo largo de la historia. Durante milenios, forjó la fe de sus hijos al prometerles que las aguas se dividirían, asignarles jefes en los que nadie hubiera pensado, anunciar profecías que cambiarían el mundo... e impartir sermones de último minuto a pastores que dudaban de su capacidad real para predicarlos. En suma, nuestro Dios es un Dios que se comunica. Siempre lo fue y siempre lo será. Si hay una historia en las Escrituras que hace casi lo imposible por demostrar este punto, es la historia de Elías, el profeta que el libro 1 Reyes describe como «consumido» por el amor a Dios.

Hubo un momento en el extraordinario ministerio de Elías en el que su amor había desaparecido casi por completo. Elías deseaba renunciar a todo. «Me consume mi amor por ti, SEÑOR Dios Todopoderoso —respondió él—. Los israelitas han rechazado tu pacto, han derribado tus altares, y a tus profetas los han matado a filo de espada. Yo soy el único que ha quedado con vida, ¡y ahora quieren matarme a mí también!»[1].

Elías estaba deshecho, y tal vez lo único que podría levantarle el ánimo era un encuentro cara a cara con Dios.

Según la historia, Elías viajó por el desierto y finalmente cayó rendido por el agotamiento a la sombra de un arbusto. Un ángel que parecía estar por allí le dio instrucciones precisas acerca del lugar a donde tenía que ir para sentir la presencia de Dios. Elías caminó durante cuarenta días y cuarenta noches hasta que al fin llegó a Horeb, el monte que el ángel le había dicho que debía encontrar. Allí se metió en una cueva y se durmió.

Al día siguiente, el Señor le dijo: «Sal y preséntate ante mí en la montaña, porque estoy a punto de pasar por allí»[2]. De este modo entra en escena el primer susurro. El cansancio de Elías se transformó en asombro. Me imagino que su corazón comenzó a latir con más fuerza mientras se preguntaba cómo sería ver *cara a cara* al Señor a quien había servido todos estos años.

Elías obedeció a la voz y subió a la montaña. La Biblia describe un viento recio que sopló por la ladera de la montaña donde estaba parado Elías. Se trataba de una fuerza bruta, atronadora: «Eso debe de ser

Dios», debió pensar Elías. Sin embargo, el texto dice: «Pero el Señor no estaba en el viento»[3].

Al viento le siguió un terremoto que hizo temblar la montaña. Sin embargo, Dios tampoco estaba en el terremoto.

Luego vino un fuego que consumió toda la ladera de la montaña salvo a Elías, pero para su sorpresa, su Dios tampoco estaba en el fuego.

Por último, según nos relata el texto, después del fuego «vino un suave murmullo»[4]. *Ahí* fue donde Elías encontró a Dios.

Ni el viento, el terremoto o el fuego —medios propios asociados a Dios— hubieran impactado tanto a Elías como la voz suave y apacible que escuchó. Como respuesta, Elías «se cubrió el rostro con el manto y, saliendo, se puso a la entrada de la cueva»[5].

«¿Qué haces aquí, Elías?», susurró Dios. Elías entonces le refirió todas sus frustraciones, descargó sobre Dios todo el peso emocional que llevaba. Puedo visualizar a Elías, cubierto por el murmullo audible de Dios, aflojando los hombros con cada sílaba que pronunciaba, pensando: «¡Cómo me alegro de que estés aquí!». No hay nada que aquiete el alma como la presencia de nuestro Dios santo.

Aquel día, en el monte Horeb, el Creador se reunió con la creación y la vida de un hombre cambió para siempre. Sin que importe la manera en que Elías les refirió luego este encuentro a sus amigos, ni lo que dijo sobre Dios mismo, no cabe duda de que fue testigo de dos atributos que están en el centro mismo de la persona de Dios: él se relaciona con nosotros y se mantiene cerca.

Es todopoderoso, sí. También es justo y santo. Es soberano, majestuoso, esplendoroso y bueno. Sin embargo, sobre aquella montaña, Elías quedó estupefacto por algo que quizás un día te deje también atónito a ti, si es que no lo has experimentado ya: el mismo Dios que es todopoderoso, que todo lo sabe, que es todo en *todos*, anhela tener una relación con nosotros. El Dios de la Biblia es ineluctable e irreprimiblemente un Dios comunitario, un Dios familiar, cuya voz apacible todavía se puede oír en la actualidad.

DESDE LA PERSPECTIVA DE HOY, PUEDO OBSERVAR MI VIDA espiritual hasta este momento y ver dos épocas bien diferenciadas.

En la primera época, pensaba en un Dios que no se relacionaba con el ser humano: como Elías, buscaba a Dios en los climas pasajeros de mi vida, sin percatarme de que él estaba a mi lado todo el tiempo. Me imaginaba a Dios como un lejano hombre de empresa, encerrado en una oficina exclusiva o en un viaje de negocios. Pensaba que era el director ejecutivo del universo.

Durante esa época, el cristianismo para mí no era otra cosa que una recopilación de ideas teóricas sobre Dios: unas creencias que tenía que memorizar, unas doctrinas que debía conocer y una moral que debía mantenerse a toda costa. Sin embargo, aparte de eso, ¿qué más había? Con la esperanza de que así no me metería en problemas, mi fe se podía reducir a una regla sencilla: *No molestar al director ejecutivo.*

La mayoría de las principales religiones del mundo dependen de una dinámica impersonal con su deidad. Como la versión antigua de mi cristianismo, existen ciertas creencias que se deben conocer, una serie de códigos y ritos que se deben cumplir... y tal vez algún tipo de recompensa en esta vida o en el porvenir. No obstante, ¿dónde está la auténtica relación entre Dios y la humanidad? En ningún lado.

El cristianismo bíblico es completamente distinto a esos sistemas, como luego aprendería. De Génesis a Apocalipsis, las Escrituras no dejan de afirmar que nuestra fe implica una relación: Dios nos escucha cuando le hablamos por medio de la oración y nosotros debemos escuchar su voz cuando él nos habla. En aquella época, anhelaba oír esos susurros divinos, y con el tiempo, aprendería a escuchar la voz apacible de Dios.

Mi segunda época espiritual ha estado signada por un entendimiento diferente del cristianismo. A medida que hurgaba en las Escrituras —el *logos*, la autoridad infalible y eterna de la Palabra de Dios— para determinar cómo era Dios en realidad, descubrí una deidad que no podía estar más alejada de la idea del director ejecutivo que me había formado. Comencé a comprender que Dios está cerca de mí y desea tener una relación conmigo.

No hay que avanzar mucho en la lectura de las Escrituras antes de comenzar a ver pruebas de cómo Dios nos habla. Voy a repasar diferentes ejemplos de las comunicaciones de Dios en el curso de la historia. Y creo que quedarán sorprendidos, al igual que yo, de ver con qué frecuencia Dios habla y lo comunes que son sus susurros.

La Biblia comienza diciéndonos que Dios se comunicaba dentro de la santa Trinidad; existía un diálogo entre el Padre, el Hijo y el Espíritu Santo. Cuando decidió crear el mundo físico, realizó la obra por medio de su voz. «¡Que exista la luz!», dijo Dios según Génesis 1:3, y como siempre ha sido el caso cuando el que recibe la dirección divina está dispuesto a cumplir las órdenes de lo alto, la creación encontró la forma de obedecer.

Poco después, el hombre y la mujer que Dios creó también oyeron los susurros de Dios. Adán y Eva, «cuando el día comenzó a refrescar, oyeron [...] que Dios andaba recorriendo el jardín»[6]. Dios le anunció a Noé que habría un diluvio y que necesitaba construir un arca para salvar a su familia[7]. Abraham, cuando todavía se llamaba Abram, escuchó las palabras de la promesa de Dios y confió en ellas[8]. Jacob, el hijo travieso de Isaac, oyó la voz de Dios durante una visión que tuvo en su juventud. Luego recibiría otro mensaje «visionario» al emprender un viaje a Egipto para huir de una hambruna devastadora en su tierra[9].

El gran líder Moisés escuchó la voz de Dios desde una zarza que ardía y no se consumía[10]. Una nación entera oyó la voz de Dios cuando él le entregó los Diez Mandamientos[11]. Dios le dijo a Moisés lo que debía decirle al faraón que tenía cautivo a los israelitas. Le dio instrucciones detalladas sobre cómo construir y decorar el santuario donde el pueblo lo adoraría[12]. En las Escrituras, resulta obvio que había una *intimidad* entre Dios y Moisés. En Éxodo 33:11 leemos: «Y hablaba el Señor con Moisés cara a cara, como quien habla con un amigo».

Más adelante, el profeta Balán señaló: «No podré decir nada que Dios no ponga en mi boca»[13]. ¿Y quién podría olvidar la historia de la burra de Balán que recibió órdenes divinas?

Cuando Moisés condujo a los israelitas a través del desierto, las Escrituras nos enseñan que más personas escucharon la voz de Dios: «El Señor nuestro Dios nos ha mostrado su gloria y su majestad, y hemos oído su voz que salía del fuego», dijeron[14].

Dios se comunicó claramente con Josué después de la muerte de su maestro Moisés. Habló con Gedeón a fin de darle órdenes específicas al guerrero acerca de cuántos hombres debía seleccionar para ir a la batalla y obtener una rápida victoria[15]. Pensemos también en la esposa de Manoa, que fue a donde se hallaba su esposo y le informó que Dios le había hablado a través de un ángel y le había dicho que ella concebiría y tendría un hijo. Este niño se llamaría Sansón, sería consagrado a la obra del Señor y libraría a Israel del poder de los filisteos[16].

El joven Samuel, otro niño muy anhelado que nació de una mujer atenta a los susurros de Dios, escuchó sin duda la voz del Señor, como vimos en el capítulo 1. En aquellos tiempos bíblicos, Dios le susurró unas instrucciones precisas a David, un pastor que luego se convertiría en rey. Según 2 Samuel 2:1: «Pasado algún tiempo, David consultó al Señor: "¿Debo ir a alguna de las ciudades de Judá?". "Sí, debes ir", le respondió el Señor. "¿Y a qué ciudad quieres que vaya?" "A Hebrón"».

Preguntas concretas, respuestas precisas.

Un profeta menos conocido, Micaías, declaró: «Tan cierto como que el Señor vive, te juro que yo le anunciaré al rey lo que Dios me diga»[17].

Dios incluso le habló a Satanás y luego a Job, el hombre que perdió todos sus bienes solo para luego obtener mucho más de Dios.

El profeta Isaías testificó sobre la presencia de la suave y apacible voz de Dios. «Ya sea que te desvíes a la derecha o a la izquierda, tus oídos percibirán a tus espaldas una voz que te dirá: "Este es el camino; síguelo"»[18].

Antes, en el libro de Isaías, el profeta había respondido a la voz de Dios con las famosas palabras: «Entonces oí la voz del Señor que decía: "¿A quién enviaré? ¿Quién irá por nosotros?". Y respondí: "Aquí estoy. ¡Envíame a mí!"»[19].

Esa voz por sí sola ha convocado a muchos seguidores de Cristo por todo el mundo a dejar la vida que conocen y lanzarse a una aventura que solo podría ser proyectada por Dios. He conocido a ejecutivos, contadores, mecánicos, maestros, médicos, estudiantes, madres y personas de prácticamente todos los ámbitos de la vida que un día decidieron cambiar de forma radical el rumbo para obedecer la voz apacible de Dios. Al dejar atrás la vida que tenían hasta ese momento, emprendieron un viaje que solo Dios podría imaginar. «¡Aquí estoy, Señor. Envíame a mí!» es una oración muy poderosa.

El mismo profeta Isaías se refirió a la voz de Dios: «El Señor omnipotente me ha concedido tener una lengua instruida, para sostener con mi palabra al fatigado. Todas las mañanas me despierta, y también me despierta el oído, para que escuche como los discípulos. El Señor omnipotente me ha abierto los oídos, y no he sido rebelde ni me he vuelto atrás»[20].

Dios también preparó al profeta Jeremías temprano en su vida para que le prestara atención a la sabiduría enviada del cielo que recibiría más adelante: «No digas: "Soy muy joven", porque vas a ir adondequiera que yo te envíe, y vas a decir todo lo que yo te ordene»[21].

Dios les habló con claridad a *muchos* de sus seguidores: «En verdad, nada hace el Señor omnipotente sin antes revelar sus designios a sus siervos los profetas»[22].

Cuando pasamos al Nuevo Testamento, vemos que Dios habló con el anciano sacerdote Zacarías por medio del ángel Gabriel, que le anunció las buenas nuevas: Zacarías pronto sería el padre de Juan el Bautista, el cual sería llamado un gran hombre[23].

El mismo ángel luego le habló a María, la madre de Jesús. «El ángel se acercó a ella y le dijo: "¡Te saludo, tú que has recibido el favor de Dios! El Señor está contigo"»[24].

Un ángel le habló en sueños a un José muy nervioso y le dijo que no temiera tomar por esposa a María, que estaba embarazada[25]. Y Dios comunicó con un coro armonioso de voces —por medio de los ángeles, los pastores y los profetas— la noticia del nacimiento de su Hijo, Jesucristo. Les habló a los pastores a través de un ángel. «No tengan miedo. Miren que les traigo buenas noticias que serán motivo de mucha alegría para todo el pueblo. Hoy les ha nacido en la ciudad de David un Salvador, que es Cristo el Señor»[26].

Dios también le habló a su propio Hijo. En Mateo 3:16-17 leemos: «Tan pronto como Jesús fue bautizado, subió del agua. En ese momento se abrió el cielo, y él vio al Espíritu de Dios bajar como una paloma y posarse sobre él. Y una voz del cielo decía: "Éste es mi Hijo amado; estoy muy complacido con él"».

Juan 1:1 se refiere a Jesús como «el Verbo» y mediante el Mesías encarnado, Dios les hablaría un sinnúmero de veces a los gobernantes, los jefes religiosos, los recaudadores de impuestos, los pescadores, las madres trabajadoras y muchos más. Aun el mundo natural fue objeto de las palabras divinas cuando Jesús le ordenó al mar: «¡Silencio! ¡Cálmate!»[27].

Como era de suponer, el viento obedeció.

Jesús les refirió a sus discípulos la verdad incognoscible sobre la muerte del hermano de María y Marta. «Por eso les dijo claramente: "Lázaro ha muerto, y por causa de ustedes me alegro de no haber estado allí, para que crean. Pero vamos a verlo"»[28].

Dios le dio instrucciones claras y prácticas a Felipe. «Un ángel del Señor le dijo a Felipe: "Ponte en marcha hacia el sur, por el camino del desierto que baja de Jerusalén a Gaza"»[29].

Más adelante, en el libro de Hechos, Dios le habló a Pedro mientras el apóstol esperaba la hora de la comida en el techo. «Por segunda vez le insistió la voz: "Lo que Dios ha purificado, tú no lo llames impuro"»[30].

Las autoridades de la iglesia primitiva entendieron lo propenso que era Dios a hablar. Después de tomar una decisión con respecto al ingreso de los gentiles a la iglesia, las Escrituras registran sus palabras: «Nos pareció bien al Espíritu Santo y a nosotros...»[31].

Dios habló a veces a través de las pruebas de la providencia divina. En Hechos 16:7, el autor escribe: «Cuando llegaron cerca de Misia, intentaron pasar a Bitinia, pero el Espíritu de Jesús no se lo permitió».

Durante una espantosa tormenta que casi hizo zozobrar el barco, el apóstol Pablo oyó la voz del Señor y se dirigió a los pasajeros y la tripulación: «Anoche se me apareció un ángel del Dios a quien pertenezco y a quien sirvo, y me dijo: "No tengas miedo, Pablo. Tienes que comparecer ante el emperador; y Dios te ha concedido la vida de todos los que navegan contigo". Así que ¡ánimo, señores! Confío en Dios que sucederá tal y como se me dijo»[32]. Y así sucedió.

Tanto Pablo como Pedro entendían que entre sus funciones estaba la responsabilidad de hablar de parte de Dios. Pablo escribió: «Más bien, exponemos el misterio de la sabiduría de Dios, una sabiduría que ha estado escondida y que Dios había destinado para nuestra gloria desde la eternidad»[33]. «A diferencia de muchos, nosotros no somos de los que trafican con la palabra de Dios. Más bien, hablamos con sinceridad delante de él en Cristo, como enviados de Dios que somos»[34].

Dios le habló al apóstol Pablo durante una larga noche oscura del alma. «Tres veces le rogué al Señor que me la quitara; pero él me dijo: "Te basta con mi gracia, pues mi poder se perfecciona en la debilidad". Por lo tanto, gustosamente haré más bien alarde de mis debilidades, para que permanezca sobre mí el poder de Cristo»[35].

El autor de Hebreos nos recuerda que Dios nos habla a través de su Hijo: «Dios, que muchas veces y de varias maneras habló a nuestros antepasados en otras épocas por medio de los profetas, en estos días finales nos ha hablado por medio de su Hijo. A éste lo designó heredero de todo, y por medio de él hizo el universo»[36].

En 1 Pedro 4:11, leemos este consejo de un hombre que vivía atento a Dios: «El que habla, hágalo como quien expresa las palabras mismas de Dios [...] Así Dios será en todo alabado por medio de Jesucristo».

Por último, Dios habló a su iglesia a través de la intercesión del Espíritu Santo. El pasaje de Apocalipsis 2:7 podría parafrasearse como sigue:

¿Están prestando atención?
Escuchen bien.
Escuchen las palabras en el viento, al Espíritu
que sopla por las iglesias.
Pronto invitaré a cenar a todos los vencedo-
res.
Daré un banquete con el fruto del árbol de la
vida,
una cena en el paraíso de Dios.

Escuchen las «palabras en el viento»... esto nos sugiere los mandatos que Dios nos susurra. Dios todavía habla hoy, como afirma Juan 14:26: «El Consolador, el Espíritu Santo, a quien el Padre enviará en mi nombre, les enseñará todas las cosas y les hará recordar todo lo que les he dicho».

Juan 15:5 nos enseña que los susurros de Dios nos guían a una vida productiva y fructífera. Por medio de la voz suave y apacible de Dios, nuestra vida se inunda de seguridad personal, corrección, sabiduría y la guía de lo alto[37]. La sabiduría de nuestro Padre celestial nos dirige, ayuda, transforma y nos hace crecer[38]. ¡Cómo no vamos a tener motivos de agradecimiento!

Si hay un patrón bíblico es estos mensajes, es que servimos a un Dios comunicativo... un Dios de palabras. Con una palabra, Dios creó; con una palabra, sanó; con una palabra, animó; con una palabra, reprendió; con una palabra, guió; con una palabra, profetizó; con una palabra, infundió seguridad; con una palabra, amó; con una palabra, sirvió; y con una palabra, consoló. A través de la historia, Dios se comunicó y todavía lo hace hoy. La cuestión no es si Dios habla o no, sino si nosotros tendremos oídos para escuchar lo que nos dice.

ESPERO QUE ESTE BREVE RECORRIDO A TRAVÉS DE LA HISTORIA bíblica haya servido para mostrar que en las Escrituras abundan los textos poderosos que demuestran la costumbre divina de hablarnos. Sin embargo, quizás la historia que más me atrae sea la de un asesino convertido en ministro, el hombre que conocemos como el apóstol Pablo.

La mayoría de la gente conocía a Pablo por el nombre de Saulo, un fariseo consumido por la amargura y el odio hacia la gente del «Camino», como llamaban en aquella época a los seguidores de Cristo. Saulo odiaba a los cristianos y todo lo que representaban, maquinando vericuetos legales para arrestarlos o incluso matarlos. Una mañana, enardecido por su repulsión, decidió visitar la ciudad de Damasco, donde vivían muchos judíos convertidos al cristianismo. Antes de partir, Saulo le pidió permiso al sumo sacerdote de Jerusalén para llevarse presos y tal vez matar a todos los cristianos que encontrara. Concedido el permiso, debió pensar que ahora nada lo podría detener.

Poco imaginaba que un pequeño inconveniente lo aguardaba poco antes de llegar a Damasco.

En Hechos 9, leemos que mientras Saulo y su comitiva viajaban por el camino, una luz del cielo relampagueó de repente a su alrededor, lo tiró de su caballo y lo hizo caer a tierra. Cuando recobró el aliento, Saulo intentó levantarse del suelo. No obstante, el asunto se complicó, ya que descubrió que no podía ver.

Algunos textos explican que la luz que cegó a Saulo aquel día era tan brillante como el sol, de una intensidad tan deslumbrante como la llama de un soldador multiplicada por mil. Se entiende que esa concentración luminosa derribara a Saulo, y mientras estaba tendido en la arena, oyó el primer mensaje de Dios. «Saulo, Saulo, ¿por qué me persigues?», preguntó una voz[39].

Tumbado en el suelo, Saulo no podía saber de dónde procedía esta voz. «¿Quién eres, Señor?»[40], preguntó. En realidad, se trataba de una pregunta muy razonable. «Yo soy *Jesús*, a quien tú persigues», fue la respuesta[41]. Jesús podría muy bien haber agregado: «Estoy vivo, gracias por preguntar. Resucité y aquí estoy, contigo en este camino. Y hoy, mi amigo, tengo algunas cosas que decirte».

AHORA BIEN, HAY OTRO ASPECTO DE ESTE RELATO QUE LE AGREGA una dimensión crítica a los hechos. En aquella ciudad de Damasco, a donde Jesús le dijo a Saulo que debía ir y esperar más instrucciones, vivía Ananías, un hombre que con seguridad se hallaba en la lista de personas buscadas por Saulo para llevar presas y matar. Ananías no era un simple seguidor de Cristo, sino que era un discípulo fiel.

Hechos 9:10-12 afirma que Dios llamó a Ananías en una visión y le dijo que fuera a ver a Saulo y le entregara un mensaje. Dios incluso le dio la dirección donde estaba Saulo: en casa de Judas, en la calle llamada Derecha. «Está orando», explicó Dios. «Ha visto en un sueño que un hombre llamado Ananías vendrá a la casa y pondrá las manos sobre él para que recobre la vista».

Dios podría estar hablando con calma y tranquilidad, pero Ananías tenía serias dudas. «Aguarda, Dios», le dijo, «no sé si estás al tanto de las últimas noticias, pero el nombre de Saulo figura en todos los titulares. Es un *terrorista*, y si vino a esta ciudad es solo para destruir a la iglesia a la que pertenezco. Si piensas que tengo que *ir a buscarlo*... ¡es una locura!».

Ananías planteó todas las razones para explicar por qué se negaba a seguir las instrucciones divinas, pero Dios insistió y le respondió con una sola palabra: «¡Ve!». Y Ananías fue.

Dios le pidió a Ananías que le dijera a Saulo que sería un «instrumento escogido», daría a conocer el nombre de Cristo en muchas naciones y sufriría mucho por amor a Jesús. Este cristiano tenía que darle solo tres breves mensajes a la persona que más odiaba a los cristianos en aquella época.

Si Saulo no hubiera obedecido el mensaje que recibió de Dios, Ananías no habría podido obedecer el mensaje que recibiera él mismo. En el camino a Damasco, mientras Saulo estaba en el suelo, cegado por la luz, Dios le dio también tres instrucciones a Saulo: «Levántate, entra en la ciudad y espera».

Saulo ahora debía tomar una decisión. ¿Qué haría con las órdenes recibidas? Era un hombre recio, ¿acaso no debería levantarse del suelo, amenazar al cielo con el puño y decir: «No me asustarás con esto»?

En lo que tal vez fue la decisión más sabia de su vida, Saulo prefirió obedecer. El texto nos explica que Saulo se levantó, mientras sus compañeros de viaje lo tomaron de la mano y lo condujeron a la ciudad (posiblemente estaban atónitos de tener que guiar a su líder implacable y ahora indefenso). Allí Saulo esperó sin saber qué pasaría.

Estoy convencido de que el antiguo terrorista se convirtió en uno de los líderes cristianos más importantes de la historia porque decidió seguir el camino de la obediencia. Desde el principio, cuando Jesús le pidió que hiciera tres pequeñas cosas, *él las hizo*. Aquel primer paso de obediencia fue el inicio de una conducta de sumisión a la voluntad y los caminos de Dios. A pesar del respeto de que luego Saulo (ya como Pablo) gozaría en la comunidad de creyentes, el apóstol nunca se volvió tan avezado, experimentado o ingenioso para hacer otra cosa que no fuera lo que Jesús le mandaba que hiciera. ¡Cómo desearía que se pudiera decir lo mismo de mí!

Hay épocas en que soy «meticulosamente obediente» a la voluntad y la voz de Dios, pero también hay ocasiones en que estoy seguro de que sería mejor proceder de otra manera. A pesar de ello, intento regresar siempre a mi Padre celestial, con las manos abiertas, el corazón dispuesto y un interés renovado por recibir todo el conocimiento que él quiera darme. «Dios», oré hace poco, «si quieres que haga algo, dímelo. No importa lo que sea, yo lo haré».

¿Saben qué? Aceptó el ofrecimiento que le hice en la oración.

Lynne y yo regresábamos de un funeral luego de darle el último adiós a mi tía. Al acercarnos a nuestro auto, me fijé en una mujer anciana y débil que entraba en un edificio de apartamentos. Ella estacionó su auto y comenzó lenta y trabajosamente a retirar las bolsas con comestibles del maletero. «¿Por qué no ayudas a esa mujer con las compras?», me pareció escuchar que me decía el Espíritu Santo.

En un principio pasé por alto el mandato, porque Lynne estaba conmigo y ya nos disponíamos a marcharnos. No obstante, acababa de ofrecerle a Dios: «Si quieres que haga algo...». Sabía que tenía que obedecer.

«Lynne», le dije, «tengo este pequeño pacto con Dios y necesito ayudar a esa mujer con sus compras. Es solo un minuto...».

Mi esposa intentó disimular su asombro, pero yo podía percibirlo. Quizás conozcan esa mirada... la que dice: «*¿Tú?* ¿Con el ritmo de vida que llevas? ¿Ayudar a una persona a la que ni siquiera conoces? ¡Increíble! *Debe* ser Dios».

Me acerqué a la anciana.

—¿Quiere que le dé una mano con las compras? —pregunté.

—¡Sí! Muchas gracias —respondió aliviada.

A la entrada de coches de su apartamento le habían aplicado una capa de alquitrán y el paso estaba cerrado, por lo que los residentes se veían obligados a caminar varios metros para llegar a sus casas. Sabía que este pequeño gesto de amor honraría a Dios y serviría para ayudar a esta mujer; lo que no sabía era que las bolsas con comestibles estaban llenas de duraznos frescos y pesaban unos quince kilos cada una.

Como si el peso de las bolsas no me afectara en lo más mínimo, dije:

—Listo. Muéstreme el camino.

Comenzó a serpentear por la parte trasera de las casas que estaba enlodada debido a las lluvias, pero lo que menos me preocupaba aquella tarde era empaparme los zapatos de vestir. La mujer tenía artritis y caminaba muy despacio. Además, sufría de algún tipo de enfisema que la obligaba a detenerse a cada minuto para recuperar el aliento. Nos llevó treinta minutos llegar a su apartamento, y cuando lo hicimos, éramos *más que íntimos*. Nunca hubiera pensado que me enteraría de tantas cosas sobre la vida de esta querida mujer.

Entramos a su modesto hogar y fui a la cocina. Dejé las bolsas sobre el mostrador y me volví para estrecharle la mano y marcharme. La mujer dejó descansar su mano delgada y arrugada en la mía.

—Hasta el día de mi muerte creeré que Dios lo envió para ayudarme en este momento —dijo.

Todo el asunto parecía muy vergonzoso: los pies empapados, la caminata más larga de lo previsto, la falta de cualquier tipo de resultado trascendental. Sin embargo, mientras me retiraba del edificio de apartamentos, algo en mi espíritu me decía que había obrado bien. Dios me había susurrado una orden sencilla, y esta vez me había detenido lo suficiente para escucharla. No hay sensación más grande en el mundo que oír —y obedecer— la voz de Dios.

A menudo hablo con la gente de Willow o con personas de la comunidad que están interesadas en explorar la fe cristiana. Durante esas conversaciones, no es extraño escuchar anécdotas en las que refieren que mientras se encuentran realizando las tareas rutinarias de la vida, de repente comienzan a sucederles «cosas raras». Dicen que comienzan a sentirse inquietas o menos satisfechas con el rumbo de su vida. La «diversión» que solían tener ya no les parece tan emocionante. Las cosas les resultan aburridas y se preguntan si no habrá algo más en la vida. De modo habitual, es durante esas circunstancias que finalmente acceden a venir a la iglesia.

En algunas ocasiones les pregunto: «¿Piensan que podría haber alguien detrás de esas ideas que rondan por su mente? Es decir, ¿creen que sus pensamientos son pura casualidad o sería posible que Dios intentara comunicarse con ustedes de alguna manera?».

Por lo general, piensan que se trata de puro azar. Entonces es cuando *suelo* decirles que no estoy de acuerdo...

«Cuando las circunstancias de su vida comienzan a cambiar», sugiero, «al menos consideren que tal vez se deba a Dios. Cuando se sientan confundidos o curiosos por el rumbo que toma su vida, pregúntenle a Dios si tiene algo que desearía comunicarles. Abran sus manos, abran su corazón, préstenle atención a cualquier detalle que él quiera comunicarles y decidan de antemano obedecer a lo que diga. ¿Por qué no lo intentan? No tienen nada que perder».

Con el tiempo, he llegado a creer que estas pequeñas acciones de obediencia abren nuestra vida de par en par para recibir el poder de Dios. Cuando tú y yo probamos que somos fieles en los pequeños encargos, él nos confía cosas más grandes. Cuando somos constantes en las grandes cosas, obtenemos *grandes* resultados para el Reino. Esa fue la lección que Ananías aprendió de primera mano el día en que Saulo se convirtió en Pablo. Así que regresemos a nuestro tema.

HECHOS 9:17-19 AFIRMA: «ANANÍAS SE FUE Y, CUANDO LLEGÓ A la casa, le impuso las manos a Saulo y le dijo: "Hermano Saulo, el Señor Jesús, que se te apareció en el camino, me ha enviado para que recobres la vista y seas lleno del Espíritu Santo". Al instante cayó de los ojos de Saulo algo como escamas, y recobró la vista. Se levantó y fue bautizado; y habiendo comido, recobró las fuerzas».

Dios le había susurrado instrucciones precisas a Saulo, y él las cumplió. Dios también le había dicho a Ananías lo que deseaba que hiciera, y a pesar de su reticencia inicial, este hombre también cooperó.

He leído este pasaje bíblico muchas veces y cada lectura me estremece un poco. Pensemos en el caso: un hombre sumamente inteligente (aunque desorientado por completo), que un día llegaría a ser un instrumento poderoso en manos del Dios Todopoderoso, estaba ciego sobre una cama sin saber en lo absoluto lo que sería de él. Solo debía esperar. Cuando alguien le diera una pequeña explicación —una comprensión divina— el ciego no solo recuperaría la vista, sino que cambiaría todo el mundo para bien. Ananías le dio esa pequeña explicación, y Saulo luego escribió dos tercios del Nuevo Testamento. Él plantó iglesias que tendrían larga influencia en el tiempo y su legado no fue de amargura y odio, sino de valor, justicia y fe. Los perdidos se salvaron, los creyentes recibieron aliento, las iglesias se fortalecieron y hubo comunidades enteras que vivieron tiempos de gran paz... todo porque dos hombres oyeron la voz de Dios y tuvieron la valentía de obedecer.

Supongo que Dios los alentaba desde las gradas del cielo mientras observaba cómo Ananías entraba en la casa donde Saulo esperaba ansiosamente la llegada de un desconocido. «Estabas muy eufórico con tu autorización para matar», me imagino que le dijo Dios a Saulo, «¡pero yo haré que logres algo mucho mejor que eso! Pronto te otorgaré la autorización para ayudar a *vivir* a millones de personas a lo largo de la historia. Ahora tienes libre acceso a la gracia. Libre acceso al amor. Libre acceso al poder. Libre acceso a tu realización. Mantente cerca de mí, Saulo, y no tendrás necesidad de nada. Yo cuidaré de ti. Te protegeré. Proveeré tus necesidades. Y a propósito, te daré un nombre nuevo. *Pablo*, ese es quien eres ahora... Pablo, una creación nueva».

Hace un tiempo, acababa de releer la historia de Pablo y me encontraba en Chicago realizando unas reuniones de entrenamiento con varios pastores de diversos lugares de los Estados Unidos. Por lo general, solemos hablar solo de asuntos pastorales: cómo ser buenos líderes, cómo sobrevivir a una economía en recesión, cómo organizar las necesidades del discipulado en medio de agendas muy apretadas. Ese día, en cambio, decidí comenzar la sesión desde otro ángulo. «¿Cómo llegaron a la fe en Cristo?», le pregunté al grupo. Uno por uno, cada persona presente refirió su historia personal, compartiendo una hora llena de fascinantes relatos de fe. Al final, le llegó el turno al último pastor. «Yo provengo de una familia que no quería saber nada de Dios», dijo, «pero teníamos unos vecinos que eran una familia cristiana muy devota».

Este matrimonio cristiano había recibido un mandato de Dios para que invitara a la familia vecina a la iglesia. Por supuesto, sus padres se negaron. «En realidad», explicó el pastor, les dijeron: "No queremos saber nada que tenga que ver con su Dios, no queremos saber nada que tenga que ver con su iglesia y no queremos saber nada de *ustedes*. Déjennos tranquilos, no nos molesten más"».

Mientras sus padres le hacían saber a los vecinos lo que pensaban de la iglesia, este pastor, un muchacho joven en aquellos días, parado en la puerta de entrada de su casa, escuchaba todas las palabras descorteses de sus padres. Entonces se aproximó a su papá y tiró de su camisa. «Oye, papá, yo iré».

En un momento de lucidez, los padres pensaron que si su hijo iba a la iglesia, conseguirían que alguien cuidara de él durante gran parte del día. De pronto, dejaron de ser tan reacios a la idea de estos «cristianos locos» que habían golpeado a su puerta. «¿Tú irás?», preguntó su padre. El hijo asintió con sinceridad. «Este… pues, entonces… está bien», dijo el padre, mirando al matrimonio cristiano. «Supongo que él puede acompañarlos si eso es lo que quiere».

Semana tras semana, durante los años de secundaria del muchacho, los vecinos lo llevaban a la iglesia los domingos en la mañana. Cuando estaba en la escuela secundaria, el joven le entregó su vida a Jesucristo. Luego fue a la universidad, obtuvo su título y decidió comenzar una iglesia, una congregación que hoy cuenta con miles de feligreses en la costa este de los Estados Unidos.

Una vez más, podríamos rastrear esta historia a un susurro que un matrimonio escuchó y obedeció. La prioridad de su vida era vivir con los oídos atentos al cielo, y gracias al impacto que tuvieron en un joven, muchos más han llegado a conocer a Jesús.

El mismo Dios que les susurró a ellos quiere dirigir cada uno de tus pasos. Así como los reyes, los profetas y los apóstoles que nos precedieron, tú y yo podemos oír la voz de Dios sin intermediarios. Él habitará entre nosotros, según la promesa de Éxodo 29:43-46. Él siempre será el Señor nuestro Dios. El mismo Dios de quien el autor Dallas Willard escribió: «Las personas están supuestas a vivir en una constante relación con él, a hablarle y que nos hable»[42].

Hace varios años, en un restaurante, quería ayudar a un creyente recién convertido a orar en voz alta por primera vez. «Cierra tu ojos, piensa en Dios y cuéntale lo que está en tu mente», le dije. «Él te escuchará. Solo dile lo que sientes que tienes que decirle».

Me miró incrédulo durante unos segundos, con una mirada que parecía decirme: «¡Pero *usted* es el pastor! ¿No tendría que conectarme con Dios a través de usted? ¿No sacudirá ningún polvo mágico o encenderá algún tipo de incienso para ayudarme a hacer esto?».

Lo que esta persona se preguntaba era si *de verdad* tenía libre acceso a Dios. Sabía la clase de vida que había llevado hasta ese momento, y vaya si tenía sus luces y sombras. Además, una vez que entendió que Dios era santo y justo, no podía conciliar su vida con la santidad de Dios. «¿Quién soy yo para tener derecho a hablar con el Rey del universo?», se preguntaba. «¿Por qué habría Dios de escucharme y hablarme? No me daría ni la hora».

Ya habían servido nuestro almuerzo y mi comida se enfriaba. Cerré mis ojos e incliné la cabeza para comunicarle mi respuesta: «O te hundes o te salvas, amigo. Tendrás que arreglártelas como puedas».

Se quedó sentado incómodamente durante unos segundos antes de pronunciar por fin unas palabras. Fue una oración sencilla, pero sincera. Cuando al final dijo: «Amén», abrió los ojos, me miró gozoso y exclamó: «¡Lo hice! ¡Hablé con Dios!».

Estoy seguro de que todavía recuerda aquella oración.

Considero que este concepto es la esencia del mensaje de Jesús a sus discípulos cuando predicó el Sermón del Monte. En Mateo 7:7-8 leemos: «Pidan, y se les dará; busquen, y encontrarán; llamen, y se les abrirá. Porque todo el que pide, recibe; el que busca, encuentra; y al que llama, se le abre».

Cuando leo ese pasaje, me imagino a Jesús fijando su mirada en los ojos de las personas que decían amar al Padre y pensando: «Si solo lo conocieran mejor».

Jesús les enseñó a sus seguidores a vivir para Dios, guardar sus tesoros en lugares seguros, evitar la inmoralidad sexual y servir desinteresadamente, entre otras cosas. No obstante, si solo conocieran *realmente* el corazón de su Padre mejor, sus corazones se derretirían por completo. «Si solo conocieran todo lo que mi Padre siente por ustedes», me imagino a Jesús pensando, «su orientación espiritual cambiaría por completo. Le entregarían toda su vida. Lo adorarían en espíritu y en verdad. Le confiarían todos los días y las semanas de su existencia. Se *esforzarían* por escuchar su voz. Mi Padre está disponible, es accesible y espera poder hablar con ustedes ahora».

Recordemos que cuando Jesús predicó este sermón en la ladera de la montaña, estas noticias eran una verdadera novedad para las personas. La idea de que la gente común y corriente pudiera hablar directamente con Dios resultaba nueva e inconcebible. Era contraria a la tradición religiosa de cientos de años, según la cual se requería un intermediario para que le hablara a Dios por ellos. «¿No necesitamos un sacerdote?», debieron preguntarse, solo para estar seguros de que entendían bien.

«No necesitan ningún sacerdote», les confirmó Jesús. «No hay que pasar por ninguna prueba especial, ni se requiere ningún rito o sacrificio, y tampoco ninguna ceremonia de purificación. Pueden presentarse delante del trono de mi Padre y recibir una audiencia con el Dios Todopoderoso».

Me imagino la confusión interior que estas palabras provocaron en la multitud aquel día. Podría ser que también a ti te resulten traumáticas. Es posible que, dependiendo de la tradición religiosa en la que te criaste, lo que estás leyendo te parezca lisa y llanamente censurable, si no una blasfemia o una idea escandalosa. No obstante, te prometo que esta es la verdad que se halla en las Escrituras: gracias a la obra redentora de Cristo Jesús en la cruz, ya *no hay* ningún trámite burocrático entre tú y Dios.

Él está disponible.

Él es accesible.

Él quiere hablar contigo... ahora.

El autor de la epístola a los Hebreos lo expresó de la siguiente manera: «Así que, hermanos, mediante la sangre de Jesús, tenemos plena libertad para entrar en el Lugar Santísimo [...] Acerquémonos, pues, a Dios con corazón sincero y con la plena seguridad que da la fe»[43]. En el siguiente capítulo, conocerán a un puñado de mujeres y hombres que procuran vivir de esta manera. Trabajan a fin de oír mejor la voz de Dios y obedecer los mensajes que él les susurra. Sin importar cuál sea el aspecto de tu vida que hoy te agobia, puedes entregarle tu carga a Dios. Jesús tenía la más plena seguridad de eso, y nosotros también podemos tener esa misma confianza. Dios está *disponible*. Él es *accesible*. Él quiere hablar contigo... ahora. ¡Es tu turno!

Capítulo 3

INFINIDAD DE PRUEBAS

La mañana del 11 de septiembre de 2001, Rob Cataldo volaba como copiloto de un Boeing 767 perteneciente a una importante aerolínea estadounidense, en el vuelo de Chicago a San Francisco. El día comenzó como cualquier otro en el que Rob volaba, con las instrucciones previas de parte del capitán, una inspección completa del avión y el llenado de los formularios requeridos a fin de obtener autorización para despegar. Sin embargo, pronto todas las suposiciones de «nada fuera de lo común» comenzaron a esfumarse.

Mientras sobrevolaban sobre el este de Nebraska, Rob recibió un mensaje de su aerolínea a través de la computadora de abordo, le informaban sobre una colisión entre un Cessna y un Boeing 737 en el sur de Manhattan. La información, en el mejor de los casos, parecía dudosa. Bastaba con revisar el tiempo en el área de la ciudad de Nueva York —cielos despejados y buena visibilidad— para que Rob se preguntara si un avión monomotor había ingresado en el espacio aéreo de Nueva York sin el debido permiso de los controladores aéreos.

Mientras su mente procesaba esta información, comenzaron a llegar otros mensajes aclarando la situación. A los pocos minutos, el operador les informó que «había problemas con un avión de su misma aerolínea». Rob de inmediato buscó los registros de vuelo del avión en problemas, pero descubrió que tales registros habían sido confiscados por su compañía y no estaban accesibles.

«Entonces supe que pasaba algo muy malo», dice Rob. «Y todavía no había pasado lo peor».

Rob respiró hondo y se puso en alerta cuando recibieron otro mensaje. «Todas las aeronaves de esta frecuencia deben aterrizar lo antes posible en el aeropuerto cercano más apto», fueron las instrucciones transmitidas por los controladores del tráfico aéreo. Al mismo tiempo, su aerolínea enviaba instrucciones propias: debido a la sospecha de actividades terroristas de secuestro, todos los pilotos debían cerrar las cabinas de inmediato. Bajo ninguna circunstancia le permitirían la entrada a ninguna persona. En toda la flota de la compañía, los pilotos cerraron y aseguraron las puertas de la cabina y comenzaron a planear el descenso.

Rob y el capitán tenían un aeropuerto alternativo perfecto en Denver, pero estaban a una hora de distancia. No olvidarán con facilidad aquella hora restante. «Tengo un nudo en el estómago», le dijo el capitán a Rob. No obstante, Rob se sentía extrañamente tranquilo, pues momentos antes del comentario aprensivo de su compañero de vuelo había oído la voz de Dios: «Rob, nunca te fallé en el pasado; confía en mí, ya que nunca te fallaré».

«Es innegable que Dios me susurró aquel día», cuenta Rob. «Tendría que estar hecho un saco de nervios, pero mi Padre me infundió una profunda sensación de paz». Rob voló a su destino confiado en la verdad de que sucediera lo que sucediera, Dios estaría con él.

Fíjense en que para Rob y su compañero de vuelo las circunstancias no habían mejorado de repente. La amenaza de secuestro aún existía, y los pilotos todavía tenían que aterrizar sin problemas y rápido, como al final lo hicieron. Sin embargo, los comandantes en la cabina del avión volaban con dos perspectivas completamente diferentes: uno, con temor; el otro, con fe. Oír la apacible voz de Dios es importante.

Rob es parte de la congregación de Willow y hace años que me escucha hablar de los desafíos de vivir todas las circunstancias de la vida con el oído inclinado hacia el cielo. Para él, eso fue decisivo durante una de las experiencias más escalofriantes de su vida. ¡Increíble!

Hace ya varios meses, le envié un correo electrónico a la congregación de Willow en el que les pedía que describieran una ocasión reciente en que habían oído un susurro del cielo y luego explicaran cómo habían respondido a esa voz.

Envié el correo un viernes por la tarde. El lunes, mi buzón de entrada rebosaba con más de quinientas respuestas muy sentidas.

Algunas de las personas que respondieron describían mandatos que habían recibido no hacía mucho; otras se remontaban en el tiempo y explicaban que algunas de las instrucciones más importantes y significativas de su vida habían tenido lugar hacía varios años, si no décadas. La gama de cuestiones era muy amplia: tenían que ver con la vocación, las relaciones, asuntos espirituales o físicos, estados de salud o económicos, entre muchas otras cosas. El tono de los susurros también era diverso: a veces, Dios ofrecía palabras dulces de estímulo y confirmación; en otras ocasiones, pronunciaba retos difíciles.

Respondieron más mujeres que hombres, lo que resulta interesante y muy desconcertante. Es posible que las mujeres estén más dispuestas a escribir correos electrónicos, pero me temo que la actitud más común entre los hombres es la de «yo me encargo de todo», lo que los hace *reacios* a recibir ayuda exterior, aun cuando la misma venga en la forma de un susurro de Dios. Por lo tanto, si te identificas con esta predisposición masculina, deberías tomar muy en serio el reto especial que presento en este capítulo.

A medida que me sumergía en las pruebas extraordinarias del diálogo que Dios entabla con nosotros, le agradecí por hablarnos no solo durante la creación y en el curso de la historia bíblica, sino por hacerlo también «hoy», en pleno siglo veintiuno, en un mundo caracterizado por el vértigo y la alta tecnología. En las siguientes páginas presento una muestra de estas historias modernas. Espero que estos sutiles mensajes que Dios pone en el corazón de las personas te ayuden a encontrarle más sentido a los mensajes que recibes. También espero que la lectura de estas historias personales te inspiren a comenzar a vivir «con el oído inclinado» a la voz de Dios en *todas* las áreas de tu vida. Por una cuestión de organización, agrupé las historias en grandes categorías: mensajes de reafirmación, mensajes de amonestación y mensajes de acción. No obstante, confío en que a medida que los leas verás que Dios tiene una manera única de hablarles a las mujeres y los hombres que han consagrado su vida a él.

MENSAJES DE REAFIRMACIÓN

«Dios me habló una vez», escribió Jane en su respuesta. «Estoy completamente segura». Poco después del fallecimiento de su esposo, ella estaba llorando en la cama, intentando conciliar el sueño —otra vez— y sintió que Dios le susurraba unas palabras tranquilizadoras a su alma. «No estás sola», le dijo. Era todo lo que Jane necesitaba saber. Oír la voz de aquel que nunca se apartará de nuestro lado le pone fin a la soledad... siempre.

OTRA MUJER, LISA, DIJO QUE ELLA SABÍA QUE DIOS TAMBIÉN LE hablaba. Había recibido el mandato de comenzar un grupo de madres de preescolares en Willow, pero dudaba de sus aptitudes y no estaba segura de disponer del tiempo suficiente. A pesar de ello, se propuso comenzar el grupo, ya que creía que era lo que Dios le pedía que hiciera. Todo parecía estar marchando bien hasta que llegó la primera reunión del año, momento en el que debía hacer una presentación.

«En realidad me parecía que me iba a sentir mal», escribió Lisa. «Oré y oré durante semanas antes de la fecha, y tenía todo cuidadosamente preparado, pero a medida que se aproximaba el día, sentía que la garganta se me cerraba».

Poco antes de subir al estrado, sintió que Dios le decía: «Lisa, hiciste fielmente todo el trabajo de preparación. Ahora lo único que tienes que hacer es subir al estrado y abrir tu boca. A partir de ahí, yo me encargaré del resto».

Con su confianza renovada, Lisa subió al estrado y ofreció una presentación que sirvió de edificación a muchas madres jóvenes.

JILL TRABAJABA EN UNA COMPAÑÍA MUY IMPORTANTE, DE LAS QUE figuran en la lista de Fortune 500. En una ocasión, le encargaron un proyecto especial que implicaba informes directos al director ejecutivo de la empresa. Con ese grado de responsabilidad, la presión para que todo saliera bien era intensa. Los plazos eran estrictos y las personas que participaban en el proyecto nunca se ponían de acuerdo. Para el momento en que se hallaban a mitad de la tarea, Jill comenzó a sentirse a punto de un colapso nervioso.

«Un día me fui al baño de damas», relata Jill. «Como la mayoría de las personas en el trabajo eran hombres, era el lugar más seguro para desahogarse. No obstante, en medio de un mar de lágrimas, sentí que Dios me susurraba: "Quédate quieta, reconoce que yo soy Dios". Y luego me lo repitió por segunda vez».

A partir de este momento, y hasta el final de su proyecto, cada vez que Jill se enfrentaba a un estrés al parecer insoportable, en vez de derrumbarse se centraba en la realidad de la presencia de Dios en su vida. Eso le aportaba una «tranquilidad» que le permitía continuar con su trabajo.

TAMBIÉN ESTÁ EL CASO DE JEANNE, LA CUAL AFIRMÓ QUE OYÓ CON claridad la voz de Dios en medio de los despidos que se sucedían en su compañía. «Estaba tan preocupada por mi situación laboral que tenía mucha dificultad para dormir», comentó. «No podía dejar de pensar en los hipotéticos escenarios: ¿Qué pasará si me quedo sin trabajo? ¿Qué pasará si no puedo pagar el alquiler? ¿Qué pasará si nunca más puedo encontrar trabajo? ¿Qué pasará si...? ¿Qué pasará si...? ¿Qué pasará si...?».

De pronto, Dios interrumpió el ruido de su cabeza y le dijo simplemente: «No te preocupes». Fue una solución obvia y directa, pero era *justo* lo que necesitaba esa noche. Una frase muy breve: *¡No te preocupes!*

MUCHAS DE LAS HISTORIAS QUE RECIBÍ SON UNA MUESTRA DEL cariño de Dios hacia sus seguidores. ¡Un hombre llamado Al escuchó este tipo de susurro de Dios durante un partido de los Cubs!

«Las bases estaban cubiertas», dijo Al, «y de de repente me di cuenta de cuántas personas estaban sentadas en ese estadio. Eran muchas. Entonces pensé en la cantidad de gente que había en la ciudad, en el estado, en el país y en el mundo. ¡Nuevamente eran muchísimas! Imposibles de contar.

»En ese momento, y por primera vez en mucho tiempo, consideré el hecho de que a pesar de todas las personas que debía cuidar, Dios pensaba en *mí*. Y él me susurró: "Sé todo sobre ti. Conozco todos los detalles de tu vida. Y te amo"».

Mientras Dios le impartía este mensaje a Al, los Cubs batearon un jonrón con las bases llenas, lo que explica por qué tiene un recuerdo tan vívido: los Cubs *nunca* hacen algo así.

Paul, un padre de Willow, escribió estas palabras: «Mi familia y yo estábamos de vacaciones en la isla de Kauai cuando decidí salir a caminar a solas. Llegué a la cima de una montaña y sentí la presencia de Dios de una manera tan intensa que me detuve por completo y le presté atención a lo que intentaba decirme».

Paul y su esposa acababan de adoptar un bebé llamado Evan, y lo que Dios le transmitió aquel día fue esto: «Tú amas muchísimo a tu nuevo hijo, pero yo te amo infinitamente más».

Esta revelación derritió a Paul, un hombre que nunca había considerado siquiera el amor de Dios de esa manera. A todos los seguidores de Cristo les vendría bien tener este tipo de recordatorios.

Mientras leía todos los correos electrónicos que recibí como respuesta, fue como si viajara en una montaña rusa emocional: en un momento me sentía en la cima y al siguiente caía estrepitosamente. Candace, una mujer de nuestra iglesia, escribió sobre una situación en extremo dolorosa que vivió como consecuencia de unas malas decisiones que había tomado. «Vivía esperando que me llegaran las horribles consecuencias de mi pecado, pensando que la vergüenza que experimentaba me acompañaría por el resto de mi vida».

Sin embargo, entonces leyó el versículo de Romanos 8:34, que dice: «¿Quién condenará? Cristo Jesús es el que murió, e incluso resucitó, y está a la derecha de Dios e intercede por nosotros».

Candace comenta: «A medida que leía esas palabras, sentí que Dios me decía: "La convicción de pecado que sientes no es para aplastarte. No dejaré que los sentimientos provocados por tu pecado te destruyan. Te doy mi palabra"».

Dedicaré un capítulo entero de este libro —el capítulo 6, «Luz para las noches oscuras del alma»— a reflexionar sobre la idea de que Dios viene a nuestro encuentro cuando más lo necesitamos. La experiencia de Candace así lo prueba, al igual que los siguientes dos casos.

UNA MUJER ME ESCRIBIÓ PARA DECIRME QUE A PRINCIPIOS DE ESE año su esposo de treinta y cinco años de edad se había suicidado. Ella escuchó un disparo, y al entrar al cuarto donde él se hallaba, encontró a su querido esposo muerto en el piso. No sufría de depresión, no estaba enfermo, y al parecer no tenía ningún motivo para desear la muerte. Sin embargo, ya no estaba entre nosotros.

Dos horas después de encontrar el cuerpo sin vida de su esposo, en medio de la actividad del personal de emergencias, mientras pasaba por el vestíbulo de su casa en dirección a la cocina, algo casi tangible hizo que se detuviera. «Fue como si una fuerza me impidiera moverme», dijo. «Cuando estuve quieta por completo, sentí una tibia sensación, casi líquida, que me invadía desde la cabeza a los pies».

Luego continuó explicando que en aquel mismo lugar Dios le susurró: «Yo caminaré contigo». No le aseguraba que sería un camino breve, fácil ni libre de dolor. Sin embargo, aunque el camino resultó largo y doloroso, ella supo que su Dios estaba a su lado a cada paso. Hoy Candice participa de forma activa en los talleres de Willow para aquellos que necesitan apoyo durante el duelo. Dice que aunque hay momentos tristes y días difíciles, vive con un corazón dispuesto a oír la voz de Dios, a escuchar cualquier cosa que él quiera decirle.

No sé qué efecto te produce este tipo de historia, pero es algo maravilloso para mi fe. Saber cómo Dios sostiene a una hermana en Cristo con el corazón destrozado por el dolor me recuerda que él siempre está dispuesto a sostenerme a mí también.

UNA HISTORIA MÁS Y LUEGO PODEMOS SEGUIR.
Troy, un hombre de nuestra congregación, respondió a mi pedido de historias en las que oyeron la voz de Dios con un relato en realidad increíble.

Hace unos veranos, Troy llegó a su casa un típico viernes por la tarde. Había tenido una semana agotadora en su trabajo como corredor de bolsa, por lo que decidió subirse a su motocicleta e ir al gimnasio para reducir un poco la tensión. Según su descripción, minutos después de una decisión al parecer inofensiva, Troy se encontró tendido en el cruce de dos calles del vecindario con una fractura expuesta de cráneo. Una joven de dieciséis años lo había embestido mientras salía de la gasolinera sin mirar en ambos sentidos para ver si venía tráfico. Los testigos dijeron que la muchacha parecía estar peleando con sus amigos en el automóvil para recuperar un teléfono celular. Los análisis de sangre luego revelaron que había usado varias drogas ilícitas.

Después que alguien llamara al número de emergencias, una multitud comenzó a reunirse en el lugar del accidente. Troy no recuerda a ninguna persona del grupo; solo se acuerda de que una mujer se arrodilló a su lado, tomó una camiseta de su bolso de gimnasia, y sostuvo su cabeza con un torniquete improvisado hasta que llegó el auxilio «oficial». «Lo único que me dijo fue: "¿Puede levantar la cabeza?". Le dije que me parecía que sí y luego perdí el conocimiento».

La mujer no figuró en el parte policial, pero Troy sabe que ella estuvo presente aquel día: representó el cuidado tierno de Dios en la forma de una mujer misteriosa que sostuvo su cabeza herida con una camiseta arrugada. «Por la gracia de Dios, me recuperé de aquel terrible accidente, y por su Palabra, mi corazón también se sanó. Cuando recuerdo aquella situación, recito el Salmo 3:3: "Pero tú, SEÑOR, me rodeas cual escudo; tú eres mi gloria; ¡tú mantienes en alto mi cabeza!"».

Para los individuos como Troy, y la gente como tú y como yo, supongo que no hay nada como estar en el umbral de la muerte para revelarnos que en realidad creemos en Dios. Tanto en los momentos más angustiosos como en las circunstancias más triviales, espero que recordemos esta verdad. Él es quien levanta nuestra cabeza y nuestro corazón.

MENSAJES DE AMONESTACIÓN

Si hay ocasiones en las que tú y yo somos «escuchas selectivos», es cuando Dios tiene la cortesía de reprendernos. ¿Se han fijado en esta dinámica? Dios nos sugiere que *dejemos* de hacer algo, *comencemos* a hacer alguna cosa o maduremos de una vez por todas, y al instante tenemos dificultad para escucharlo. «Ese mensaje no provenía de *Dios*», pensamos. «Debió ser pura imaginación mía».

Así que continúas conforme a tus planes, pensando que todo se arregló hasta que a los minutos, los días o las semanas, cuando te estrellas contra una muralla también conocida como la sabiduría de Dios, te das cuenta de que era *su* voz la que no tomaste en cuenta.

Mientras leía los cientos de correos electrónicos que nos enviaron los miembros de nuestra congregación, quedé impresionado por la cantidad de historias de mensajes divinos relacionados con amonestaciones severas. Hacer cambios significativos en nuestra vida requiere de verdadera madurez, pero a los que tienen el coraje suficiente para realizarlos les aguardan ricas bendiciones.

Si te animas, te desafío a leer a continuación estas breves historias y a inclinar tu oído hacia Dios. Podría ser que él tuviera algunas exhortaciones amorosas para ti también.

«Me crié en una familia en la que los gritos estaban a la orden del día y todos aceptábamos esa conducta», escribió Linda. «Si uno de nosotros se molestaba o alguien cometía un error involuntario, no hablábamos, sino que nos despachábamos a nuestro gusto.

»Como madre joven con dos pequeñas, nunca dudé en levantar la voz si se derramaba la leche, se caía un plato al piso o mis hijas lloraban sin motivo. Una tarde, mientras preparaba la cena, las niñas jugaban en la alacena haciendo una torre con las latas; era evidente que querían llegar al cielo para ver a nuestro perro que había muerto hacía poco tiempo. No sé cómo, pero en medio de su proyecto de construcción, una botella grande de aceite se destapó y el líquido se esparció por todos lados: en la ropa, el pelo, los pequeños dedos y los pies, y hasta por las hendijas del hermoso piso de madera.

»Me encontraba frente a la estufa, y cuando me volví, estaba literalmente dispuesta a rezongarles a mis hijas, levantar la voz y vociferar. No obstante, en el brevísimo segundo en que me volví, oí claramente la voz de Dios: "Linda, no grites más. Arregla la situación. Corrige a las niñas, pero sin despotricar". En ese momento, me resultó imposible levantar la voz, no pude articular ninguna palabra despectiva. Hasta el día de hoy, me resulta casi físicamente imposible gritar cuando me enojo. Gracias, Dios, muchas gracias».

Mientras leía la historia de Linda, pensé: «El hecho de que esta mujer obedeciera solo una exhortación sencilla durante un momento crítico hizo posible que cambiara para siempre la historia familiar de su vida». Es asombroso lo que puede suceder cuando un creyente escucha a Dios.

Tengo más ejemplos de mensajes sucintos que produjeron un cambio radical en las actitudes descontroladas de las personas que los obedecieron. Fara me escribió para contarme acerca de la primera vez que escuchó «hablar» a Dios.

«Estaba llorando en el auto porque acababa de romper con mi novio y me sentía devastada. Ni siquiera era creyente, pero por alguna razón clamé: "Dios, ¿por qué tengo que sufrir tanto cuando solo quiero amar a alguien?".

»En realidad no le hablaba a Dios, aunque para mi sorpresa él fue quien me respondió. "Fara", dijo, "así es exactamente como me siento yo cuando deseo amarte". ¡Pum! Me pegó fuerte».

Poco después, Fara le entregó su vida a Jesucristo, y como resultado, comenzó a oír la voz de Dios *mucho* más a menudo.

Liz, una mujer australiana, relató cómo escuchó la amonestación de Dios después de visitar la flamante casa de su cuñada. «Después de ir a verla», escribió Liz, «mientras permanecía sentada en el auto, me consumían los celos y me hundía en la conmiseración. Deseaba tener una casa hermosa y unos muebles perfectos como los que ahora disfrutaba mi cuñada. No obstante, acababa de pensar eso cuando Dios me interrumpió con un pedido sencillo: "Liz, yo soy tu tesoro", dijo. "Yo soy lo único que necesitas"».

Un corazón codicioso había sido reprendido y redirigido gracias a un solo susurro.

DONNA TAMBIÉN RECIBIÓ UNA AMONESTACIÓN EN MEDIO DE SUS dificultades económicas. Ella escribió: «Cada vez nos resultaba más evidente que, debido a la recesión, la empresa de construcción y ampliaciones de mi esposo no podría continuar sus operaciones. También se aproximaba el fin de mi propio empleo en una empresa de construcción comercial. Necesitaba con desesperación encontrar un nuevo trabajo para no perder nuestra casa, pero después de muchos intentos infructuosos, sucedió lo peor.

»Las facturas sin pagar se amontonaban a medida que mis temores se multiplicaban y mi ansiedad alcanzaba niveles altísimos. En medio de esa realidad, oí que Dios me susurraba directamente un mensaje: "Deja de esforzarte tanto", me dijo. No fue una sugerencia, se trató de una orden. "Deja de esforzarte tanto. No te esfuerces tanto. Deja de esforzarte por arreglar esta situación. Deja de intentar arreglar a tu *esposo*. Deja de esforzarte tanto y confía solo en mí"».

Donna hizo justo eso y por primera vez en mucho tiempo sintió el dulce alivio de no estar estresada. Las circunstancias de su vida no habían cambiado. Todavía tenía que enfrentar una situación financiera muy grave. Aún tenía que conseguir un nuevo empleo. Sin embargo, había disminuido la ansiedad interior destructiva que la obsesionaba. No podría contar la cantidad de veces que esa clase de susurros me rescató de niveles destructivos de estrés.

DESPUÉS DEL CORREO ELECTRÓNICO DE DONNA, ME LLAMARON LA atención otros tres correos interesantes. También tenían que ver con recibir la amonestación de Dios, pero lo que me fascinó fueron los *canales* utilizados para la corrección divina. Uno fue por la vía de

Oprah Winfrey, otro a través de un iPod, y el tercero por medio de un pastor hawaiano a quien conozco y quiero.

Dick escribió: «Hace quince años era un alcohólico. Un día, mientras hacía gimnasia, vi a Oprah en la televisión. Sus invitados eran un alcohólico y un médico. Aquel día ella procuraba facilitar el proceso de sanidad para el adicto. Ese fue el comienzo de una serie de cuatro o cinco casos fortuitos similares: yo estaba buscando algo para ver en la televisión y de pronto me encontraba con un programa en el que alguien luchaba por encontrar la sobriedad. Después de esa inquietante secuencia de incidentes, sentí que Dios me decía: "Ya te mostré el origen de tu problema. ¿Qué harás al respecto con lo que te revelé? Ahora te toca a ti"».

A la noche siguiente, Dick concurrió a una reunión cristiana de alcohólicos anónimos en Willow y no ha bebido desde entonces. Además, como resultado de ese primer encuentro divino, Dick le entregó su vida a Jesucristo y se bautizó en junio de ese año. Solo Dios podría hacer algo así.

Una joven llamada Keri Lynn me escribió para decirme que Dios le habló por medio de su iPod. Continué leyendo extrañado, con escepticismo, hasta que conocí los detalles de lo que sucedió aquella noche.

«Ese fin de semana mis padres habían salido», escribió, «y yo regresaba de casa de una amiga tarde en la noche. Iba por una ruta secundaria en la que las calles suelen ser muy serpenteantes, y luego de un rato llegué a Elbow Road, una calle donde muchas personas lamentablemente han muerto por tomar las curvas a una velocidad excesiva.

»Reconozco que estaba un poco preocupada y tomé la curva —a la cual la calle le debe su nombre— de una forma muy brusca. No me había dado cuenta de mi velocidad hasta que mi iPod saltó a la canción "Real Gone", de la película *Cars* de Disney. La letra de esa canción habla de la necesidad de reducir la velocidad para no chocar, y mientras cantaba la melodía pegadiza, me di cuenta de que debía hacerle caso a ese consejo de inmediato.

»Miré el velocímetro y reduje un poco (tal vez bastante) la velocidad. Cuando levanté la vista, vi que venía un camión de frente. La carga que llevaba se sobresalía y el vehículo apenas cabía en su senda. Me tiré a la derecha para que tuviera más lugar para pasar, pero la banquina era irregular y estaba en mal estado». El camión pasó, pero Keri Lynn aún no estaba fuera de peligro.

«Cuando escuché las ruedas patinar sobre la gravilla, supe que las cosas no iban a terminar bien. Perdí el control del volante, y antes de que pudiera dominarlo, el auto viró a la izquierda y atravesó la calle de lado a lado. En cuestión de segundos, el vehículo se metió de frente en la zanja izquierda, salió de la zanja, y de un modo u otro se detuvo en seco. Salí ilesa de mi auto, y entonces vi un enorme poste de teléfono delante de mí. ¿Quién podría decir lo que me habría sucedido si no hubiera desacelerado? ¿Quién iba a decir que Dios habla a través de los iPods?». Keri Lynn está segura de que lo hizo.

La tercera historia es de Cathie, una mujer que se llevaba mal con su madre. «Sé que en el fondo me ama», explicó, «pero de niña no sentía que me quisiera debido a las decisiones que tomó».

Hacía seis años que Cathie no hablaba con su madre y según contó la única comunicación que mantenía con ella era la tarjeta que le enviaba para el Día de las Madres. «Oraba que Dios la cambiara», dijo. «No podría decir cuántas veces pedí eso en oración. Sin embargo, Dios no intervenía».

Un fin de semana, al cabo de esos seis años, Cathie estaba en la iglesia y escuchó hablar a un amigo mío, Wayne Cordeiro. «Él nos desafió a leer la Biblia todos los días», recuerda Cathie, «y mi esposo y yo decidimos intentarlo. Leíamos la Biblia todas las mañanas y todas las noches, y con el tiempo me di cuenta de que estaba cambiando de parecer con respecto a mi madre. ¿Sería la respuesta de Dios a mis oraciones? ¿Me estaba respondiendo a través de su Palabra?

»Poco después de esa experiencia, mi madre enviudó. En el mensaje más claro que haya recibido, el Espíritu Santo me ordenó que le escribiera una carta para animarla en medio de su tristeza. Lentamente, ella y yo comenzamos a escribirnos hasta que un día me percaté de que Dios no había respondido mis oraciones cambiando a mi madre; las respondió cambiándome a mí».

Cathie reconoce que la relación con su madre todavía es frágil. No obstante, se apresura en agregar que sabe que mientras ella permanezca unida al poder de la Palabra de Dios, su Espíritu tendrá espacio para obrar. A ti y a mí nos haría bien aprender una o dos cosas del ejemplo de Cathie.

TAMBIÉN HUBO HISTORIAS CENTRADAS EN EL DESEO DE DIOS DE ser el primero en el corazón de sus hijos. Tara escribió: «Le entregué mi vida a Cristo a una temprana edad, pero me aparté de él durante mis estudios en la universidad. Después de graduarme, me alejé de mi familia y mis amigos, dejé de asistir a la iglesia, y comencé a tomar algunas malas decisiones en mi vida. Deseaba tener una íntima comunión con Dios, pero al parecer no podía renunciar a hacer lo que yo quería. Esta situación continuó por dos años antes de que entrara de nuevo a una iglesia, cuando acompañé a mi familia en Navidad. Durante los cantos, sentí que Dios me decía casi de manera audible: "¡Basta!". Lo dijo una vez tras otra, a un punto tal que estaba literalmente temblando en mi lugar. Dios tenía un propósito para mi vida que yo no estaba cumpliendo, y sabía que mi única opción era entregarme de verdad a él.

»Después de aquel culto de adoración, mis "siguientes pasos" estaban perfectamente claros. Supe que debía regresar al centro del país, conseguir un nuevo empleo y vincularme a una iglesia local. Y eso fue lo que hice».

HE AQUÍ OTRO CASO: JIM, UNA PERSONA DE WILLOW DIJO QUE inmediatamente después de la muerte prematura de su esposa a raíz de un melanoma ocular, decidió hacer un viaje de paseo en auto desde Ohio hasta Colorado. Se sentía atrapado por el abrumador dolor de su reciente pérdida y pensaba que el cambio de ambiente le haría bien. La mañana del primer domingo durante su viaje, encontró una iglesia local. Aunque no se sentía unido a Dios, no había dejado su costumbre de asistir a la iglesia. Durante el canto congregacional de adoración, Jim cantaba sin muchas ganas, y entonces sintió que Dios le decía: «Si no puedes adorarme con todo lo que tienes, no me adores. No quiero tu corazón a medias».

En ese momento Jim se incorporó al canto con toda su voz, sintiendo que su corazón recuperaba la devoción plena a Dios que había disfrutado en el pasado. Mientras cantaba, las lágrimas corrían por sus mejillas y su alma abatida se calmó.

Recibí otras historias de amonestaciones —cómo Dios corrigió un curso de acción, revirtió un hábito insalubre o pidió mayor consagración de uno de sus hijos— y cada vez que llegaba al final de un relato, pensaba en el poder que nos infunde seguir los caminos de Dios en la vida en vez de insistir en andar por nuestro propio sendero. Antes de referirles la última historia, consideren detenidamente la siguiente frase: *No hay meta más crítica en la vida que tener un corazón obediente a Dios.*

No podemos ver a Dios si nuestros ojos espirituales están cerrados.

No podemos escuchar a Dios si nuestros oídos espirituales están tapados.

No podemos seguir a Dios con un corazón obstinado y endurecido.

Una mujer llamada Jan envió una historia aleccionadora. Cuando Jan tenía apenas dieciocho años, decidió casarse. «Sabía que era el tipo de individuo con el que no debía casarme», escribió, «pero era joven y pensaba que el "amor" todo lo arreglaría».

La noche antes de la boda, durante el ensayo final, Jan sintió un «mandato muy firme» del Espíritu Santo para que suspendiera el casamiento.

«No le presté atención», dijo. «Y por muchos, muchos años después de esa decisión, tuve que vivir con un esposo que me manipulaba sicológicamente, era alcohólico, y le agradaba andar con otras mujeres además de su esposa».

Cuando llegué a la última línea del correo electrónico de Jan, me quedé mirando la pantalla. Ella escribió: «Pensé que tal vez también le interesara recibir una historia de alguien que se negó a escuchar a Dios».

No conozco el resto de la historia de Jan. Sé que Dios se ocupa de redimir nuestros desaciertos en la vida, pero eso no significa que no tengamos que pagar —a menudo un precio muy elevado— por ignorar los consejos que Dios nos susurró. No sé cómo ha sido la intervención redentora de Dios en la vida de Jan, aunque con seguridad ella aprendió una lección vital: muchos de los mensajes que Dios nos susurra tienen la intención de librarnos de las dificultades y el dolor que nosotros no podemos prever por no poseer la sabiduría o la madurez necesarias. Quiera Dios que todos tengamos siempre presente esta lección.

MENSAJES DE ACCIÓN

Los mandatos divinos que nos incitan a la acción son algunas de las palabras más importantes que oiremos en la vida. Recuerdo las veces en que Dios me mandó a escribir una carta, realizar una llamada telefónica, regresar a casa por otra ruta, darle una oportunidad laboral a un candidato, entablar una conversación amigable con un vecino descontento... y podría continuar con muchos más ejemplos. A veces los mensajes son bastante elaborados, otras veces son dulces y breves. En muchas ocasiones las palabras más profundas de sabiduría divina fueron órdenes de un solo vocablo: «¡Ve!» o «¡Detente!».

Un ejemplo aterrador me sucedió una vez cuando sacaba el auto de mi garaje. Tenía una reunión en la iglesia y era tarde. Mientras ponía el auto en reversa y salía hacia la calle, recibí un mandato categórico de Dios. «Detente. ¡Ahora mismo!».

Apreté el freno con el pie y me quedé sentado. Pensaba: «¿Olvidé algo en la casa? ¿Lynne iba a venir conmigo?».

Creí que me había confundido, pero cuando volví a mirar por el espejo retrovisor y estaba a punto de levantar el pie del freno, vi al hijo de tres años de nuestro vecino pasar con su triciclo por detrás de mi auto. Estaba tan cerca de la parte trasera del vehículo que lo único que alcancé a ver fueron unos mechones rubios. Si no hubiera tenido el pie en el freno, casi seguro que hubiera acabado gravemente herido o quizás muerto.

Coloqué el auto en punto muerto, descansé mi cabeza sobre el volante y oré: «Gracias, Dios, por ser tan misericordioso con ese niño, su familia y la mía. No alcanzo a comprender tu gran misericordia. Gracias».

Minutos más tarde, mis vecinos también me lo agradecieron mientras les explicaba cómo su hijo se había salvado por milagro.

¿Qué importancia tienen los mensajes de acción? Dejaré que juzgues por ti mismo.

La mayoría de las historias que recibí de la gente de Willow no se referían a voces de aprobación o de amonestación, sino que eran susurros que estimulaban a hacer algo a favor del Reino. En Efesios 2:10 leemos: «Porque somos hechura de Dios, creados en Cristo Jesús para buenas obras, las cuales Dios dispuso de antemano a fin de que las pongamos en práctica». Dios nos ayuda a hacer estas buenas obras principalmente por medio de la guía divina de nuestros pasos.

¿Qué son las «buenas obras»? Basado en los cientos de correos electrónicos que leí, cabe mencionar la restauración de una relación, la influencia en un vecindario, el estímulo a un amigo, la ampliación de los horizontes, la ayuda en casos concretos, el aprovechamiento de las oportunidades de servicio y el sacrificio de ciertas comodidades. Desearía disponer de espacio para referir todas las historias que leí, porque cuando termines de leerlas, creo que estarás tan motivado que desearás salir y hacer alguna obra de bien.

A continuación presento algunos pocos ejemplos que organicé en categorías generales. A medida que leas cada historia, pregúntale a Dios si hay una «buena obra» en ese campo que él quisiera que *tú* realizaras. Las siguientes historias son un testimonio de que no hay mejor sensación en la vida que ser instrumentos en las manos de Dios.

ACCIONES EN EL ÁMBITO RELACIONAL

Una mujer, Debbi, escribió para contar que durante los últimos días de su madre sobre esta tierra, Dios la movió a hacer algo. Ella y su hermana se habían entrevistado con varios asilos de ancianos, pero aunque según su hermana algunos eran adecuados para su madre, Debbi tenía sus dudas. De modo que puso el asunto en oración y unos días más tarde sintió que Dios le decía: «Tú deberías encargarte de cuidar a tu madre».

Debbi hizo los arreglos necesarios y cuidó a su madre hasta el fin de sus días, dos meses después. «Fue un tiempo maravilloso y no lo cambiaría por nada», escribió. «Compartimos las comidas, conversamos y tuve una intimidad con mi madre que hubiera sido imposible de otra manera».

OTRA PODEROSA HISTORIA ES LA DE LINDA, QUE ESCRIBIÓ: «UNA amiga soltera de la universidad quedó embarazada y se sentía atormentada a diario por el estrés de decidir si quería o no tener al niño».

Para gran consternación de Linda, su amiga decidió abortar. «Le supliqué que viniera a visitarme durante una semana para salir de compras, jugar y conversar. Pasamos un tiempo estupendo juntas, seguido de algo todavía más maravilloso. Después de despedirnos con un abrazo en el aeropuerto, mientras volvía a mi automóvil, Dios puso en mi corazón un mensaje para transmitírselo.

»Regresé corriendo a la terminal, llamándola a gritos entre la gente, como si me hubiera vuelto loca. Al fin la encontré. La abracé, la agarré por los hombros y le dije: "Tengo que decirte una cosa: Aun cuando ya estés dentro del consultorio del médico y te encuentres en la camilla con los pies levantados, estarás a tiempo de cambiar de idea. Puedes levantarte, irte, y decidir que tu hijo viva"».

Una semana más tarde, Linda recibió una llamada de su amiga: había hecho precisamente eso. Hoy, la hija que esa mujer decidió tener tiene trece años y es una joven sana, hermosa y *vivaz*.

ME ENTERÉ TAMBIÉN DEL CASO DE ALISON, QUE HACÍA SEMANAS que esperaba una entrevista laboral. Pocas horas antes de la entrevista, su mamá la invitó a almorzar. Ella pensó en la posibilidad de explicarle por qué no era un buen día para encontrarse cuando Dios la mandó a cambiar de parecer. «Cancelé mi entrevista y fui a almorzar con mis padres», dijo Alison. «No lo podía creer, pero a la mañana siguiente mi madre sufrió un ataque al corazón y murió. Estoy muy agradecida por aquel último almuerzo juntas, en el que pude expresarle mi aprecio y mi cariño».

UN CORREO ELECTRÓNICO DE UN HOMBRE LLAMADO TODD DECÍA: «No hace mucho, durante mi tiempo de oración, le pedí a Dios que me indicara cómo podía servirlo durante ese día. Fue como si él estuviera sentado justo a mi lado. Me susurró: "Ama a mi pueblo". Esas palabras de primera mano hicieron que desde ese día mirara a la gente de otra manera».

UN HOMBRE LLAMADO KEVIN ESCRIBIÓ ACERCA DE UNA SERIE DE acciones impensadas que se sintió motivado a hacer. Un verano, había llevado a un grupo grande de estudiantes a una conferencia. Sin embargo, a mitad de semana decidió que necesitaba un descanso. (Los adolescentes pueden causar esa reacción en los líderes). Kevin solicitó tener una tarde libre y en vez de ir de excursión con los jóvenes se fue a su habitación a dormir una siesta. Mientras regresaba, pasó por un parque donde un muchachito estaba jugando solo al fútbol. «¿Por qué no juegas un poco con él?», le dijo una voz.

Mientras jugaban al fútbol durante media hora, Kevin se enteró de que el muchacho también se llamaba Kevin, acababa de cumplir once años, y ambos celebraban su cumpleaños el mismo día: el once de junio. Kevin, el líder, sintió que Dios se disponía a hacer algo grande. El tema de los cumpleaños llevó a Kevin el mayor a mencionar que él tenía un cumpleaños físico y un cumpleaños espiritual, el cual celebraba en honor de haberle entregado su vida a Cristo. Kevin el joven se interesó en saber más y aquel momento, que debió ser una siesta, se transformó en una cita evangelizadora fijada por el propio Dios del universo.

ACCIONES EN EL ÁMBITO ECONÓMICO

Leí decenas de historias poderosas sobre personas que se libraron de su atracción por el dinero. ¡Veamos si las siguientes tres historias te inspiran a hacer lo mismo!

James escribió: «Nunca me sentí muy a gusto con la dirección del Espíritu Santo, pero en aquella ocasión el mandato era extrañamente fuerte. Unos años atrás, me pidieron que apoyara a un ministerio en Guayaquil, Ecuador, y me apresuré a negarme. En realidad, mis respuestas a las solicitudes de dinero han sido *siempre* una breve y rápida negativa. Fin del asunto.

»Sin embargo, en el curso de los siguientes tres meses», continuó James, «el Espíritu Santo comenzó a obrar dentro de mí. Sentía cada vez una sensación más fuerte de que debía apoyar al ministerio con la donación que me habían pedido. De modo que llamé al hombre y por primera vez en mi vida accedí a colaborar con la financiación de un proyecto.

»Varios meses después tuve la oportunidad de visitar a estas personas en la ciudad de Guayaquil, y al verlas participar de corazón en la adoración y aprender acerca del Dios al que yo amo, me embargó la gratitud por haber podido colaborar con ellos».

UNA MUJER LLAMADA MIKKI ESCRIBIÓ QUE HACE VARIOS AÑOS, después de recibir una herencia de su padre, sintió que Dios le decía que no ofrendara el diezmo por el momento. «Esperé y esperé», nos explica, «pero pronto comencé a dudar de si en realidad había sido la voz de Dios. Me preguntaba si estaba siendo avara o prudente. No sabía qué hacer».

A los pocos días, Mikki recibió un correo electrónico en el que le planteaban que considerara la posibilidad de ofrecer una única donación a una iglesia internacional. Su corazón se paralizó. «Mientras leía en qué consistía el programa, sentí que Dios me decía: "Ahora, Mikki. Ha llegado el momento". Estaba tan emocionada por la idea de donar dinero a este proyecto que levanté el teléfono, marqué el número del hombre que me había enviado el correo electrónico y le dije: "¡Cuenten conmigo!"».

»Si hubiera hecho un cheque por el diezmo, sin pedir el consejo de Dios, no habría tenido la oportunidad de recibir la bendición más grande que él tenía prevista. Al final, di mucho más dinero del que había planeado dar... y recibí *inmensamente* mucho más».

ACCIONES ESPIRITUALES

Los mandatos que nos instan a realizar acciones espirituales —cuando nos convertimos, oramos, alentamos a nuestros hermanos— pueden oírse a lo largo de una vida de seguimiento a Cristo. (Incluso antes, como en el pasaje que leímos acerca de la vida del apóstol Pablo cuando todavía se llamaba Saulo). La primera vez que leí las siguientes historias, no pude dejar de preguntarme qué sucedería si todos los creyentes tuvieran más aptitud para oír y obedecer este tipo de mandatos. Quizás más que por ningún otro medio, *aquí* es donde se opera la verdadera transformación de los corazones.

Un hombre llamado Webb escribió para decir que durante la Semana Santa después de la muerte de su esposa debido a un cáncer de seno, él y sus tres jóvenes hijos se encontraron asistiendo al musical *The Choice* [La decisión], la función que Willow presenta en Semana Santa. En un momento de la producción en el que toda la congregación se pone de pie mientras el líder de alabanza dirige una serie de canciones, Webb oyó la voz del Señor.

«De repente, sentí que se hacía silencio a mi alrededor», señaló. «Estaba rodeado de gente, pero aunque sus labios se movían, no emitían sonido. En cambio, escuché lo que supongo que es la voz de Dios. Con una voz cariñosa y paternal, me dijo: "Ya es hora", a lo que respondí silenciosamente: "Lo sé"». El hecho es que aunque Webb llevaba años asistiendo a la iglesia, nunca le había entregado su vida a Cristo.

A medida que el volumen del sonido en el recinto alcanzaba su estado previo, las lágrimas corrían por las mejillas de Webb. Sus hijos lo miraron preocupados, preguntándose qué le sucedía a su padre. «Les dije: "No pasa nada, muchachos. En realidad, todo está bien, muy bien"». El Dios del universo lo había invitado a convertirse en uno de sus hijos y él había aceptado gozosamente la invitación.

VERNA ESCRIBIÓ QUE SU «ACCIÓN ESPIRITUAL» FUE SENTIRSE dirigida a acercarse a su jefe, un hombre llamado John, el cual le hacía la vida imposible y la denigraba. «La voz me mandaba a ir a su oficina e invitarlo a la iglesia», explicó. «Sin embargo, seguí trabajando en lo que estaba haciendo y dije: "De ningún modo"».

Verna respondía que no cada vez que la voz le mandaba a que lo invitara. Finalmente, «la voz» ganó: «Me levanté de la silla, me dirigí a la oficina de mi jefe, y le pregunté si él y su esposa estarían dispuestos a acompañarnos a mi marido y a mí a la iglesia el sábado por la noche. Luego regresé de inmediato a mi escritorio y caí rendida en la silla. "Bien", le dije a nadie en particular. "Hice lo que me pediste que hiciera"».

A los pocos días, el jefe de Verna aceptó la invitación. Y no solo eso, sino que él y su esposa en efecto fueron a la iglesia. Cuando Verna recuerda hoy aquella experiencia, sonríe, ya que aquel sencillo paso de obediencia resultó en un cambio extraordinario. John y su esposa comenzaron a asistir asiduamente a la iglesia y al final le entregaron su vida a Cristo. Se bautizaron a las pocas semanas y hoy sirven como voluntarios.

SHERI FUE OTRA PERSONA QUE RESPONDIÓ: «ME HABÍA TOMADO un descanso de mi trabajo como líder de grupos pequeños porque estaba atravesando varias crisis en mi vida. Sin saber que había ingresado en un período de estancamiento espiritual, los líderes del ministerio me pidieron que asumiera un liderazgo. Antes de que pudiera poner el asunto en oración, Dios me susurró: "Acepta el ofrecimiento. Tu crecimiento espiritual más notable ocurrió cuando eras líder de un grupo pequeño. No te defraudes a ti misma"».

Tan pronto como Sheri obedeció, comenzó a crecer en su comunión con Cristo una vez más.

LUEGO ESTÁ TAMBIÉN EL CASO DE SUSAN, UNA LECCIÓN QUE TODOS los padres de hijos adolescentes harían bien en aprender. «Entré en el garaje para guardar una extensión eléctrica y vi la motocicleta de mi hijo. Oí la voz de Dios: "Impón tus manos sobre esa motocicleta y ora por la seguridad de tu hijo". Había recibido ese tipo de mandatos en el pasado, pero solía ignorarlos. ¿Qué madre en sus cabales impone las manos sobre una moto?

»Sin embargo, esta vez la voz era insistente. Me acerqué a la moto, coloqué ambas manos encima de ella, y le pedí a Dios en el nombre de Jesús que rodeara a mi hijo con sus ángeles cada vez que anduviera en la motocicleta.

»Esa misma noche mi hijo nos dijo a mi esposo y a mí que saldría a dar una vuelta en la moto. Le conté a mi esposo acerca del mandato que había recibido y ambos volvimos a orar por él. Recién a la mañana siguiente nos enteraríamos del accidente que casi tuvo nuestro hijo. Los amigos con los que había salido fueron a casa y nos dijeron: "No creíamos que Dios existía hasta que vimos lo que sucedió anoche"». Describieron las maniobras espectaculares y rápidas que tuvo que hacer para evitar un accidente, maniobras que no parecían humanas.

La última línea del correo electrónico de Susan decía: «Nunca más desestimaré un susurro».

ACCIONES DE SERVICIO

Muchas de las historias de voces que nos instan a la acción corresponden a lo que llamo la categoría de «acciones de servicio». Las acciones de servicio pueden ser simples e inmediatas, como en el caso de Cecelia. Ella escribió: «Un par de meses atrás, llegué a casa de la tienda de comestibles y escuché que Dios me decía: "Regálalo todo". Así que subí a mi auto y me dirigí al banco de alimentos que tenemos en la iglesia y regalé todas las compras».

O pueden tratarse también de acciones a largo plazo. La historia de Bárbara nos proporciona un ejemplo perfecto.

HACE VARIOS AÑOS, DURANTE UNAS NAVIDADES, BÁRBARA VISITÓ Willow con unos amigos que ya asistían a la iglesia. Ella dice: «Me sentía triste y extrañaba a mi nieto de dos años que vive en Arizona. No obstante, en un momento del servicio, recibí un mandato al que no podía hacer caso omiso. Dios centró mi atención en un ministerio de Willow llamado Promiseland, en el cual los voluntarios juegan con los niños y los atienden durante los servicios de la iglesia. Me incorporé en el asiento, decidida a ser parte de la congregación de inmediato, a fin de pasar los domingos amando a los niños que necesitaban mi cuidado. ¡Esta abuela tal vez extrañe a su pequeño nieto, pero rebosa de gozo!

UNA MUJER LLAMADA BEV NOS ESCRIBIÓ PARA CONTARNOS QUE una vez su hija decidió alquilar un apartamento del que eran propietarios ella y su esposo. Una noche, unos jóvenes estaban jugando a lanzarse bolas de barro y una dio contra una de las ventanas del apartamento, haciendo añicos el vidrio del frente. «Nuestra hija consiguió el nombre y el número de teléfono del joven que había lanzado el barro», dice Bev, «pero cuando al fin localizó a la madre del muchacho, la mujer al parecer no tenía dinero suficiente para pagar la reposición del vidrio. Prometió enviar el dinero cuando lo consiguiera, pero como tanto ella como su esposo estaban desempleados, esa posibilidad era muy remota». De modo que Bev y su esposo pagaron la reposición del vidrio.

Pasaron varios meses y la hija de Bev todavía no había tenido noticias de la madre del muchacho. Así que Bev decidió llamar a la mujer ella misma. «Fue unos días antes del Día de Acción de gracias», explicó, «y me encontraba haciendo los preparativos para las últimas compras. No obstante, algo me llevó a llamar a la mujer antes de salir de casa».

Bev pudo localizar a la mujer ese día, pero en vez de obligarla a pagar la deuda pendiente por la reposición del vidrio, se encontró preguntándole: «Tengo que ir a la tienda de comestibles. ¿Necesitan algo para la comida de Acción de Gracias?».

Sorprendida por su propio gesto de compasión, Bev fue a la tienda, compró dos cosas de todo lo que su familia disfrutaría ese día, y con un gozo muy sentido dejó las bolsas de comestibles en casa de la mujer en su camino de regreso a casa. ¿Pueden imaginar lo profundamente conmovida que quedó esta madre desempleada gracias a una generosidad espontánea de parte de una desconocida, una mujer a la que además le debía dinero?

MARK ES UN HOMBRE QUE TRABAJÓ EN LA ASOCIACIÓN WILLOW Creek. Él dice que desde que se casó con su esposa, Sandy, Dios le susurra con frecuencia. Sandy tiene diabetes tipo 1, y como Mark pronto aprendería, la enfermedad implica un esfuerzo a toda hora para ella, pues debe asegurarse de tener siempre un nivel «normal» de azúcar en sangre a fin de evitar los peligros que surgen cuando está muy alto o muy bajo.

Mark dice que en los primeros días de su matrimonio, Dios a veces lo despertaba a mitad de la noche para que le midiera el nivel de azúcar a Sandy. En aquellas ocasiones, a veces descubría que Sandy estaba experimentando una reacción a la insulina. Sudaba profusamente, no podía dejar de temblar y se sentía confundida, incapaz de hacer nada. La solución era tan sencilla como darle un vaso de jugo, pero Mark nos relata que muchas veces Sandy necesitaba ayuda para sostener su cabeza y él tenía que colocar el vaso contra sus labios temblorosos.

«Con el tiempo», continúa Mark, «me resultó claro que uno de los propósitos de Dios para mí con respecto a la vida de mi esposa era estar listo para seguir sus mandatos y protegerla cuando ella era más vulnerable. Nueve de cada diez veces, cuando Dios me susurra: "¡Despierta!", hay un verdadero problema. Sé que por obra de su gracia me hace despertar».

Una vez más te pregunto, ¿qué tan importante son los mandatos de Dios que llevan a las personas a realizar las acciones que Dios quiere que hagan? Son *críticos*, absolutamente críticos, y son cruciales para la vida de los seguidores de Cristo.

UNA DE LAS EXHORTACIONES MÁS SIGNIFICATIVAS DEL NUEVO Testamento se encuentra en 1 Juan 3:18-20. Estos versos dicen: «Queridos hijos, no amemos de palabra ni de labios para afuera, sino con hechos y de verdad. En esto sabremos que somos de la verdad, y nos sentiremos seguros delante de él: que aunque nuestro corazón nos condene, Dios es más grande que nuestro corazón y lo sabe todo».

La meta de una vida que sigue a Cristo es crecer hasta poder vivir según la realidad de Dios: amando lo que él ama, sirviendo como él sirve, dando como él da, siendo compasivos como él es compasivo. Y solo es posible mantener esa vida si escuchamos con regularidad la voz del cielo. Considera muy en serio las historias que leíste. Dile a Dios que tú también quieres inclinar tu oído para escuchar sus palabras de aprobación y amonestación, así como sus mandatos, a fin de construir su reino en este mundo. Te prometo que él guiará tus pasos como lo prometió.

Debo mencionar que la emoción predominante que experimenté mientras leía estos cientos de correos electrónicos fue de puro gozo: gozo por la cantidad de veces que Dios nos habla y gozo por el valor que los creyentes tienen para obrar cuando Dios nos susurra. Sin embargo, hubo un mensaje que me entristeció sobremanera. Un médico llamado Charles, que era miembro de nuestra congregación desde hacía un tiempo relativamente largo, escribió: «Tengo ya casi ochenta años y a pesar de todos mis años como creyente todavía espero que Dios me hable. He intentado tener una mentalidad abierta con respecto a este tipo de cosas, pero hasta el momento no he tenido suerte. En verdad, envidio a los que afirman que han tenido conversaciones con Dios. Honestamente, comienzo a sentir que me estoy perdiendo algo. Me las arreglo, procuro hacer lo que debo [...] pero lo que intento decir es que estaré muy interesado en aprender lo que otros deseen informarme al respecto».

Si estás leyendo esto, Charles, no abandones este libro justo ahora. Los siguientes dos capítulos los escribí pensando en las personas como tú.

Capítulo 4

CÓMO RECONOCER LA VOZ DIOS

TAL VEZ TENGAS UNA INQUIETUD: ¿ES POSIBLE MALINTERPRETAR las instrucciones divinas o no entender su sentido mientras recorren su camino del cielo a la tierra? Dicho de otra manera: ¿Somos capaces los seres humanos de adulterar o tergiversar el mensaje una vez recibido?

La respuesta sincera es sí. Escuchar la voz de Dios no es lo mismo que recibir un mensaje de texto o leer un correo electrónico. Los humanos podemos llegar a interferir. Créeme, soy más que capaz de escuchar lo que *deseo* que Dios me diga en vez de oír lo que en efecto me dice... y quizás a ti te suceda lo mismo. Si bien discernir las instrucciones de Dios tiene algo de subjetivo, no es arbitrario. Aunque los susurros de Dios rara vez son tangibles, hay pasos concretos que puedes dar para discernir si lo que oyes es la voz de Dios o se trata solo de tu imaginación. En este capítulo exploraremos cómo reducir *considerablemente* la posibilidad de escuchar un mensaje que no es de Dios.

Hechos 13 nos ofrece un vistazo de cómo en el primer siglo las autoridades de la iglesia procesaron la llegada de un mandato. La consideración de este episodio nos permitirá aprender algunas lecciones.

En Hechos 13:1-3 leemos: «En la iglesia de Antioquía eran profetas y maestros Bernabé; Simeón, apodado el Negro; Lucio de Cirene; Manaén, que se había criado con Herodes el tetrarca; y Saulo. Mientras ayunaban y participaban en el culto al Señor, el Espíritu Santo dijo: "Apártenme ahora a Bernabé y a Saulo para el trabajo al que los he llamado". Así que después de ayunar, orar e imponerles las manos, los despidieron».

Quisiera dar el contexto de este pasaje antes de abordarlo. Hacía muy poco tiempo que el mensaje cristiano había llegado a Antioquía, una ciudad con una diversidad increíble. Personas de diversos orígenes étnicos y razas recibían a Cristo y se añadían de modo natural a la iglesia. Pablo era judío. Bernabé era de Chipre. Simeón era un hombre de tez negra proveniente del norte de África. Lucio, posiblemente también de tez negra, era de Cirene, que hoy es parte de Libia. Y Manaén se crió entre la realeza y vivía con la familia de Herodes. Sería muy difícil encontrar cinco hombres más diferentes entre sí, pero allí estaban, en la misma iglesia, con el mismo sentir, al frente de una dinámica comunidad de fe en Antioquía. Un día, sumidos en un espíritu de adoración, escucharon una voz del cielo.

En Hechos 13:2, leemos que el Espíritu les dijo a los cinco líderes de esta iglesia local que «apartaran» a Pablo y a Bernabé. En otras palabras, estos hombres debían ponerles fin a sus actividades en la iglesia de Antioquía y prepararse para una nueva encomienda en el reino de Dios. No se especifican los detalles, pero los líderes establecieron el origen del mensaje, determinaron que era auténtico, y sin más demora Pablo y Bernabé empacaron sus maletas.

Para recibir mi título en Estudios Bíblicos del Trinity College, en Deerfield, Illinois, tuve que escribir una monografía sobre un pasaje bíblico de mi elección. Como podrán adivinar, si conocen el punto central de mi enseñanza en el curso de los años, seleccioné el pasaje de Hechos 2:42-47, el texto clásico sobre el crecimiento vertiginoso y radical de la iglesia primitiva.

En aquel tiempo, estaba al frente del grupo de jóvenes que mencioné antes y creía de corazón que pasaría el resto de mi vida sirviendo a estos muchachos que eran casi como mi familia. Lynne esperaba a nuestra primera hija, Shauna, y acabábamos de comprar una pequeña casa en Park Ridge, a unas pocas cuadras de la iglesia. Nuestro plan era establecernos e instalarnos allí, sirviendo durante un largo tiempo a los estudiantes. Lo último que esperaba era recibir un mensaje que me cambiara la vida.

Mi padre era propietario de un apartamento en un condominio con vista al lago en el centro de Chicago, y me lo ofreció para que pudiera usarlo y poder así terminar mi monografía en paz y silencio. De modo que reuní los libros y los materiales de referencia y me dirigí al centro de la ciudad, donde planeaba acomodarme y escribir de corrido durante cuatro días.

Llevaba tres días escribiendo cuando el Espíritu Santo puso en mi corazón el siguiente mensaje: «Eso sobre lo que escribes con tanto entusiasmo y fervor —la belleza, el poder y el potencial de la iglesia local— se convertirá en el esfuerzo de tu vida. Te liberaré de la responsabilidad de dirigir a este grupo de jóvenes para que puedas comenzar una iglesia, una iglesia como la de Hechos 2. Bendeciré a esa iglesia para que llegue a ser una comunidad de fe capaz de ofrecer la esperanza de Cristo a muchas personas, jóvenes y ancianas».

Aunque no fue una voz audible, el eco de esa voz que Dios puso en mi corazón me acompañó durante todo ese día. Parecía claro que se trataba de algo importante.

Una vez que terminé de escribir mi monografía, junté mis cosas y conduje de regreso a mi casa en Park Ridge. Esa noche, invité a Lynne a cenar y le referí nerviosamente el mandato que creía haber recibido. Creo que mi último comentario, con la sensibilidad que me caracteriza, fue más o menos como sigue: «Querida, todavía no terminaste de desempacar las cajas, ¿no?».

Mi esposa es en verdad una santa.

Lo que es más, ella también sintió que el mensaje que recibí era verdadero y se entusiasmó tanto como yo con el sueño de comenzar una iglesia.

A los pocos meses, nos despedimos de esos miles de estudiantes y comenzamos a buscar un lugar donde comenzar una iglesia. Nos lanzamos al futuro sin un empleo fijo, sin el respaldo de ninguna organización y sin ninguna idea sobre si nuestro plan sería bien recibido por alguien. No obstante, contábamos con la confianza que brota de recibir un claro mensaje de Dios. Pusimos nuestras manos temblorosas en las firmes manos de Dios, confiados en que seguíamos *su* guía. Siempre tuve presente que toda esta serie de sucesos se remontaba a unos pocos días que pasé solo, en los que estuve lo suficiente en silencio para oír la voz de Dios.

EN HECHOS 13:2, LEEMOS QUE LOS PRINCIPALES DE LA IGLESIA DE Antioquía escucharon el mensaje de Dios mientras adoraban y ayunaban. En esta actitud de entrega ante su Señor, pudieron oír su voz.

En el curso de mi ministerio, me encuentro con muchas personas que dicen que jamás han escuchado un mandato o mensaje de Dios. Ni siquiera una vez. Cuando indago un poco más, descubro que hay tanto ruido en sus vidas que sería imposible oír al Espíritu Santo cuando habla. Mientras viajan a su trabajo, hablan por el teléfono celular; se reúnen en restaurantes ruidosos con sus amigos; su casa está llena de niños pequeños e inquietos, o el ruido de fondo de miles de horas de programas televisivos ahoga cualquier mensaje que pudiera estar dirigido a ellos.

Las Escrituras nos exhortan en varias ocasiones a estar quietos. «*Quédense quietos*, reconozcan que yo soy Dios»[1], nos exhorta el Salmo 46:10. Reduce el paso. Deja de hacer muchas cosas al mismo tiempo. Reduce el ruido ambiental en tu vida y *luego* préstale atención a la voz de Dios.

Jesús mismo adoptó esta costumbre durante su ministerio en la tierra. El relato bíblico nos muestra cómo Jesús integró a su vida diaria las disciplinas de pasar un rato a solas, la oración, la meditación, el ayuno y la adoración. Tenía lugares favoritos a los cuales se retiraba para estar a solas con su Padre y orar en privado. Antes de tomar decisiones importantes, su costumbre era alejarse de las multitudes que lo rodeaban y pasar un tiempo en soledad dedicado a la oración. No es de extrañar que el efecto de esta forma de vida fuera el incremento de la posibilidad de escuchar la voz de su Padre.

Antes de elegir a sus doce discípulos, Jesús se retiró para estar solo y pasar una noche entera en oración. Necesitaba escuchar la voz de su Padre con respecto a los individuos que planeaba seleccionar y sabía que debía estar en silencio para oír la sabiduría de Dios. Más adelante, cuando Jesús se preparaba para soportar la agonía de la cruz, se recluyó en el jardín de Getsemaní, donde él y los doce discípulos se reunían a menudo para orar. Allí él y tres de sus amigos más íntimos oraron; luego se alejó para orar a solas. Su deseo de dialogar con Dios lo llevó a tomar recaudos para crear un espacio donde pudiera oír la voz de su Padre.

Esa es la misma devoción, y forma de actuar, que recomiendo que tengamos tú y yo.

Hay un Dios que te ama y estaría más que feliz de susurrarte palabras de aliento, dirección, sabiduría u oportuna advertencia, pero solo lo hará si haces un lugar en el curso de tu día para poder escuchar la voz del cielo.

Le he venido diciendo estas mismas palabras a mucha gente, sin embargo, a veces me parece que responden: «Gracias, pero no me interesa. Prefiero tomar yo mismo mis propias decisiones». A mi entender, estas personas corren el riesgo de perderse la gran aventura de dejar que Dios guíe su vida.

Dios les habla a las personas que quieren oír su voz. Tiende a ofrecerles su dirección divina a aquellos que están dispuestos a organizar su vida cotidiana para recibir sus mensajes. Por lo tanto, ¿cómo hacemos esto?

Les recomendaría que lean y mediten en un pasaje bíblico. Luego exprésenle: «Dios, si quieres decirme algo, me agradaría mucho oírlo». Después, escuchen; nada más. La gente a quien más respeto espiritualmente es capaz de integrar esta práctica en su vida. En la conversación diaria, hablan acerca de sus ejercicios espirituales con naturalidad, ya que sus hábitos son suficiente demostración de lo que dicen.

No dejan de fascinarme los diferentes lugares que la gente escoge para encontrar silencio en el transcurso de su día. Algunos tienen un sillón favorito en la sala de estar. Otros van a la oficina una hora antes y se encierran en su despacho. Otros llevan un diario u oran en el tren, de camino al trabajo. Otros van a un café del vecindario y se sientan en una mesa apartada. El tiempo y el lugar puede variar, pero para estas personas la práctica es incuestionable. Y como resultado de su perseverancia, oyen la voz de Dios con regularidad.

Si les interesa saber, mi disciplina diaria consiste en leer un pasaje de las Escrituras, meditar en él durante unos minutos, y luego anotar mis observaciones y reflexiones relacionadas con la lectura. Luego termino con una oración.

Con respecto a este último punto, me resulta conveniente escribir mis oraciones. En particular cuando es un día de trabajo, me he dado cuenta de que si me arrodillo e intento orar en silencio a Dios, mi mente se concentra más en las reuniones pendientes que en la comunicación divina. La solución que encontré fue escribir las oraciones. Una vez que tengo escritas una hoja o dos de pedidos y motivos de agradecimiento, se las leo a Dios. Después digo: «Dios, estaré escuchándote todo el día, pero como me conozco y sé que hoy tengo muchas cosas que hacer, es posible que me pierda alguna de tus indicaciones. Sin embargo, cuando me relaje un poco, si hay algo que quieres decirme, seré todo oídos». A decir verdad, hay días en que siento que recibo un mensaje divino —algo que Dios pone en mi corazón, una palabra de aliento, un impulso para decir o hacer algo específico ese día— y otras veces no. De cualquier modo, termino mi devocional con Dios y luego hago todo lo posible para escuchar su voz durante el resto del día.

En algunas ocasiones, los mandatos que creí recibir de Dios tenían sentido común; sin embargo, hubo otras veces que me dejaron perplejo por completo. Es entonces cuando hay que saber discernir la voz de Dios. Los seguidores de Cristo deben poner a prueba cada impresión que reciben para asegurarse de que se trata de un mensaje de Dios y conforme a sus propósitos. ¿Cómo se hace esto?

Volvamos a nuestro texto. Recuerden que los líderes de la iglesia de Antioquía estaban adorando y ayunando cuando el Espíritu Santo les pidió que apartaran a Bernabé y a Pablo para el trabajo al que él los llamaba. La mayoría de los estudiosos bíblicos concuerdan en que Hechos 13:3 sugiere que después de recibir el mensaje original, volvieron a ayunar y orar antes de imponerles las manos y despedirlos.

Creo que podemos aprender una lección de ellos.

Los líderes, antes lanzarse a la acción, hicieron una pausa para asegurarse de que habían entendido correctamente lo que el Espíritu les pedía que hicieran. Retomaron las disciplinas espirituales del ayuno y la oración. Se aseguraron de verificar el mandato que determinaría sus acciones y *luego* obedecieron sin demora.

CON LOS AÑOS HE COMPILADO UNA BREVE LISTA DE CINCO FILTROS que me ayudan a «verificar cada mensaje» que recibo. Si el mensaje no pasa estas cinco pruebas, me cuestiono si ha provenido en realidad de Dios. Como mínimo, me muevo con cautela para confirmar la validez del mensaje. Otras veces, el mensaje pasa por todos estos filtros sin ninguna dificultad y más que bien. En ese caso, a pesar del desconcierto, el desafío o lo desestabilizadora que sea la instrucción recibida, intento obedecerla.

1. COMPRUEBA QUE EL MENSAJE SEA EN VERDAD UN MANDATO DE DIOS.

El primer filtro es simplemente preguntarle a Dios: «*¿Este mensaje viene en verdad de ti?*».

Hace años, cuando mis hijos eran niños, un desconocido se me acercó y me dijo que en treinta días mis hijos «morirían» por causa de mi estilo de ministerio, que recibía a los inconversos en la «casa de Dios». Parecía un hombre culto, hablaba muy bien, y recuerdo que lo primero que me dijo fue: «Pastor Hybels, tengo una palabra profética de parte de Dios que debo transmitirle». Contó con mi atención desde el primer momento, pero tan pronto como entendí lo que me decía, supe que tendríamos una conversación muy difícil.

Mientras hablaba, lo primero que tenía que evaluar era si su advertencia se conformaba a lo que conocía del carácter de Dios según nos lo revelan las Escrituras. Menos mal que no. La premisa que lo llevaba a afirmar un castigo para mis hijos era que yo estaba desobedeciendo las Escrituras por intentar usar los servicios públicos de la iglesia para señalarles a los inconversos el camino a la fe en Jesucristo. Desde Génesis hasta Apocalipsis, Dios se esfuerza por llegar a la humanidad en todo momento; así que tenía la plena confianza de que mis esfuerzos de evangelización a través de la iglesia de Willow no violaban las Escrituras. Como la primera afirmación de este hombre era evidentemente falsa, no pensé que podía confiar en cualquiera de sus comentarios posteriores.

Lo que es más, incluso si su premisa subyacente *hubiera* sido correcta, en el supuesto caso de que de algún modo yo estuviera desobedeciendo las enseñanzas de las Escrituras, también habría hecho caso omiso a su advertencia de que mis hijos tendrían que pagar con su vida los errores que cometí. Aunque en algunas ocasiones las Escrituras nos enseñan que Dios castiga a los hijos por los pecados de sus padres, lo más frecuente es que Dios castigue al propio infractor.

Creo que el «mensaje de Dios» que me trasmitió este hombre era probablemente una invención propia, como confirmé cuando a los treinta días mis hijos —menos mal— seguían vivitos y coleando.

Siempre que recibas un mensaje, ya sea directamente de Dios o de labios de otra persona, asegúrate de verificarlo. Tómate todo el tiempo que sea necesario para preguntar: «Dios, ¿este mensaje es tuyo? ¿No tiene contradicciones con la persona que sé eres? ¿Es coherente con tu carácter? ¿Se conforma a tus atributos? ¿Eres *tú* el que desea transmitirme algo, o hay interferencias de otras voces en mi cabeza?». Antes de dar cualquier paso para obedecer la voz que oíste, asegúrate de verificar bien que era la voz de Dios.

2. CONFIRMA QUE EL MENSAJE SEA CONFORME A LAS ESCRITURAS.

A continuación, debes pasar el mensaje por el *filtro de las Escrituras*.

Muchas veces al año alguien me dice que su vida está arruinada porque Dios «le dijo» que hiciera algo absurdo.

«Dios me dijo que engañara a mi esposa».

«Dios me dijo que abandonara los estudios cuando me quedaba solo un semestre para terminar la secundaria».

«Dios me dijo que dejara el trabajo, aunque tengo que mantener a cuatro hijos y no tengo otra fuente de ingresos».

No podría decirles cuántos trabajos se han perdido, cuántas carreras se han frustrado, cuántos matrimonios se han destruido, cuántas cuentas bancarias se han agotado, todo porque alguien se sintió ratificado por Dios para hacer algo en particular.

Hay abundantes ejemplos en las Escrituras de cómo Dios procede en diversas situaciones de la vida, y el ejemplo por excelencia es Jesucristo. Siempre que me parece recibir un mandato de Dios, me imagino a Jesús en mi lugar haciendo la acción que se me insta a hacer. Si no puedo visualizar a Jesús haciéndola, deduzco que por algún motivo se me cruzaron los cables.

Si necesitas un punto de partida bien claro a este respecto, recuerda lo que dice Gálatas 5:16-26:

> Así que les digo: Vivan por el Espíritu, y no seguirán los deseos de la naturaleza pecaminosa. Porque ésta desea lo que es contrario al Espíritu, y el Espíritu desea lo que es contrario a ella. Los dos se oponen entre sí, de modo que ustedes no pueden hacer lo que quieren. Pero si los guía el Espíritu, no están bajo la ley.
>
> Las obras de la naturaleza pecaminosa se conocen bien: inmoralidad sexual, impureza y libertinaje; idolatría y brujería; odio, discordia, celos, arrebatos de ira, rivalidades, disensiones, sectarismos y envidia; borracheras, orgías, y otras cosas parecidas. Les advierto ahora, como antes lo hice, que los que practican tales cosas no heredarán el reino de Dios.
>
> En cambio, el fruto del Espíritu es amor, alegría, paz, paciencia, amabilidad, bondad, fidelidad, humildad y dominio propio. No hay ley que condene estas cosas. Los que son de Cristo Jesús han crucificado la naturaleza pecaminosa, con sus pasiones y deseos. Si el Espíritu nos da vida, andemos guiados por el Espíritu. No dejemos que la vanidad nos lleve a irritarnos y a envidiarnos unos a otros.

Ahora bien, en caso de que hayan leído muy por arriba estos versículos porque les son muy conocidos, quisiera volverlos a escribir según la paráfrasis de *The Message*:

> Vivan libres, animados y motivados por el Espíritu de Dios. Entonces no sentirán los deseos de su egoísmo. Porque en el interés propio está la raíz del pecado, que es contraria a un espíritu

libre; así como un espíritu libre es incompatible con el egoísmo. Estas dos maneras de vivir son contradictorias: no se puede vivir a veces de una forma y a veces de otra, según cómo nos sintamos ese día.

Sin embargo, ¿qué pasa cuando vivimos como Dios quiere? Él nos trae regalos a la vida, así como maduran los frutos en un huerto: cosas como el afecto hacia los demás, la abundancia en la vida, la serenidad. Desarrollamos la voluntad de perseverar, sentimos compasión en el corazón y una convicción de que hay una santidad básica en todas las cosas y las personas. Encontramos que somos leales a los compromisos que asumimos y no necesitamos luchar para abrirnos un camino en la vida, somos capaces de dominar y dirigir nuestras energías con inteligencia.

Haríamos bien en memorizar estas ideas. Cuando Dios nos motiva, caminamos en libertad. Cuando vivimos motivados por intereses egoístas, nos sentimos inclinados a interpretar los «mensajes» como si fueran mandatos divinos cuando en realidad solo pretenden satisfacer cualquier cosa menos a Dios.

Confronta toda dirección que recibas con las enseñanzas temáticas de la Biblia. Los mensajes que contradicen las Escrituras no son de Dios.

3. CONFIRMA QUE EL MENSAJE SEA SABIO Y PRUDENTE.

El tercer filtro que uso para determinar la veracidad de los diversos susurros es la *prueba general de la sabiduría*.

A Jesús le agradaba enseñarles a sus seguidores a ser *sabios* en todo momento. En Mateo 10:16 los instruyó: «Los envío como ovejas en medio de lobos. Por tanto, sean astutos como serpientes y sencillos como palomas»[2]. El libro de Proverbios está dedicado a analizar la sabiduría y sus atributos. Por ejemplo, la persona sabia ama el conocimiento, mientras que la persona imprudente lo odia; el sabio habla con mesura, mientras que el imprudente usa palabras duras y alborotadoras; el sabio es intachable, mientras que el imprudente es completamente corrupto; el sabio camina en rectitud, mientras que el imprudente se goza en la perversidad del mal; el sabio será honrado, mientras que el imprudente será avergonzado. Las Escrituras no cejan de exhortarnos a ser sabios en todo lo que hacemos, a vivir siempre con sabiduría.

Una joven pareja está pensando en comprarse su primera casa. Les encanta la vivienda que cuesta cincuenta mil dólares más del presupuesto del que disponen. El agente de la inmobiliaria baja la voz y les comenta: «Si no hacemos una oferta ahora mismo, perderemos esta oportunidad».

«Bien», piensa la pareja, «tal vez esto sea la voz de Dios que nos manda a comprar...».

O tal vez no.

¿Qué pasos deberían dar para obrar con sabiduría? No apresurarse. Marcharse. Pensarlo con la mente fría. Mantenerse dentro del presupuesto que sabiamente establecieron.

Otra pareja le dice al pastor muy excitada:

—¡Nos vamos a casar!

—¡Felicitaciones! —exclama el pastor—. ¿Hace cuánto que se conocen?

—Nos conocimos hace tres semanas —le dicen.

—Este... —es la respuesta dubitativa del pastor.

Una vez más, no se apresuren. Piénsenlo con detenimiento. Dejen que pase un poco el tiempo.

Un hombre de negocios señala: «Voy a retirar los ahorros de toda una vida para comprarme un billete de lotería; Dios dijo que necesito hacer una donación muy grande a la iglesia».

¿Cuál suponen que sería la respuesta de la sabiduría?

Asegúrate de no pasar por alto lo que es sabio llevado por mensajes que te apremian a actuar con rapidez. Si el plan es de Dios, seguramente no implicará ninguna acción a todas luces imprudente. La dirección de Dios rara vez viola la prueba de la sabiduría.

4. CONFIRMA QUE EL MENSAJE SE CORRESPONDA CON TU CARÁCTER.

Llegamos al cuarto filtro. Es uno de mis filtros favoritos para verificar la dirección divina, y lo llamo la *prueba del carácter.*

Hace tres años, mi hijo Todd, que entonces tenía veintiocho años, decidió darle la vuelta al mundo en un velero de algo más de doce metros. Una noche vino a casa y nos comunicó sus intenciones, explicándonos con lujo de detalle a Lynne y a mí su plan de dos años de navegación. A los segundos de su presentación, recibí una palabra de Dios. «La vida de Todd ha sido un camino hacia esta aventura», escuché que la voz me decía. «Este viaje es perfecto para el hombre que tenía la intención que fuera cuando lo creé».

Mientras Todd continuaba hablando, consideré que su plan no era tan descabellado. Pensé en todos los padres que perderían su compostura si su hijo les planteaba un proyecto como ese —verían desfilar (algo muy comprensible, por cierto) todos sus temores en cuanto a las tormentas, los maremotos, las olas gigantescas, las fallas del motor, el tráfico en los mares, las amenazas de piratas y quién sabe cuántas cosas más— pero lo único que yo pensaba era que Todd se sentía atraído por el mar desde que era muy pequeño. Cuando tenía cinco años, salía a navegar solo en botes pequeños. Cruzó el lago Michigan en un velero de diez metros cuando tenía quince años, y capitaneó otra embarcación desde Michigan hasta las Bahamas pocos años después. Circunnavegar el mundo en un velero era su siguiente gran desafío. Es probable que Todd necesariamente tuviera que hacer esto para ser consecuente con la persona que Dios lo había creado para ser. La dirección que él creyó recibir de Dios pasó de sobra la prueba del carácter, que era un paso importante para ayudar a sus padres a aceptar lo que serían dos años *muy* largos.

También conozco el reverso de este tipo de historias. Un fin de semana, después de un servicio en Willow, hablé con un hombre que decía sentirse muy conmovido por una canción en particular que se había interpretado durante la alabanza, por lo que estaba contemplando la posibilidad de dejar su trabajo como un exitoso agente bursátil y dedicarse por completo a la industria de la música cristiana.

—En realidad, siento que es lo que Dios quiere que haga —dijo—.

4. Cómo reconocer la voz de Dios

No puedo librarme de la idea de que este es mi nuevo llamamiento en la vida...

Esperé a que terminara de explicar su determinación de comenzar esta nueva profesión y luego le hice algunas preguntas elementales.

—¿Sabe algo de música? —inquirí.

Después de intentar eludir la pregunta y vacilar, la repuesta fue negativa.

—¿Y tiene algún tipo de experiencia en cuanto a cantar o escribir canciones? Es decir, ¿alguna vez en su juventud se sintió atraído por las expresiones artísticas?

Una vez más la respuesta fue no.

—Este... ¿Canta cuando se baña?

Por tercera vez, no.

Miré al corredor de bolsa y le dije:

—No es mi intención desilusionarlo, sin embargo, ¿no ha pensado que tal vez esa poderosa canción lo emocionó mucho porque quizás Dios quiere simplemente que reflexione en esa maravillosa experiencia, pero no desea trastocar todo su mundo para seguir una nueva vocación?

Tengo que advertirle a la gente que refrenen el impulso de apresurarse a adentrarse en un campo ajeno por completo a su carácter, educación, formación o experiencia en la vida. Y no es porque Dios no pueda apoyar un giro dramático de ciento ochenta grados, sino porque cuando lo hace, el cambio de rumbo será confirmado por muchas voces provenientes de diversos orígenes y en diferentes circunstancias.

5. ¿QUÉ PIENSAN TUS ALLEGADOS DE MÁS CONFIANZA?

El quinto filtro que uso se basa en Proverbios 11:14: «Sin dirección, la nación fracasa; el éxito depende de los muchos consejeros»[3]. Le llamo a esto la *prueba de los consejos maduros*. La idea es que siempre que te parezca que Dios te habla, debes buscar dos o tres seguidores de Cristo veteranos —cristianos que te conozcan bien y espiritualmente maduros— y tomarte el tiempo necesario para describirles en detalle la situación. Pregúntales con humildad: «¿Piensan que Dios en realidad me habló? ¿Será la voz de Dios lo que oigo, o según la opinión de ustedes se me cruzaron los cables?».

Escucha con la mente abierta y concéntrate en las respuestas que recibas, ya que podrían salvarte de una imprudencia. Hablo por experiencia...

A principios de los noventa, mientras me recuperaba de un colapso nervioso por causa de un exceso de compromisos, en el momento más profundo de mi agotamiento, cuando me sentía emocionalmente inútil, un empresario amigo mío que vive en otro estado me ofreció la posibilidad de asociarme a su compañía. La oferta era emocionante y lucrativa, y en verdad pensaba que tal vez Dios me llamaba a dejar la obra en la iglesia y reincorporarme al trabajo secular.

Estaba seguro de que había oído la voz de Dios, lo que significaba que la oportunidad había pasado el primer filtro. También pasó el segundo filtro, ya que no hay nada en las Escrituras que me prohíba volver a mi profesión original. Con respecto a la prueba de la sabiduría, desde el punto de vista económico, la movida sería más que inteligente para nuestra familia. Y era obvio que se conformaba, al menos en parte, a mi carácter, ya que había terminado mis estudios de comercio y me encantaba la emoción de llevar a buen fin una negociación.

Sin embargo, todavía restaba la espinosa «prueba de los consejos maduros», la cual intentaba evitar por todos los medios.

A regañadientes, reuní a unos pocos mentores espirituales y otras personas en cuyas opiniones y perspectivas confiaba sinceramente y que entendían mi estado de agotamiento. Les describí la oferta que estaba considerando y luego me dispuse a escuchar su respuesta. Al unísono dijeron: «Bill, en este momento no estás en condiciones de tomar una decisión tan importante sobre tu futuro. Aun si creyeras que Dios te dirige en esa dirección, te imploramos que aguardes tres meses y luego reconsideres la oferta».

Me suplicaron que descansara, me recuperara y me mantuviera tranquilo antes de dar un paso más. Estaré por siempre agradecido de haber seguido su sabio consejo.

A los dos meses, estaba mejor de salud y comencé a ver las cosas con más claridad. A medida que me apasionaba de nuevo con mi función en el ministerio, me di cuenta de lo mucho que habría perdido si me hubiera equivocado al tomar aquella decisión.

Somete todos los mandatos a la prueba de los consejos maduros. Te salvarás de una cantidad enorme de dolores de cabeza y quizás podrás confirmar la mejor voluntad de Dios para tu vida.

Tener siempre a mano estos cinco filtros es de gran ayuda cuando intentamos encontrarle sentido a un mensaje de Dios. (En el Apéndice 2 en la página 233 se incluye una lista consolidada de estos filtros). No obstante, ¿qué sucede cuando sientes que el cielo está extrañamente silencioso y los meses pasan sin una sola palabra de lo alto? ¿Qué haces cuando parece que Dios dejó de hablar a pesar de tu profundo deseo de oír su voz?

Hace unos pocos veranos, decidí pasar una tarde a solas con Dios. Me subí a un bote, salí mar adentro y me preparé para recibir unas palabras importantes del cielo. Estuve sentado durante una hora y nada. Permanecí sentado otra hora y no escuché nada en lo absoluto. Iba ya por la tercera hora y pensé: «Me encanta el agua, Dios, ¿pero qué significa todo este silencio?».

La iglesia de Willow atravesaba un momento de dificultades y yo estaba desesperado por recibir un poco de aliento de lo alto. Pasé hora tras hora sentado en la embarcación, sin escuchar otra cosa que el viento y las olas.

Justo cuando me disponía a levar el ancla y regresar al puerto, vi pasar flotando una lata de cerveza Bud Light. Me quedé absorto en la lata, preguntándome: *¿Será esto un mensaje de Dios? Si lo fuera, ¿qué podría significar? ¿Se supone que debo tomarme una cerveza? ¿Se supone que debo decirle a mi congregación que no tomen Bud Light? ¿Habrá un mensaje dentro de la lata?*

Después de unos minutos de dudas silenciosas, entendí que quizás lo único que Dios quería indicarme era la necesidad de respetar su creación, sacar la lata del agua y tirarla a la basura.

Regresé a casa con mi familia, quienes suponían que había invertido una tarde entera en un «diálogo fructífero» con Dios. Me preguntaron: «¿Y bien? ¿Qué te dijo Dios?».

«Llévate esta lata de cerveza, eso fue lo único que dijo».

Nos reímos, pero no tenía otra cosa que decirles. Había esperado, velado y escuchado atentamente, pero Dios no parecía tener nada que decirme ese día… o al menos yo no lo pude oír a pesar de todos mis esfuerzos.

¿Puedo ofrecerte algunas palabras de aliento basado en un sinnúmero de experiencias personales como estas? Si tienes dificultad para oír la voz de Dios durante un día, una semana o un mes, verifica el estado de las siguientes áreas. Para mí, la culpa suele deberse a una de las siguientes cuatro causas.

Primero, pídele a Dios de una forma ferviente y con frecuencia que mejore tu capacidad para oír. Ora a Dios todos los días pidiéndole oídos como los del profeta Samuel. Solicítale que aumente tu capacidad para discernir su voz y estar más atento a sus mandatos.

En segundo lugar, reduce el ruido ambiental en tu vida. Para mí, la mejor manera de estar en silencio ante Dios es saliendo a navegar solo. Para ti, podría ser prestándole atención a la voz de Dios mientras conduces, haces gimnasia o disfrutas del silencio en tu dormitorio durante la noche. En donde sea, asegúrate de reservar momentos durante el día en los que puedas practicar escuchar la voz de Dios.

En tercer lugar, simplemente *debes* llenar tu mente con las Escrituras. Como consideraremos en el siguiente capítulo, la mayoría de los mandatos que recibimos en los momentos críticos de la vida, cuando debemos tomar decisiones cruciales, nos llegan conforme el Espíritu Santo nos recuerda los pasajes de las Escrituras que ya conocemos. Escuchamos mensajes que refuerzan las verdades bíblicas y comprendemos de inmediato lo que el Espíritu intenta decirnos. Por lo tanto, empápate de la Palabra de Dios y verás que sus mensajes aumentan con el tiempo.

Por último, la Biblia deja en claro que cualquier conducta de pecado compromete nuestra comunicación con Dios... en ambos sentidos. Nuestras oraciones no llegan a Dios y los mensajes de Dios no llegan a nosotros. Si estás empantanado en el pecado y el engaño, confiesa tu pecado y apártate de él hoy. Deja que el luminoso láser de la verdad ilumine todos los recovecos de tu vida. No trunques tus comunicaciones con el Padre porque no estás dispuesto a abandonar una conducta de pecado.

UNO DE LOS LIBROS MÁS CONMOVEDORES QUE HE LEÍDO EN LOS últimos años fue la publicación de una serie de cartas personales recibidas y enviadas por la Madre Teresa que conformaron la obra *Ven, sé mi luz*. El libro tiene muchas cosas que me llegaron a lo más profundo, pero hay una sección en particular que me apabulló. Sus cartas describen un período que se extendió algunos años, durante los cuales esta mujer extraordinaria y piadosa no pudo oír la voz de Dios. A través de esa temporada dolorosa, la Madre Teresa le rogó a Dios que iluminara su noche oscura. Por razones que ella no comprendía, Dios parecía extrañamente silencioso.

Su curso de acción durante esta temporada frustrante fue en extremo instructivo para mí. En vez de sentir resentimiento o endurecer su corazón, la Madre Teresa decidió continuar obedeciendo el último mensaje que había recibido de Dios. Al final, Dios volvió a susurrarle, pero durante ese largo período de silencio la Madre Teresa continuó obedeciendo las últimas órdenes recibidas. Ese es un consejo muy sabio. Si no puedes oír la voz de Dios en estos días, recuerda el último mensaje que recibiste y síguelo al pie de la letra. Es posible que si cumples fielmente su última orden, crearás espacio para un nuevo mensaje.

PERMÍTEME UNA ÚLTIMA ACLARACIÓN. SI BIEN ES CIERTO QUE Dios a veces parece guardar silencio y sus mensajes son pocos y esporádicos, hay muchas ocasiones en que él decide no hablar, como veremos en este libro. Siempre que recibas un mandato de Dios, asegúrate de obedecerlo, aunque te cueste mucho. No permitas que el temor o la duda te despojen de lo que Dios tiene reservado para ti. Siempre que escuches la voz de Dios, haz justo lo que él quiere que hagas.

He dedicado mi vida entera de adulto a seguir la voz dulce y apacible de Dios, y aunque mi fidelidad tiene sus defectos, más de los que desearía reconocer, ni por un segundo me arrepiento de lo que hice. Durante tres generaciones mi familia llevó adelante un negocio, pero yo no seguí ese camino, sino que dejé mi ciudad natal, mi familia y los amigos de la infancia porque escuché un mensaje de Dios. La iglesia y la Asociación Willow Creek existen gracias a un susurro de Dios. Si todavía hoy estoy en el ministerio es porque en medio de las aflicciones de mi vida Dios en su gracia me alentó con su voz apacible. Como tomo muy en serio los mensajes de Dios, mi vida casi nunca es aburrida. Vivo la mayoría de los días en un estado de expectativa, porque sé que podría estar a un mensaje espiritual de ver cómo mi mundo se transforma radicalmente o cambia de rumbo. ¿Quién desearía perderse esa emoción?

Para terminar, regresemos al pasaje de Hechos 13. Después que los líderes de la iglesia de Antioquía despidieron a Pablo y a Bernabé, ambos hombres comenzaron un viaje para predicar el evangelio de Cristo por esa región del mundo. En algunas ciudades, los habitantes aceptaron con entusiasmo las buenas nuevas y sus vidas fueron transformadas de un modo milagroso. En otras localidades, la gente se disgustó con Pablo y Bernabé, desencadenándose terribles alborotos.

En realidad, después de predicar su mensaje de gracia en una ciudad, la multitud estaba tan enardecida que apedreó a Pablo y lo dejó casi muerto. No murió solo por la gracia de Dios. Sin embargo, con el tiempo se recuperó, recordó su llamado, retomó el trabajo que Dios le había encomendado, y siguió predicando de ciudad en ciudad.

Lo que pretendo decir es que no quisiera que pensaran ni por un instante que todo lo que Dios les manda a hacer a sus seguidores será fácil, sin complicaciones o no tendrá ningún costo. A veces, Dios les pide a sus hijos que lleven una carga pesada, como le pidió al apóstol Pablo. No obstante, incluso —y con frecuencia especialmente— bajo el peso de esas imponentes cargas, los propósitos de Dios se cumplen. Cuando la tarea encomendada es difícil, más dulce es la recompensa de saber que hemos contribuido a promover el reino de Dios y a mejorar nuestro mundo caído.

Si alguna vez te encuentras obligado a hacer un trabajo difícil, ¿por qué no intentas agradecerle a Dios por confiarte algo que exige tus fuerzas en particular? Él siempre le asigna las tareas a la persona más indicada. Así lo hizo a lo largo de la historia, y todavía lo hace hoy. Mientras transitas por cualquier camino difícil que él te pidió seguir, no olvides nunca el arduo camino que Jesús mismo tuvo que recorrer. Como exploraremos en un capítulo más adelante, a Cristo se le encomendó cumplir la tarea más difícil de todas: entregar su vida como sacrificio para redimir a la humanidad. Jesús obedeció de modo voluntario. Y gracias a su obediencia tú y yo hoy tenemos redención.

Recuerda el valor de Cristo. Recuerda su obediencia. Recuerda cómo su inconmovible cooperación con el Padre cambió el curso de la historia y nos dio libertad y paz con Dios. Recuerda la vida de Pablo y Bernabé, a los que Dios con frecuencia condujo a territorio enemigo, pero que de todos modos siempre mantuvieron el rumbo.

Es posible que aquí mismo, en este mismo instante, mientras lees estas palabras, Dios tenga algo que decirte. Tal vez te diga que no fue solo a Pablo y Bernabé a los que apartó para un trabajo nuevo... él también está escogiéndote a *ti* a fin de que lleves a cabo algo nuevo para él. ¿Se tratará de una nueva oportunidad? ¿Una nueva tarea? ¿Una nueva aventura? ¿Un nuevo comienzo en la vida? ¿Te pedirá que abandones un vicio, adoptes un hábito saludable, sirvas a los pobres, tu cónyuge o tu mejor amigo? Si sientes que Dios quiere decirte algo, hazle saber que tienes tus oídos inclinados hacia él, tu corazón es obediente y tus manos están prontas para la acción. Dile que quieres tener valor para hacer lo que él dice. Prométele que estás dispuesto a obedecer ahora mismo a cualquier mensaje que él tenga para ti.

CAPÍTULO 5

LOS MENSAJES DE DIOS POR ESCRITO

No hace mucho, durante un período de diez días, noté que poseía un hábito espiritual sobre el que no había reflexionado desde hacía un tiempo. El mismo estaba tan incorporado a mi vida que a veces me olvidaba de su existencia. Ya explicaré su importancia, pero primero describiré de qué se trataba.

Transcurría la última semana de un programa anual de tres semanas que realizamos en la comunidad de Willow llamado «Celebración de la esperanza», en el cual nuestra iglesia, con el objetivo de poner en práctica la fe, destina recursos económicos y materiales a las personas más necesitadas del mundo. Le había anunciado a la congregación que durante el último fin de semana de «Celebración de la esperanza» recogeríamos una ofrenda especial para aliviar la situación de pobreza extrema en la que viven algunos pueblos de diversos países con los que Willow mantiene vínculos ministeriales. Pocos días antes de este fin de semana, recibí un correo electrónico de un miembro de nuestra iglesia en el que manifestaba su falta de entusiasmo con la idea de esta ofrenda especial.

«Todavía tengo un buen empleo», decía en el mensaje, «pero no he recibido ajustes salariales ni aumentos de sueldo desde hace dieciocho meses...». Continuaba diciendo que en su opinión era ridículo retirar dinero de nuestra iglesia para dárselo a los pobres cuando había tantas «necesidades reales» aquí mismo, en nuestra casa.

Ahora bien, mi primera reacción a este tipo de mensajes es defender la decisión tomada por los líderes de nuestra iglesia (lo cual es encomiable) y luego —mediante una réplica que en la mayoría de las ocasiones ha distado mucho de ser loable— informarle al remitente de la nota que hay una gran diferencia entre no recibir un aumento de sueldo y observar cómo nuestros hijos se mueren lentamente de hambre por no disponer de agua potable o contraer enfermedades que podrían prevenirse, detectarse o tratarse de la forma debida.

Deseaba ser bien claro con ese individuo. Mientras pensaba en la mejor manera de decirle las cosas, acerqué la silla a la computadora para escribirle, y cuando ya casi estaba a punto de apretar el botón de «Enviar», el Espíritu Santo me envió en cambio un mensaje a mí: «Más bien, sean bondadosos y compasivos unos con otros, y perdónense mutuamente, así como Dios los perdonó a ustedes en Cristo»[1].

Con la mirada aún fija en el cursor parpadeante en la pantalla, me hice el desentendido. Coloqué con suavidad las yemas de los dedos sobre el teclado e intenté recuperar el hilo de la tarea retributiva que tenía en mente. Sin embargo, la voz era insidiosa.

«Sean bondadosos y compasivos, Bill. Bondadosos y compasivos...».

Conocía bien estas palabras porque son parte de un versículo bíblico que memoricé hace cuarenta años: Efesios 4:32. No me crié en un hogar muy bondadoso, de modo que debo cualquier rastro de bondad en mi vida al hecho de grabar aquella frase del Nuevo Testamento en mi corazón y luego repetirla una y otra vez en mi mente, como si fuera un CD que vuelve a comenzar cada vez que termina.

Delante de mi computadora, mi espíritu se quejaba: «¿Cómo se supone que debo corregir a este hombre si tengo que ser *bondadoso* y *compasivo*?».

Ninguna respuesta, lo que no me sorprende, dado el talante que me animaba.

Suspiré, retiré la silla de la mesa, miré por la ventana y me puse a pensar. Cuando regresé a la computadora, en pocos minutos escribí una respuesta que distaba mucho de ser la que originalmente había planeado redactar. Aquella tarde recibí una respuesta respetuosa. Y le agradecí a Dios por sosegarme. Su voz evitó una vez más que cometiera una imprudencia e impidió que hiriera los sentimientos de una persona.

Durante esa misma semana, nos encontrábamos en la cocina y Lynne me dijo: «Estuve pensando en la ofrenda de este año para el programa "Celebración de la esperanza". Tal vez deberíamos poner el asunto en oración y meditar juntos en vez de limitarnos a escribir un cheque casi por obligación, solo porque hemos estado desafiando a toda la congregación a participar».

Ahora bien, sé que mi esposa no pretendía insultarme al implicar que yo firmaría un cheque «por obligación». Esa era su manera de sugerir que ambos debíamos compartir el proceso de la decisión con Dios. Sin embargo, yo acababa de regresar de un viaje largo por muchas ciudades y estaba agotado. Al menos esa es la excusa que me doy para explicar la sarta de contestaciones punzantes que se cruzaron por mi cabeza. Aunque esta vez por lo menos mantuve la boca cerrada. En el brevísimo instante en que esos comentarios se deslizaron por mi mente, Dios puso este versículo en mi corazón: «Confía en el Señor de todo corazón, y no en tu propia inteligencia. Reconócelo en todos tus caminos, y él allanará tus sendas»[2].

Dios me recordaba a través de las palabras de este salmo escrito hacía tres mil años que él podía —y sin duda lo haría— dirigir nuestras sendas e indicarnos cuánto dar para la ofrenda de «Celebración de la esperanza». En vez de responder con un comentario irónico, dije: «Sí. Hagamos eso. Si tú oras con fervor y yo también, quizás Dios nos guíe hacia el monto específico que él desea que ofrendemos».

Dicho y hecho. Unos días después, de nuevo en la cocina, le pregunté a Lynne si Dios le había sugerido cuánto dar. Me dijo una cantidad y quedé boquiabierto. Estaba dentro de un margen del dos por ciento del monto exacto que Dios había puesto en mi mente. Acordamos con gozo ofrendar esa cantidad, confiados en que Dios había allanado nuestras sendas. Le agradecí a Dios por hablarme a través de su Palabra y salvar una vez más nuestra relación matrimonial.

Durante esos diez días, mi hijo Todd nos vino a visitar. Estaba en proceso de reconstruir su propia casa, que se había incendiado hacía poco. (No hubo víctimas, gracias a Dios). Nuestras conversaciones en los últimos tiempos se centraban en cuestiones fascinantes como los tipos de cimientos, algunos planos de casas y sus terminaciones. En ese día en particular, estábamos hablando sobre bombas de desagües; él tenía algunos problemas con las cañerías y yo recordé que hacía unos años nosotros habíamos tenido el mismo problema en nuestra casa. Mientras recordaba aquellas contrariedades de décadas atrás, Todd me hizo una pregunta muy razonable:

—¿Por qué no pusiste un caño de desagüe directo de la bomba al alcantarillado externo? De ese modo, nunca hubieras tenido necesidad de hacer funcionar la bomba.

Su solución hubiera sido perfecta salvo por dos detalles menores: primero, si todas las propiedades en nuestra área adoptaran esa solución, el vecindario quedaría anegado; y segundo, las normas del municipio prohibían esa solución.

—En realidad, uno de mis constructores sugirió que hiciéramos justo eso —expliqué—. Ambos sabíamos que sería una solución perfecta y definitiva. Lamentablemente, no estaba permitida por el reglamento municipal...

—¿Tan *apegado* eras al código municipal de construcciones? —preguntó Todd.

Nos reímos, pero a medida que pensaba en cuál había sido la verdadera razón por la que seguí las reglas, me di cuenta de una cosa.

—¿Sabes una cosa, Todd? Tenía veintiocho años cuando construimos esta casa. Era una casa grande para una persona tan joven en el ministerio, que había dejado el negocio de la familia y emprendido un rumbo completamente diferente para su vida. Tu madre y yo sentíamos que esta casa era un regalo muy generoso de la mano celestial, así que lo último que deseaba en aquel momento era arruinarlo. Es cierto, no era más que una ordenanza del código municipal, y posiblemente no hubiera pasado nada si no la cumplía. Sin embargo, hay un pasaje en la Biblia que habla de la importancia de obedecer a las autoridades públicas[3], y si para Dios eso es importante, entendí que era una manera concreta de honrarlo.

Treinta años atrás, Dios me había susurrado la sabiduría de obedecer a las autoridades, y yo no lo había olvidado.

Cuando Dios graba su sabiduría en tu mente y tu corazón, te sientes inclinado a obrar en consecuencia. Esto me recuerda el hábito que mencioné al comenzar este capítulo. En aquellos diez días reflexioné sobre el hecho de que durante toda mi vida, y de manera creciente, mis acciones y reacciones (o el dominio de mis reacciones) han sido dictadas de un modo poderoso por mandatos que vienen directamente de la Palabra de Dios.

LEER Y APLICAR LA PALABRA DE DIOS ES LA FORMA MÁS predecible de escuchar la voz del cielo. Dedicarle más tiempo a la lectura bíblica aumenta la posibilidad de oír la voz de Dios, es así de sencillo. A fin de cuentas, si Dios ya dejó por escrito sus consejos sobre los dilemas más comunes que habremos de enfrentar en el mundo (acerca de cuestiones como las relaciones, la comunicación personal y el manejo del dinero), ¿no sería conveniente que los aprovecháramos? El Salmo 119:105 dice que la Palabra de Dios es «una lámpara a mis pies; es una luz en mi sendero». Durante más de cuatro décadas, siempre que necesité iluminación en mi vida, la Palabra de Dios nunca me defraudó.

UNO DE LOS REGALOS MÁS GRANDES QUE MIS PADRES ME DIERON de niño fue crear ciertos ambientes que me motivaran a memorizar las Escrituras. Algunas de esas oportunidades salieron mejor que otras; de niño, llegó un momento en que difícilmente podrían sobornarme con pizza para que recitara correctamente veinte versículos. No obstante, aun así, memoricé decenas de frases de la Biblia que todavía recuerdo.

Hace poco, durante un servicio de fin de semana en la iglesia de Willow, guié a nuestra congregación a través de muchos de esos versículos, los cuales agrupé por temas. En este capítulo, incluyo algunas de esas categorías. Siéntete con la libertad de agregar más a tu discreción. (En el Apéndice 1, en la página 229, se incluye una lista elemental para facilitar el registro de estos versículos en la mente). Te hago la misma promesa que le hice a nuestra congregación: A medida que aprendemos y vivimos la Palabra de Dios con mayor devoción, tanto más oímos su voz divina en nuestra vida.

LA VERDAD SOBRE LA SALVACIÓN

En mi opinión, todos los seguidores de Cristo deben saber por lo menos un versículo clave sobre la «salvación». Mi planteamiento es el siguiente: Si alguien te preguntara qué te hizo dedicarle tu vida a Cristo, una de las maneras más claras y convincentes de responder sería mediante una cita de las Escrituras relacionada con tu transformación espiritual. En el curso de los años, he tenido que explicar cientos de veces cómo me convertí, así que mi testimonio se basa en Tito 3:5: «Él nos salvó, no por nuestras propias obras de justicia sino por su misericordia. Nos salvó mediante el lavamiento de la regeneración y de la renovación por el Espíritu Santo»[4].

Cuando cito este versículo, les recuerdo a aquellos que me escuchan que nadie puede salvarse a sí mismo por medio de buenas obras, sino que la salvación es solo por la gracia de Dios.

Además, cuando no alcanzo la meta de perfección en mi propia vida (por asombroso que parezca, un hecho muy frecuente) puedo regresar de inmediato a Tito 3:5 y recordarme que mis pecados fueron lavados por completo. Soy salvo por la gracia de Dios, no por mis buenas obras… ¡ni por la falta de ellas!

Si tienes dificultad para memorizar el versículo acerca de la salvación que escogí, elige uno que sí logres aprender de memoria. Juan 1:12 afirma: «Mas a cuantos lo recibieron, a los que creen en su nombre, les dio el derecho de ser hijos de Dios». Romanos 10:13 enseña: «Todo el que invoque el nombre del Señor será salvo». Ambos versículos, y otros similares, son ideales para aquellas personas que no recuerdan un día en particular o el momento en que le entregaron su vida a Cristo, pero que pueden precisar una época de su vida cuando fueron conscientes de que necesitaban la salvación. Si le entregaste tu vida a Cristo, graba en tu corazón las palabras de uno de estos versículos para que la verdad de Dios se escuche más alto que cualquier duda sobre si eres o no salvo.

LA VERDAD SOBRE LA VIDA ETERNA

El siguiente punto es la seguridad de la vida eterna. Romanos 8:1 afirma: «Por lo tanto, ya no hay ninguna condenación para los que están unidos a Cristo Jesús».

Si lees estas palabras y piensas: «Así que no hay ninguna condenación. ¡Qué bien! ¿Y eso qué tiene que ver conmigo?», quizás nunca supiste lo que es sentirse terrible y trágicamente condenado por tus propias acciones y deficiencias.

Aquellos que saben bien lo que es sentirse condenados entienden que la frase «no hay condenación» es *muy* importante. Si alguna vez sentiste la inminente certeza de un juicio o castigo perentorio, o el dolor de la culpa y la vergüenza después de hacer algo que iba contra tu propia moral (o la moral de Dios), comprendes la inefable dulzura de saber que *nunca* más seremos condenados.

HACE POCO PASÉ UN TIEMPO DEDICADO A REFLEXIONAR EN Romanos 8:1 con el propósito de comprender más cabalmente el significado verdadero del concepto de «ninguna condenación». Más o menos por la misma época, recibí instrucciones de Dios que desobedecí de un modo deliberado. No era un caso penal ni hubiera aparecido en el titular de los periódicos, pero en aquel día en particular, Dios me pidió con claridad que hiciera algo y yo decidí no hacerlo.

Luego salí a correr por la tarde. En la soledad de la hora, el acusador —el maligno— comenzó a molestarme: «Bill, después de todo lo que Dios hizo en tu vida, ¿ni siquiera pudiste obedecerle cuando te hizo esa pequeña solicitud? ¿Por qué?».

Sentí que comenzaba a reprocharme a mí mismo.

«Porque soy un cristiano terrible», pensé. «*Por eso*». Y así continué por la senda de la autorecriminación, preguntándome por qué Dios me era tan fiel incluso cuando yo le era deliberadamente desleal. Por mi mente pasaron un ejemplo tras otro de mis deficiencias, como si se tratara de una mala película.

Giré en una esquina y me apresuré a llegar a casa. En medio de mi breve festín de culpa, Dios interrumpió mis pensamientos: «Por lo tanto, ya no hay ninguna condenación para los que están unidos a Cristo Jesús»[5], susurró, citando directamente el versículo de Romanos. «Deja ya de acusarte, Bill. Te arrepentiste; acepta mi perdón. Lo compré para ti en la cruz. No te condeno. Toma mi mano, sigamos caminando».

Vaya si necesitaba que me recordaran esa verdad.

A la media hora, mientras me duchaba, volví a escuchar el susurro de Dios: «¿Son sus pecados como escarlata? ¡Quedarán blancos como la nieve! ¿Son rojos como la púrpura? ¡Quedarán como la lana!»[6]. Así como me lavaba el sudor del cuerpo, Isaías 1:18 me lavaba el alma. *Todos los pecados que haya cometido... lavados perfectamente por Cristo.*

Ambos versículos, tanto el de Romanos 8:1 como el de Isaías 1:18, se refieren a la seguridad que tenemos aquellos que somos parte de la familia de Dios por toda la eternidad. Quisiera proporcionar tres verdades más sobre la seguridad de la salvación.

En 1 Juan 5:12 leemos: «El que tiene al Hijo, tiene la vida; el que no tiene al Hijo de Dios, no tiene la vida». Este versículo significa que todos los que *recibieron* a Cristo, según la definición de los versículos sobre la salvación que analizamos, tienen la *seguridad* de la vida eterna. Si le entregaste todo tu ser a Jesucristo, tienes la promesa de una relación vital con Dios mientras estés en la tierra y más todavía cuando un día llegues al cielo.

El versículo siguiente, 1 Juan 5:13, nos ofrece más palabras de seguridad: «Les escribo estas cosas a ustedes que creen en el nombre del Hijo de Dios, para que *sepan* que tienen vida eterna»[7]. *Puedes* vivir libre de dudas y tener una sensación sólida como una roca en cuanto a la seguridad de tu redención.

Otro versículo sobre la seguridad de la salvación, Romanos 5:1, afirma: «En consecuencia, ya que hemos sido justificados mediante la fe, tenemos paz con Dios por medio de nuestro Señor Jesucristo». Cuando la vida te parezca agobiante y necesites refrescar en tu mente la inalterable conexión que tienes con Dios, recobra este versículo almacenado en tu memoria y ten la seguridad de que todo está bien con tu Padre celestial.

LA VERDAD SOBRE EL TEMOR

No conozco a nadie que viva todo el tiempo sin temor, pero es así precisamente como Dios quiere que vivamos. En 2 Timoteo 1:7 leemos: «Pues Dios no nos ha dado un espíritu de timidez, sino de poder, de amor y de dominio propio». Romanos 8:31 afirma: «Si Dios está de nuestra parte, ¿quién puede estar en contra nuestra?». Isaías 41:10 dice: «Así que no temas, porque yo estoy contigo; no te angusties, porque yo soy tu Dios. Te fortaleceré y te ayudaré; te sostendré con mi diestra victoriosa».

¡Tú y yo nos beneficiaríamos de guardar uno de estos versículos en nuestro cerebro para utilizarlo a menudo! Si te descubres obrando con frecuencia a partir de un espíritu de temor, comienza a reclamar esta realidad: Dios te dio un espíritu de *poder*, él *está contigo*, la diestra de tu Padre cariñoso *te sostendrá*.

LA VERDAD SOBRE LA TENTACIÓN

Durante una reciente conversación en la iglesia de Willow, dialogué con un hombre que intentaba convencerme de que pecaba mucho porque el nivel de la tentación que asediaba su vida era estadísticamente mayor que el de la persona promedio. No bromeo.

Pensé que no le vendría mal que no tomara en serio sus dichos y le dijera que estaba chiflado. Estoy seguro de que le alegré el día.

—¡No! Se lo prometo —me aclaró—. ¡No es invento mío! Tengo *muchísimas* más tentaciones que la mayoría de los seguidores de Cristo.

Era hora de sacar la artillería pesada.

—Bíblicamente, eso no es verdad —dije.

—Pruébemelo —me desafió.

—Usted no ha sufrido ninguna tentación que no sea común al género humano —respondí, citando 1 Corintios 10:13.

No parecía muy convencido.

—Las tentaciones que enfrenta son comunes a *todos*, mi amigo —repetí—. Usted no recibe una cantidad desproporcionada de tentaciones. Sin embargo, hay esperanza. El versículo continúa: «Pero Dios es fiel, y no permitirá que ustedes sean tentados más allá de lo que puedan aguantar. Más bien, cuando llegue la tentación, él les dará también una salida a fin de que puedan resistir».

Este individuo no pecaba porque fuera más tentado que el común de los hombres; lo hacía porque cuando era tentado, optaba por no tomar la salida que Dios nos provee en todas las situaciones de tentación.

Dios nunca permitirá que seamos tentamos más allá de lo que podemos aguantar. Apréndete de memoria esta verdad. Te librarás de un sinfín de dolores.

Para que no les falten, dos versículos más. Romanos 8:5 afirma: «Los que viven conforme a la naturaleza pecaminosa fijan la mente en los deseos de tal naturaleza; en cambio, los que viven conforme al Espíritu fijan la mente en los deseos del Espíritu». Y Santiago 4:7 señala: «Resistan al diablo, y él huirá de ustedes». ¿Puede haber algo más simple? La próxima vez que te sientas estorbado por las maquinaciones engañosas de Satanás, niégate a seguir su juego, y él huirá de ti.

LA VERDAD SOBRE LAS PRUEBAS

Hace un par de años, durante un viaje a Asia, contraje algún tipo de virus. Después de luchar contra el virus por más de nueve meses, finalmente fui a la clínica Mayo con la esperanza de encontrar algunas respuestas. Dos días antes de Navidad, me encontraba sentado en la sala de espera junto a un grupo de personas muy desanimadas; como yo, estaban en la clínica buscando una solución médica a sus achaques rebeldes. Mientras observaba los adornos navideños, con los tradicionales colores rojo y verde, pensaba: «Esto no va a terminar bien».

Muchos de los informes médicos que había recibido hasta la fecha eran perturbadores. Los nueve meses de enfermedad me habían afectado mucho, y aquella tarde de diciembre en particular comencé a preguntarme si no se trataría de una afección muy grave. Casi por reflejo, Dios me recordó un versículo. Romanos 8:28 enseña: «Ahora bien, sabemos que Dios dispone todas las cosas para el bien de quienes lo aman, los que han sido llamados de acuerdo con su propósito». No estaba muy seguro de cuál sería el «bien» prometido (tal vez se trataba del cielo), pero sabía que un día lo tendría. Muchos meses después, el bien en realidad llegó.

Por la gracia de Dios al final recuperé mi salud física, y lo que es todavía más importante, salí fortalecido en muchos otros aspectos de mi vida. Para empezar, mi enfermedad configuró nuevos senderos de oración entre mi familia y yo. Siempre había orado *por* mis hijos, pero ahora recibía intercesión a diario *de* ellos por mí. Todd y Shauna me llamaban y me decían: «Hoy oré por ti, papá» o «Acabo de orar este versículo por ti». Lynne hacía lo mismo, de modo que el efecto acumulativo de estos buenos deseos y oraciones nos unieron más como familia y me sostuvieron mucho más de lo que hubiera admitido en su momento.

Mi corazón también salió fortalecido. Durante años solía bromear y decir que cuando Dios repartió el don de la misericordia, con seguridad yo me encontraba navegando ese día. Históricamente, la compasión no es justo mi fuerte. Hasta ese momento había tenido la bendición de gozar de un excelente estado de salud. En el curso de los años, cuando algún integrante del personal de la iglesia llamaba para avisar que ese día no vendría a trabajar porque no se sentía bien, le decía: «¡Oye, resiste y ven! Vamos a *pasarla en grande*». Cuando colgaba el teléfono, pensaba: «¡Qué debilucho, no soporta ni siquiera un dolor de garganta!». Mi nivel de compasión era casi nulo.

No obstante, durante mi propia enfermedad, descubrí que «resistir» no era tan fácil. Hubo días en que literalmente no podía levantarme de la cama, mucho menos realizar todo el trajín diario. Como soy una persona que siempre se exige mucho, esta realidad me resultaba difícil de soportar... y muy aleccionadora.

Unos meses después de mi consulta en la clínica Mayo, una mujer se me acercó luego de un servicio de fin de semana en Willow y me explicó que tenía que luchar con un síndrome crónico de fatiga. En mi pasado no muy distante, hubiera creído que simplemente fingía cansancio para tener algunos días libres o que su enfermedad solo estaba en su cabeza. Con mi nueva conciencia de lo que es sentirse *realmente* enfermo, puse mi mano sobre su hombro, la miré a los ojos y le dije: «La comprendo. En verdad, la comprendo. Debe ser muy frustrante para usted desear ir a algunos lugares o hacer cosas y no tener la energía para hacerlo. Entiendo cómo se siente y oraré por usted ahora mismo...».

Era evidente que esta mujer no asistía con regularidad a Willow; si así fuera, se hubiera desmayado al comprobar mi manifestación sincera de ternura. (Mi reputación de ser una persona poco comprensiva me antecede). Mientras ella se retiraba después de nuestra oración, agregué una oración personal. «Gracias por hacerme más sensible, Dios. Parte de tu bondad fue producir este cambio a partir de aquella terrible experiencia». Como consecuencia de mi decaimiento, mi factor de empatía se incrementó para bien.

Hay tres categorías de personas en el mundo, y me animaría a decir que tú estás incluido en una de ellas. Hoy puedes ser lo que llamo un «AD». Te encuentras en una etapa «antes del dolor», lo cual significa que hasta este momento de tu vida has estado libre de tragedias o angustias debilitantes. Para ti, la promesa de Romanos 8:28 de que Dios «dispone todas las cosas para el bien de quienes lo aman» no será más que teoría. Sin embargo, te recomiendo que tengas presente esta buena teoría, porque en algún momento de la vida quizás te conviertas en un «CD», alguien que «convive con el dolor».

En nuestro mundo imperfecto, tarde o temprano el dolor te alcanzará, y cuando llegue ese día —o si mientras lees estas palabras ya estás inmerso en la agonía del sufrimiento— Romanos 8:28 será el factor determinante que te salvará la vida, así de sencillo. Nuestro Dios puede redimir aun los días más oscuros de la vida para sus propósitos. Sin esta promesa, tus pruebas y las mías nos resultarían agobiantes, y nuestro dolor sería insoportable.

O quizás eres como yo, un «PD», lo cual significa que pasaste por los obstáculos dolorosos de la vida y saliste indemne. Estás en proceso de recuperación y reconstrucción mientras navegas por el mar del «pos dolor». Para ti, Romanos 8:28 es un tesoro. Ahora tienes pruebas de cómo Dios obró para que todo saliera bien, y ante la posibilidad de más pruebas en el futuro, algo en tu interior te dice que también superarás lo que te sobrevendrá.

Donde sea que te encuentres en tu experiencia con el dolor (AD, CD o PD), te recomiendo que memorices este versículo de Romanos. Dios promete el bien para tu futuro, sin importar cuáles sean las realidades que vives hoy.

LA VERDAD SOBRE EL ORGULLO

Es posible que no haya un rasgo de la personalidad tan desagradable como el orgullo. Los hijos odian verlo en sus padres, los empleados no lo soportan en sus jefes, los estudiantes no lo toleran en sus profesores, los ciudadanos no lo resisten en las autoridades, y así podríamos continuar.

Menos mal que Dios les provee a sus seguidores la sabiduría concreta para eludir nuestra propensión a esta horrible característica. Hay tres versículos que sirvieron para reprimir mi inclinación al orgullo:

> Dios se opone a los orgullosos, pero da gracia
> a los humildes[8].

Cuando salgo a navegar, soy perfectamente consciente del tremendo poder de un viento en contra. A pesar de lo resuelto que esté, a pesar de las maniobras perfectas que realice, simplemente no puedo navegar derecho cuando tengo un viento en contra. La fuerza del viento es demasiado grande. Cuando el orgullo se asoma en mi vida, esta imagen me viene a la mente. Dios *se opone* a los orgullosos. Él los resiste para que no puedan avanzar. No obstante, da gracia a los humildes. Si le dieran a escoger entre una constante brisa de proa que dificulta la navegación o la misma brisa constante de popa que infla las velas y facilita la travesía, cualquier lobo de mar preferirá la brisa de popa. La humildad es siempre mejor, mi amigo.

> Humíllense delante del Señor, y él los exaltará[9].

En algún momento de nuestra vida, tanto tú como yo nos hemos cruzado con personas que por un motivo u otro se sienten obligadas a jactarse de sus virtudes y logros. Lamentablemente, estas personas a menudo obtienen una respuesta contraria a la que desean: ahuyentan a la gente en vez de atraer admiradores. Prefiero una receta mucho mejor para el éxito: Tener una justa apreciación de nosotros ante Dios y confiar en que él nos exalte.

Vivan en armonía los unos con los otros. No
sean arrogantes, sino háganse solidarios con los
humildes. No se crean los únicos que saben[10].

Si quieres tomar la iniciativa y hacer algo para neutralizar tu orgullo, intenta vincularte con la gente a la que la mayoría de la sociedad
considera inferior. De vez en cuando viajo con un amigo que conversa
de un modo especial con los conductores de taxis, los botones y el
personal de limpieza de los hoteles, y también les da propinas genero-
sas. Observarlo proceder de esta manera ha sido un desafío para mí,
y quizás tú también recibas este mismo desafío. Tal conducta también puede implementarse en el hogar, con el personal que embolsa
los comestibles, los operarios que cortan el césped en los jardines y
cualquier otro trabajador de servicio. Cuando tú o yo nos sintamos
tentados a sentirnos un poco superiores a las personas que nos rodean,
esto puede ser un antídoto efectivo para el orgullo.

LA VERDAD SOBRE EL ENOJO

Hace poco me encontraba sentado en mi estudio en casa con las
notas del sermón extendidas sobre la mesita del salón junto a mi computadora portátil, mi teléfono celular y un vaso lleno de agua. De pronto, oí que Henry, mi nieto de dos años, venía corriendo por el pasillo
hacia la habitación, ajeno por completo a su velocidad y al inminente
obstáculo de la mesita del salón. En un instante imaginé el terrible accidente que podría suceder.

Tres segundos después, el accidente ocurrió.

Henry se tropezó con la mesita, el vaso se volcó y las notas del
mensaje se empaparon, la computadora se cayó al piso y el abuelo estuvo al borde de la desesperación.

Mientras levantaba al pequeño Henry y rescataba lo que quedaba
de mis notas, pensé: «Si se enojan, no pequen». Esa es la primera parte
de un versículo que memoricé décadas atrás, pero en ese momento fue
la exhortación precisa que necesitaba para recordar que los pequeños
de solo dos años no pueden ser otra cosa que niños de dos años. Lynne
vino al rescate y después de limpiar un poco, todo estuvo bien.

La segunda parte de ese versículo, Efesios 4:26, es tal vez el mejor consejo de las Escrituras para los matrimonios: «No dejen que el sol se ponga estando aún enojados». Si estás frustrado con tu cónyuge y se aproxima el fin del día, no necesitas una infusión sobrenatural de sabiduría para saber qué tienes que hacer; Dios ya te lo dijo. Soluciona los problemas que haya que solucionar *antes* de que te venza el sueño.

¿ME PERMITEN UN ÚLTIMO VERSÍCULO PARA CONSIDERAR, YA QUE está relacionado con esta cuestión del enojo? Santiago 1:20 afirma: «La ira humana no produce la vida justa que Dios quiere»[11]. Dejarse llevar por la furia del momento, gritar, pronunciar palabras hirientes o dar un portazo tal vez sirva para desahogarnos. No obstante, reaccionar guiados por el enojo lastima a las personas que nos rodean y es un impedimento para vivir como Dios quiere que vivamos.

LA VERDAD SOBRE LA JUSTICIA

La semana pasada conocí a un hombre que es dueño de una enorme fortuna, y luego de cinco minutos de conversación, me di cuenta de que estaba empleando sus recursos materiales para realizar un increíble bien en este mundo. Le pregunté por qué había decidido llevar una vida generosa y compasiva. Me respondió con un versículo que hace mucho tiempo es uno de mis favoritos. Isaías 1:17 enseña: «¡Aprendan a hacer el bien! ¡Busquen la justicia y reprendan al opresor! ¡Aboguen por el huérfano y defiendan a la viuda!».

Me comentó que este versículo representaba «la porción más importante de las Escrituras» que había leído y que su meta era dedicar todos los días que le restaban sobre esta tierra a buscar la justicia, animar a los oprimidos, defender la causa de los huérfanos y abogar por las viudas. ¡Cuando exhale su último aliento, imaginen qué existencia más plena habrá tenido y de cuánta bendición habrá sido para muchas vidas!

Dios *ama* la justicia[12] y promete que «servir al pobre es hacerle un préstamo al SEÑOR», quien retribuirá con abundancia al dador[13]. Graba estas poderosas palabras en tu corazón, y luego recuérdalas para ponerlas en práctica.

LA VERDAD SOBRE LA SABIDURÍA

Hace poco, para dar comienzo a una reunión de la junta en la iglesia de Willow, uno de los ancianos comenzó su oración como sigue: «Dios, danos tu mente para considerar los asuntos que vamos a discutir».

La mente de Dios es una mente llena de sabiduría. Él inventó la sabiduría, ama la sabiduría, y según Santiago 1:5, reparte sabiduría a todos con generosidad. El versículo dice: «Si a alguno de ustedes le falta sabiduría, pídasela a Dios, y él se la dará, pues Dios da a todos generosamente sin menospreciar a nadie».

Después de pedirle sabiduría a Dios, agudiza tu sensibilidad para recibir cualquier tipo de comunicación del cielo. Dios será fiel a su promesa y te dará sabiduría. La cuestión no es si te la dará o no, sino si nosotros la recibiremos y la obedeceremos.

A veces la sabiduría de lo alto es clara y fulminante, otras veces la senda de la sabiduría es más sutil. Sin embargo, ya sea que recibas o no un claro mensaje de Dios para una situación dada que tienes que enfrentar, igual puedes decidir seguir el curso de la sabiduría. En Mateo 10:16, Jesús les aconsejó a sus seguidores: «Por tanto, sean astutos como serpientes y sencillos como palomas». Aunque Dios puede no susurrarte su sabiduría *específica* para una situación en particular, ya te dio la sabiduría *por defecto* a través de los principios claros y prácticos de la sabiduría presentes en las Escrituras. Básate en los principios bíblicos y en el sentido común para tomar las mejores decisiones que puedas.

Si tienes que intervenir en una situación que requiere sabiduría, pero no distingues el camino más sabio, considera el consejo del rey Salomón en Proverbios 17:28: «Hasta un necio pasa por sabio si guarda silencio; se le considera prudente si cierra la boca». Tal vez Dios quiera comunicarte su sabiduría por medio de otra persona, de modo que en esa situación a ti te corresponde escuchar. Han sido muchas las reuniones de la comisión en las que nuestro equipo debatió cuestiones complejas y por más que inclinaba mis oídos hacia el cielo no recibí nada. En vez de complicar el asunto sin aportar nada al diálogo, he descubierto que mi contribución más útil en estos casos es *no* contribuir verbalmente. (Esta estrategia tiene un beneficio secundario: ¡Muchas veces mis colegas han confundido mi silencio y han creído que estaba sumido en mis propios pensamientos!). En ocasiones, el mejor consejo de la sabiduría es simplemente: «¡Cierra la boca!».

LA VERDAD SOBRE LA SEGURIDAD
DEL AMOR DE DIOS

Casi todos los seguidores de Cristo que conozco han tenido momentos en la vida en los que Dios parecía lejano o desacostumbradamente indiferente, y creo que Romanos 8:38-39 se escribió en especial para esos períodos. Estos versículos dicen: «Pues estoy convencido de que ni la muerte ni la vida, ni los ángeles ni los demonios, ni lo presente ni lo por venir, ni los poderes, ni lo alto ni lo profundo, ni cosa alguna en toda la creación, podrá apartarnos del amor que Dios nos ha manifestado en Cristo Jesús nuestro Señor».

Para la mayoría de las personas, la idea de que un Dios de amor y todopoderoso quiera tener un vínculo íntimo con seres como tú o yo es completamente abrumadora, pero esto es justo lo que afirma este pasaje. Por medio de un simple versículo bíblico, Dios nos recuerda: «Sé que vas a meter la pata. Te perdonaré. Sé que también te asustarás, y prometo ayudarte también con tus temores. No siempre orarás con sabiduría como esperas, pero prometo que el Espíritu Santo expresará las cosas por las que ni siquiera te das cuenta que deberías orar. Deja tu mano en la mía y daremos juntos cada paso del camino. Yo te protegeré. Te amaré. Nunca te dejaré. Siempre seré tu Dios».

Dios quiere estar conectado con nosotros todas las horas de todos los días por el resto de nuestra vida. Es más, desea este tipo de intimidad no solo durante nuestro breve período de vida en la tierra, sino por toda la eternidad. ¡Tal es el amor del Padre hacia ti!

En los días más oscuros de la vida, tal vez sientas la tentación de pensar: «Pero seguramente mis circunstancias (o mi pecado, o mi pasado, o lo que sea) debieron arrancarme de las manos de Dios». Eso es una mentira y está en franca contradicción con lo que enseñan las Escrituras. En medio de la calamidad, la desilusión y la traición —en medio de la situación más funesta que puedas concebir— Dios nos tranquiliza: «Hijo, *nada* podrá separarnos». Aférrate a esa verdad con todas tus fuerzas. Como veremos en el capítulo 6, aun en la noche más oscura del alma, nuestro Dios nos dice: «Descansa tranquilo. Estás seguro».

LA VERDAD SOBRE EL PODER

¿Estás listo para escuchar la verdad sobre el poder?

La próxima vez que debas enfrentar un gran desafío o desees recibir el poder divino, recuerda las palabras de Filipenses 4:13: «Todo lo puedo en Cristo que me fortalece» o las de Marcos 10:27: «Para los hombres es imposible [...] pero no para Dios; de hecho, para Dios todo es posible».

En cambio, si eres el tipo de persona que confía demasiado en sus propias fuerzas, tal vez te convenga recordar las palabras de Zacarías 4:6. «No será por la fuerza ni por ningún poder, sino por mi Espíritu —dice el Señor Todopoderoso».

LA VERDAD SOBRE EL CONTENTAMIENTO

¿Se imaginan un universo en el que todas las personas compartan la visión del mundo que el apóstol Pablo articuló en Filipenses 4:11? Pablo, que en sus viajes como embajador de Cristo había atravesado las circunstancias más difíciles, agotadoras, peligrosas y dolorosas de la vida, escribió: «He aprendido a estar satisfecho en *cualquier* situación en que me encuentre»[14].

¿O qué pensar de esta dosis de sabiduría que encontramos en Hebreos 13:5: «Manténganse libres del amor al dinero, y conténtense con lo que tienen»?

También está el consejo simple de 1 Timoteo 6:6: «Pero gran ganancia es la piedad acompañada de contentamiento» (RVR-1960).

Cuando deseas tener algo que no tienes y te preguntas qué pensará Dios de tu deseo... ¡deja de preguntártelo! Su consejo es que *te contentes* con lo que tienes.

Espero que ya estés acostumbrándote a la idea de que Dios habla *profunda* y *poderosamente* por medio de su Palabra. Continuemos.

LA VERDAD SOBRE LA PAZ

A medida que Jesús llegaba al final de su ministerio en la tierra y se preparaba para ascender al cielo, reunió a sus discípulos y les dijo: «La paz les dejo; mi paz les doy»[15]. Estas palabras reflejan el gran valor que él le asignaba a la paz… a su paz. Ser seguidores de Cristo significa en parte que ahora tenemos la posibilidad de poner en práctica la paz de Cristo aquí en la tierra. De ser recibidores de la paz maduramos hasta convertirnos en hacedores de la paz. Cuando abogamos por la paz en el mundo, Mateo 5:9 afirma que seremos dichosos: «*Dichosos* los que trabajan por la paz, porque serán llamados hijos de Dios»[16].

Hay otro versículo que me llena de consuelo en mi vida diaria. Es la promesa de Filipenses 4:7: «La paz de Dios, que sobrepasa todo entendimiento, cuidará sus corazones y sus pensamientos en Cristo Jesús». Cuando estoy ansioso o intranquilo y mi mundo interior parece estrecho y reducido, estos versículos me infunden oxígeno espiritual.

LA VERDAD SOBRE TU VIDA

Además de tener estos versículos de referencia sobre temas como la seguridad de la vida eterna y la sabiduría, el enojo y los temores, creo que todos los seguidores de Cristo deberían poder mencionar el «versículo de su vida»… un versículo que según él o ella resume el llamado y el propósito de Dios para su vida. Desde que tenía veintidós años, el versículo de mi vida ha sido 1 Corintios 15:58: «Por lo tanto, mis queridos hermanos, manténganse firmes e inconmovibles, progresando siempre en la obra del Señor, conscientes de que su trabajo en el Señor no es en vano»[17].

Otra versión de la Biblia traduce este versículo de la siguiente manera: «Nunca dejen de trabajar más y más por el Señor. Y sepan que nada de lo que hacen para Dios es inútil»[18]. Cualquiera de las dos versiones del versículo me ayuda a recordar que debo afrontar mi ministerio todos los días con diligencia y fervor, no por obligación o despreocupadamente. Todo a mi alrededor puede desmoronarse y caer en el caos, pero yo debo mantenerme firme e inconmovible, progresando y haciendo prosperar la obra de Dios.

También me encanta la última parte del versículo: «conscientes de que su trabajo en el Señor no es en vano». Ese tipo de lenguaje resulta estimulante y me ayuda a mantener el rumbo cuando me pregunto si mis esfuerzos sirven para algo. Y la idea de que el cien por ciento de *cualquier obra* servirá para bien es algo que se acumula como el interés compuesto. Cuando escojas un versículo para tu vida, busca los pasajes de la Biblia que parecen hablarte de un modo más personal y encaminan tus pies con mayor seguridad por el camino de Dios. Para mí, es el versículo de 1 Corintios 15:58, pero es posible que para ti sea un versículo completamente distinto. Te desafío a que escojas un versículo que te motive y defina el llamado de Dios para tu vida. Luego memorízalo para tenerlo siempre a mano durante el transcurso de cada día.

Cuando en una ocasión al apóstol Pablo le preguntaron por qué estaba tan tranquilo cuando podía perder su vida por la causa de Cristo, su respuesta fue: «Porque para mí el vivir es Cristo y el morir es ganancia».

En esencia estaba diciendo: «No tengo nada que perder. Si Dios me permite vivir, viviré para él. Si seguir a Dios me cuesta la vida, viviré con él por toda la eternidad».

Quizás pienses que necesitas ese tipo de resolución en tu vida hoy. De ser así, haz de Filipenses 1:21 el versículo de tu vida, ponlo en un lugar visible donde lo veas todas las mañanas, memorízalo para tenerlo presente dondequiera que vayas, y deja que esa simple verdad penetre todas tus actividades.

Otro ejemplo de un versículo de vida poderoso lo encontramos en Juan 15:8: «Mi Padre es glorificado cuando ustedes dan mucho fruto y muestran así que son mis discípulos». Un fin de semana en Willow nuestro equipo de producción montó un gran puesto de frutas en el estrado, el cual servía como fondo mientras enseñaba ese versículo. Después de la reunión, conocí a una mujer que muchos años atrás había adoptado esa porción de las Escrituras como el versículo de su vida. Ella había resuelto en su corazón que lo más importante que podía hacer en la vida era llevar mucho fruto para Cristo, y a ese fin dedicaba su tiempo, su energía, su dinero y sus esfuerzos. Escogía *llevar fruto* por sobre todo lo demás. Cuando terminamos el último servicio de ese fin de semana, cientos de personas se tomaron una fotografía en el estrado, delante del puesto de fruta, para colocarla como protector de pantalla en sus computadoras. Me animaría a decir que el Espíritu Santo usó el versículo de Juan 15:8 y aquel recordatorio visual para incentivar a esas personas hacia una mayor «producción de frutos» para Dios.

Ese es el poder de tener un versículo para la vida. En las encrucijadas críticas que se nos presentan, cuando tienes que elegir entre comprometerte por entero con tu llamado o simplemente ser un pasajero pasivo en la vida para la que Dios te creó, unas pocas palabras inspiradas por tu Padre celestial te ayudarán a pelear la buena batalla.

La verdad sobre la salvación, la tentación, el contentamiento, la paz... hemos considerado más de una docena de categorías y apenas repasamos superficialmente los mensajes que Dios nos proveyó por medio de su Palabra.

Colosenses 3:16 afirma: «Que habite en ustedes la palabra de Cristo con toda su riqueza»[19]. «Habitar» sugiere la idea de sentirse en casa, y Dios desea que nos sintamos tan en casa con su palabra en nuestra vida que los mensajes bíblicos sean como breves conversaciones susurradas que tenemos con él durante nuestro día. Tú y yo debemos estar tan saturados de la Palabra de Dios que cuando las circunstancias de la vida nos tomen desprevenidos, oigamos por reflejo su sabiduría, sus consejos, los mensajes que nos susurra por medio de las divinas palabras que habitan en nosotros. Ya sea que estemos en el trabajo, en medio del tráfico, en la tienda de comestibles o la escuela, el Espíritu Santo tiene el poder de hacer que todas las circunstancias de nuestro día redunden para bien. ¡Solo tiene que susurrarnos su Palabra!

En Juan 8:44, Jesús le llama a Satanás el «padre de toda mentira». El máximo impostor intentará convencerte en todo momento de que la paz es imposible, no puedes resistir la tentación y la gracia de Dios no es más que un don pasajero. La verdad de Dios debe estar lo suficientemente arraigada en nosotros para poder vencer los engaños del maligno.

En este capítulo mencioné que mientras estudiaba Romanos 8:1, tuve una experiencia en la que desobedecí a sabiendas un consejo de Dios, y aun después de pedir perdón por mi pecado, sentí los efectos sofocadores de una sarta de mentiras de Satanás. Tal vez algunas de estas mentiras te resulten conocidas.

Mentira #1: «Un *verdadero* cristiano nunca hubiera hecho lo que tú hiciste, Bill».

A pesar de mis más sinceras disculpas ante Dios, si me descuido, retrocederé y creeré que debido a mi imprudencia soy un impostor y debo ser un fraude. «Tal vez solo *pensé* que había sido redimido», especulo. «Tal vez solo *pensé* que era un fiel seguidor de Cristo».

Creer la mentira #1 implica caer en la trampa de Satanás de pensar que en realidad Dios no me adoptó como su hijo. ¡Al fin de cuentas, miren el embrollo que acabo de causar! ¿Qué clase de hijo haría algo semejante?

Mientras la mentira #1 se desliza de forma subrepticia en mi mente, la mentira #2 se apresta a dar batalla. *Mentira #2*: «Un Dios santo nunca perdonaría un pecado como ese, Bill. ¡Quiero decir, él es el Dios de los Diez Mandamientos! Él es el Dios que destruyó a pueblos enteros en el Antiguo Testamento por acciones menos graves que lo que acabas de hacer. Debe estar más que rabioso contigo. ¡*Eternamente* enojado! Te deseo suerte si esperas conseguir su perdón, amigo. *Ni soñarlo*».

Entonces, cuando ya estoy derribado y sintiéndome indefenso contra esa arremetida, Satanás me dispara las mentiras tres, cuatro y cinco.

Mentira #3: «Tu familia y tus amigos no volverán a respetarte jamás cuando descubran lo que hiciste. Verán cómo eres de verdad… y te abandonarán».

Mentira #4: «Tu iglesia no volverá a recibirte con los brazos abiertos. La próxima vez que te les *acerques*, te mostrarán la salida».

Mentira #5: «Nunca volverás a ser un instrumento en las manos de Dios. Tu pecado es una burla a su santidad y Dios *no puede* ser burlado».

ME TOMÓ MENOS DE CINCO MINUTOS ESCRIBIR ESAS CINCO elucubraciones. He descendido cientos de veces por ese camino, negándome a prestarle atención a los susurros del Espíritu que me recuerda: «Ya no hay ninguna condenación para los que están unidos a Cristo Jesús». Cuando pienso en todo el tiempo malgastado en estas mentiras y la autorecriminación, me dan náuseas. Jesús conocía una manera mucho mejor. Veamos su ejemplo.

Justo antes de comenzar su ministerio de predicación, Mateo 4 dice que Jesús fue llevado al desierto y allí Satanás lo tentó tres veces. Jesús había ayunado por más de un mes y se sentía cansado y hambriento. En ese estado, enfrentó al mentiroso más astuto que el mundo haya conocido. No obstante, en vez de limitarse a responder a las tentaciones de Satanás diciendo: «¡Bah! No me interesa», Jesús le respondió con la cruda verdad. Tenía la Palabra de Dios grabada en su mente y su corazón. Por lo tanto, cuando Satanás lo tentó para que cayera, la verdad de Dios lo mantuvo firme a pesar de su débil condición.

Cuando el maligno jugó sucio, Jesús no dependió de una comunidad de amigos para que lo ayudara, ni de su increíble vida de oración o su relación con el Padre. En cambio, en el fragor de la batalla, Jesús dependió de la verdad concreta de la Palabra de Dios para contrarrestar las tentaciones con que lo acosaban. Después de pasar sus años terrenales saturándose de las Escrituras, estaba plenamente equipado con la verdad para acallar las mentiras de Satanás.

Tú y yo haríamos bien en imitarlo.

No sé si esto será verdad para ti, pero cuando se trata del crecimiento espiritual, tiendo a seguir una conducta predecible: Crezco continuamente durante un tiempo y luego, por razones que no logro comprender, dejo de crecer. Henri Amiel dice: «La condición estacionaria es el principio del fin», y basado en la cantidad de momentos sin crecimiento que experimenté, tengo que estar de acuerdo con esas palabras[20].

Siempre que dejo de crecer, me vuelvo espiritualmente inquieto. Siento que mis energías no producen fruto, mis oraciones rebotan en el techo y mi llamado se nubla y oscurece. Entro inevitable y decididamente en el juego de las culpas, buscando *a quién* culpar por mi falta de crecimiento. Culpo a Dios, culpo a mi iglesia, culpo a mi grupo pequeño, culpo a mis mentores, culpo a mi esposa, e incluso culpo a los planetas por no estar alineados.

No obstante, pasadas esas acusaciones iniciales, quedo a solas frente a la verdad. «Bill, ¿a quién pretendes engañar? Eres responsable de tu *propio* desarrollo espiritual. No depende de nadie más. Debes encontrar tú solo el camino de regreso».

La última vez que sentí un estado de inquietud espiritual —cuando dejé de crecer y comencé a deslizarme y declinar— elegí concentrarme en un solo capítulo de la Biblia, decidiendo que en lugar de leerlo de un modo ligero y superficial, me adentraría en sus profundidades. «Viviré sumido en este único capítulo de las Escrituras hasta que las verdades que encierra comiencen a encarnarse en mí», me prometí. En vez de leer someramente la Biblia, quería comprenderla.

Había realizado este tipo de «reflexión por saturación» con anterioridad y aprendí que a medida que me sumergía en la Palabra de Dios, aun los pasajes conocidos, que había leído cientos de veces, me proporcionaban nuevas enseñanzas y alimento para el crecimiento futuro.

Hace muchos años me sumergí en el libro de Proverbios y no lo dejé hasta que sentí que su sabiduría afectaba mis pensamientos a diario. Algún tiempo después hice lo mismo con Lucas 15, Hechos 2 y todo el Evangelio de Juan.

Más recientemente, pasé doce meses meditando en el capítulo 12 de la epístola a los Romanos, y fue el experimento de lectura bíblica más transformador de mi vida. Mi «plan» no es complicado: simplemente decidí leer un versículo por lo menos una vez al día y luego anotar mis observaciones y pensamientos en un diario. Al otro día, leía el siguiente versículo y ponía en oración diversas verdades. Algunas veces leía todo el capítulo. En otras ocasiones veía cuánto del capítulo podía memorizar. Si estaba de viaje y no entendía un concepto en particular, buscaba el versículo en la Internet y reflexionaba sobre las interpretaciones de otras personas. Se puede aprender *muchísimo* de las ideas de los creyentes que viven en lugares como Budapest y Katmandú.

Menciono esta idea de la reflexión por saturación porque si bien es cierto que Dios nos habla con sabiduría oportuna y práctica a través de diversos versículos de la Biblia, es igual de cierto que conocer esas porciones no basta. Resulta sumamente beneficioso leer la Palabra de Dios de forma lenta y sistemática, preguntándole a Dios en cada instancia: «¿Qué pretendías con esto, Dios? ¿Por qué fuiste compasivo con esa mujer o ese hombre? ¿Qué puedo aprender de este versículo que he leído cientos de veces?».

Dios se goza cuando nos presentamos ante él, nos quedamos quietos y en silencio, absorbemos las maravillas de su admirable verdad, e inclinamos nuestro oído para escucharlo. Esta es tu oportunidad para abandonar tu plan de lectura a fin de leer toda la Biblia en treinta días. Ve más lento. Absorbe su Palabra. Escucha su voz.

❦

DIOS, EN SU BONDAD, NOS HA PROVISTO UNA VIDA DE MENSAJES a través de las páginas de la Biblia. Tal vez no escuchemos su susurro audible y personal en todas las situaciones (quizás en ninguna), pero por medio de su Palabra todos los seguidores de Cristo tienen libre y pleno acceso a lo que Dios quiere que sepamos: sobre él, su carácter y la vida que nos invita a vivir.

No obstante, nosotros hacemos un lío con las circunstancias de la vida, olvidándonos del increíble poder que tenemos en su Palabra. Para terminar este capítulo, desearía que exploremos una historia de 2 Reyes, ya que constituye una ilustración vívida de la realidad del poder que el Padre pone a nuestra disposición. En este episodio, el profeta Elías y su siervo iban camino a la ciudad sin saber que cuando llegaran serían emboscados y con seguridad los matarían. Había una guerra y resultaba evidente que Elías no contaba con el favor del rey.

Con respecto al compañero de viaje de Elías, en 2 Reyes 6:15-17 se nos informa: «Por la mañana, cuando el criado del hombre de Dios se levantó para salir, vio que un ejército con caballos y carros de combate rodeaba la ciudad.

—¡Ay, mi señor! —exclamó el criado—. ¿Qué vamos a hacer?

—No tengas miedo —respondió Eliseo—. Los que están con nosotros son más que ellos.

Entonces Eliseo oró: "SEÑOR, ábrele a Guiezi los ojos para que vea". El SEÑOR así lo hizo, y el criado vio que la colina estaba llena de caballos y de carros de fuego alrededor de Eliseo».

Como podrás adivinar, el siervo se dio cuenta entonces de que no tenía motivos para temer.

Más veces de las que me agradaría admitir me descubro pensando: «Sé en mi cabeza que el poder de Cristo vive en mí, de modo que debería poder enfrentar esta situación en particular; no obstante, en mi corazón siento que el desafío es demasiado grande». Miro las circunstancias y pienso: «Es imposible que esto salga bien».

Sin embargo, entonces recuerdo la historia de Elías y su siervo. ¿Qué cambiaría en mi corazón si Dios quitara el velo que cubre mis ojos y me mostrara que a pesar de mis temores o mi incertidumbre en realidad estoy rodeado por su presencia protectora y poderosa?

Es hora de concentrarnos en otra cosa. En vez de observar los obstáculos y dificultades que a Satanás le encanta interponer delante de nosotros, debemos fijar la mirada en el camino de la provisión que Dios ya ha preparado. Él nos da acceso pleno a su sabiduría, la completa seguridad de su fidelidad y la libre disposición de su poder a través de las páginas de las Escrituras. Algunos mensajes bíblicos son amonestaciones, otros son para corregirnos, otros nos infunden gozo y otros nos presentan desafíos. Sin embargo, el efecto total es siempre el mismo: cuando obramos guiados por la verdad de su Palabra, sus mensajes nos llevan en dirección a Dios.

CAPÍTULO 6

LUZ PARA LAS NOCHES OSCURAS DEL ALMA

A CASI TODAS LAS PERSONAS QUE CONOZCO LES FASCINAN LAS historias de héroes que comienzan siendo pobres y terminan rodeados de riquezas. El Antiguo Testamento contiene una de estas historias cautivantes; es la historia de un pastor que llegó a ser rey. El joven David se encontraba cuidando uno de los rebaños de ovejas malolientes de su padre cuando Dios lo escogió y le dijo que un día él gobernaría a la nación de Israel. Era difícil imaginar que este muchacho delgado y sin experiencia pudiera asumir una función tan encumbrada.

A medida que David dejó de ser un muchacho y se convirtió en un hombre, sus aptitudes y su popularidad en el pueblo de Israel también crecieron. El rey que gobernaba, un hombre llamado Saúl, decidió deshacerse del recién llegado cuando se percató de que el carisma del joven lo opacaba. Como consecuencia, David habría de pasar los siguientes diez o más años no como un distinguido rey de Israel, sino como un fugitivo. En ese contexto, veamos qué sucedió después.

En 1 Samuel 30, nada le salía bien a David. Mientras huía de ciudad en ciudad y reunía a un grupo de guerreros para librar una gran batalla contra Saúl, se enteró de que el pueblo donde estaba su hogar había sido arrasado y quemado. Habían secuestrado a su familia y confiscado sus posesiones, e ignoraba a dónde los habían llevado. Para empeorar las cosas, los hombres de David, amargados por la pérdida de sus seres queridos y sus bienes, ahora amenazaban con matarlo a él también. Hoy diríamos que David atravesaba «la noche oscura del alma».

No obstante, lo que me resulta interesante de toda esta saga se encuentra en 1 Samuel 30:4. David se puso a llorar y gritar hasta quedarse sin fuerzas, débil y agotado. Extrañaba a su familia, echaba de menos su cama, y estaba cansado de su vida de fugitivo. Sabía que Dios lo había llamado para cumplir un propósito específico en la vida, pero en vista de los últimos acontecimientos, parecía que el sueño divino se había desvanecido.

O tal vez no.

Apenas dos versículos más adelante, el texto dice: «Pero [David] *cobró ánimo* y puso su confianza en el SEÑOR su Dios»[1].

Desde hace un tiempo tengo una teoría acerca de lo que ocurrió entre el colapso emocional de David y el impulso de fortaleza divina que pronto le permitiría reencontrarse con su familia y recuperar sus propiedades, además de salir victorioso de la batalla contra su archienemigo, Saúl. Creo que en el lapso de dos breves versículos, Dios le susurró un *mensaje* a David que iluminó la noche más oscura de su vida.

HE PASADO POR ALGUNAS NOCHES OSCURAS; TAL VEZ TÚ TAMBIÉN. Uno de los recuerdos más vívidos de mis primeros días en el ministerio es justo una de esas noches. Junto con un pequeño grupo de amigos inexpertos, hacía cuatro años que había comenzado la Iglesia Comunitaria de Willow Creek y todo indicaba que estábamos logrando la misión. Todavía alquilábamos una sala de cine para reunirnos, pero eso no era impedimento para que Dios obrara en la vida de las personas: los hombres y las mujeres le entregaban su vida a Cristo y aprendían a servir a los demás en vez de vivir para sí mismos. No obstante, en 1979, el impulso se vio interrumpido: un duro golpe nos dejó en la lona mientras la cuenta regresiva resonaba en los oídos colectivos del equipo.

El golpe casi fatal se debió a una desafortunada conjunción de malas circunstancias, inexperiencia y pecado. Con el tiempo, nos referiríamos a ese período como «el choque de trenes»[2]. Varios integrantes del personal se descarrilaron. Algunos de nuestros mejores voluntarios se desviaron juntos. Los ancianos de la iglesia (y yo era uno de ellos) éramos jóvenes y carecíamos de experiencia. A medida que se desarrollaban los acontecimientos, los miembros de la congregación se negaron a diezmar y ofrendar en señal de protesta. Muchos dejaron de participar de forma activa los fines de semana y renunciaron a apoyar y servir en la mayoría de las actividades que realizábamos.

Para complicar las cosas, estábamos en medio de un programa de construcción que apenas podíamos costear como congregación. Los miembros fieles de nuestra iglesia habían obtenido préstamos bancarios para financiar nuestra ampliación, sin embargo, nos ahogábamos en un mar de tinta roja: las cuentas no cuadraban.

Además, había que considerar el hecho de que mi liderazgo estaba en pañales, como quedó en evidencia luego de mi respuesta menos que admirable al gran lío en que estaba sumida la iglesia. Me sentí herido por algunos integrantes del personal y perdí mi objetividad. En muchas ocasiones, mis acciones fueron innecesarias y contraproducentes.

Al final, la iglesia quedó casi destruida. Los que habíamos entregado la vida a fin de cumplir con la misión y la visión de la Iglesia Comunitaria de Willow Creek estuvimos a punto de abandonarlo todo.

Un día en particular, me desmoroné. Recuerdo que llegué a casa del trabajo, no cené, le deseé buenas noches a Lynne y me fui a la sala de estar. Mis pensamientos eran confusos, y lo único que se me ocurrió hacer fue tenderme boca abajo en el piso con los brazos sobre mi cabeza y derramarle mi corazón a Dios.

A veces las personas dicen que oraron «toda la noche» cuando sufren una agonía que amenaza su salud o su bienestar. Esas afirmaciones se interpretan como si fueran una hipérbole, ¿cierto? Como cuando las canciones hablan de hacer el amor «toda la noche». Al menos eso era lo que suponía hasta que tuve mi experiencia de «toda la noche» sobre la alfombra.

Mientras yacía allí —con los ojos húmedos, los párpados apretados y las mejillas irritadas por la lana de la alfombra— oré silenciosamente: «Dios, no me levantaré de aquí hasta que sepa de corazón qué hacer. No puedo dirigir ni un día más a esta iglesia hasta tanto me digas qué debo hacer».

Comencé a orar una serie de oraciones sin pensarlas demasiado: confesé todo lo que creía que debía confesar, me sometí a toda verdad de Dios que podía recordar, repasé cada uno de los elementos atroces del choque de trenes, y me pregunté cómo podría haber evitado lo que acabó en tal desastre. Experimenté un asalto tras otro de ansiedad. ¿Cómo voy a explicarle a la gente que tenemos que cerrar la iglesia? ¿Cómo les explico a mis amigos y mi familia la verdad? ¿Cómo despido a todo el personal? Estaba enfrascado en esa conversación desesperante.

A medida que comenzaba a amanecer, vi la luz.

ALREDEDOR DE LAS CINCO DE LA MAÑANA, RECIBÍ EL MANDATO DE Dios que tanto había esperado. «Quiero que te levantes, vayas a trabajar, des un paso y luego otro, y recuerdes que yo estoy contigo hoy. Mañana, deseo que vuelvas a hacer lo mismo. Vamos a salir juntos de este lío, Bill, pero saldremos un día a la vez».

«¿Eso es todo?», pensé todavía acostado boca abajo en el piso. «¿Para eso me pasé toda la noche tendido sobre la alfombra?» Los ánimos estaban alterados. El personal presentaba sus renuncias. ¿Y la gran solución de Dios para mí era que simplemente «fuera a trabajar»? A decir verdad, esperaba algo más propio de Dios. Los problemas complejos exigen soluciones complejas, pero la respuesta de Dios no podía ser más sencilla. Con todo, como no se me ocurría otra cosa, hice precisamente como me ordenó.

La tarde anterior, antes de pasar la noche postrado en oración, le había murmurado algo a Lynne acerca de que «el sueño se había terminado». No obstante, ahora me duchaba y me vestía para ir a trabajar como si fuera un día cualquiera, algo que no pasó desapercibido para ella.

—¿Qué haces? —le preguntó a su cansado esposo, que a pesar de estar limpio todavía tenía las arrugas de la alfombra sobre su rostro.

—Voy a trabajar —dije.

—¿Qué? —exclamó—. ¿En medio de todo lo que nos está pasando tu plan maestro es simplemente "ir a trabajar"?

—Sí —dije con renovada determinación—. Eso es *precisamente* lo que voy a hacer.

Cuando llegué a la oficina, ninguna de mis circunstancias había cambiado. Las cartas de la congregación todavía eran mordaces, los informes financieros daban lástima, y la vida en esas circunstancias era lisa y llanamente insoportable. Sin embargo, a pesar de todo eso, sentí una profunda y firme sensación de serenidad mientras Dios me aseguraba: «Yo te ayudaré a mantener el rumbo».

Me aferré a su mano y preparé los mensajes una semana a la vez, pagamos las cuentas de la construcción a los acreedores de uno en uno, coloqué un pie delante del otro avanzando paso a paso. El cielo no se abrió, no hubo luces de neón deslumbrantes ni se solucionaron de inmediato los problemas enormes que enfrentábamos como iglesia. Se trató simplemente del acompañamiento constante y consolador de Dios a medida que nos las arreglábamos para salir del trance. El versículo que promete «la paz que sobrepasa todo entendimiento» se convirtió en un estribillo refrescante mientras observaba cómo la iglesia de Willow se incorporaba de la lona y volvía a ponerse sobre sus pies. Dios sostenía y reedificaba lo que quedaba de nuestra iglesia diezmada un día a la vez.

LEÍ VARIAS VECES LA EPÍSTOLA DE SANTIAGO DURANTE AQUELLA temporada agónica en el ministerio. Cada vez que la leía, no dejaba de quedar impactado por la afirmación del apóstol de que los seguidores de Jesucristo pueden tener tal grado de madurez espiritual que no conciben los desafíos y las dificultades como una maldición, sino como una bendición. No se nos pide que nos alegremos por tener problemas —Dios nunca les pediría a sus hijos que tuvieran una actitud simplista ante una desgracia— pero podemos aprender a sonreír al ver los *efectos secundarios* de los problemas.

Santiago 1:2-4 nos enseña: «Hermanos míos, considérense muy dichosos cuando tengan que enfrentarse con diversas pruebas, pues ya saben que la prueba de su fe produce constancia. Y la constancia debe llevar a feliz término la obra, para que sean perfectos e íntegros, sin que les falte nada»[3].

En febrero de 1981, nuestra congregación dejó la sala de cine que alquilábamos, donde habíamos realizado los servicios de fines de semana durante seis años y medio, y se mudó a un flamante auditorio a la orilla del lago, en un predio que podíamos llamar nuestro hogar. Para el grupo más íntimo de aquellos que estábamos juntos desde los primeros días de la iglesia, el día de la apertura representó simplemente un milagro. Durante el servicio de inauguración, varios de nosotros nos reunimos en pequeños círculos de amigos, deleitándonos al ver todo lo que Dios había hecho.

Estoy seguro de que las visitas que nos veían pensaban: «¡Esta iglesia va a tener muchos problemas si esos excéntricos son los encargados de todo esto!». No hubieran podido saber que nuestras lágrimas tenían una explicación. Habíamos cruzado un terrible valle, pero por la gracia de Dios superamos la prueba. Dios nos sostuvo como nos había prometido. Él nos guió paso a paso.

Desde aquellos días, Willow Creek ha sufrido increíbles altibajos. Hemos visto milagros de los tiempos modernos y soportado injustas coberturas de los medios de comunicación. Hemos formado líderes y visto despidos difíciles del personal. Hemos batido récords y nos han quedado metas sin alcanzar. Hemos vivido tiempos de bonanza de recursos económicos y sobrellevado profundas recesiones económicas que exigieron grandes ajustes. Sin embargo, nunca volvimos a estar en la lona... la cuenta regresiva por lo menos no volvió a repetirse gracias a una promesa que nunca olvidaré.

E N VARIAS OPORTUNIDADES DURANTE MI VIDA ADULTA ME encontré en lugares donde, como David, necesité que Dios mismo me infundiera ánimo. Las situaciones han sido diversas, pero la solución es siempre la misma. Cuando la noche oscura del alma desciende sobre mí y la esperanza parece desvanecerse, solo la voz de Dios puede traerme luz.

Más o menos por la misma época del choque de trenes en Willow, mi vida personal también sufrió un tremendo golpe.

Lynne acababa de perder un embarazo cuando recibí la noticia de la muerte de mi padre: había sufrido un paro cardíaco. Tenía solo cincuenta y dos años. Se encontraba en un viaje de negocios en Chicago cuando su corazón dejó de latir... y ahora yo tenía que ir a la morgue a retirar su cuerpo. Era el 28 de septiembre de 1978. Recuerdo como si fuera hoy el viaje en auto por la autopista JFK.

«¿Qué voy a hacer sin mi padre?», le pregunté a Dios en voz alta. Harold Hybels había sido mi más ardiente partidario, mi confidente más íntimo y la personalidad más grande que hubiera conocido. Era un hombre fuera de lo común. Me había acompañado durante los desafíos más difíciles de mi liderazgo y nadie había confiado tanto siempre en mí. «Sin mi padre», le dije a Dios, «no sé si podré manejar la obra que me confiaste». Apenas nos manteníamos a flote en Willow, y eso era *con* la atención y la protección de mi padre. Ahora... él no estaba. Me costaba hacerme a esa idea.

Iba a medio camino entre Barrington y el centro de Chicago cuando recibí un claro mensaje de un Dios lleno de amor. «Yo seré tu Padre», dijo. «Te lo prometo, no estás solo».

A medida que sus palabras se hundían en mi alma, sentí que me quitaba un peso de encima. De inmediato, el Espíritu me recordó una frase del Salmo 68:4-5:

> Canten a Dios, canten salmos a su nombre;
> aclamen a quien cabalga por las estepas,
> y regocíjense en su presencia.
> ¡Su nombre es el Señor!
> Padre de los huérfanos y defensor de las viudas
> es Dios en su morada santa.

«Padre de los huérfanos». Esa sola verdad se introdujo en mi mente y me dio paz cuando era imposible encontrarla. *Dios* sería mi padre. *Dios* sería mi respaldo. *Dios* sería mi confidente. *Dios* sería mi sustento todos los días de mi vida. Me llevaría un tiempo aprender a descansar en Dios para todas estas cosas, pero al final llegaría a depender de él como me había invitado a hacerlo.

Casi tengo sesenta años y me resulta curioso que tantos de mis contemporáneos todavía tengan a sus padres vivos. De vez en cuando, me avisan que no podrán acompañarme un fin de semana porque necesitan pasar un tiempo con uno de sus padres. Todavía me estremezco ligeramente cuando recuerdo que no disfruto de esa misma relación. Mi padre me dejó cuando tenía veintitantos años, pero no soy huérfano. Ese es un detalle que seguramente me fortalecerá hasta el día en que exhale mi último aliento. Y nunca olvidaré el susurro oportuno de Dios aquella mañana en la autopista JFK.

Pocos años después, a principios de los ochenta, los ancianos de Willow y yo asumimos la defensa del papel de las mujeres en el liderazgo de la iglesia. Llevábamos más de dos años de exploraciones teológicas y estudios diligentes de las Escrituras y creíamos que, basados en las enseñanzas bíblicas, necesitábamos respaldar con firmeza la contribución de *ambos* sexos a la misión glorificadora de Dios que tanto nos esforzábamos por llevar a cabo.

Un domingo, después de una reunión en la que discutimos mucho y los ancianos explicaron su posición, más de doscientas familias decidieron irse. No solo se iban de la reunión, sino que también se iban de la iglesia. Recién nos habíamos instalado en nuestro nuevo auditorio y su partida contrastaba abiertamente con el sentimiento de «¡Lo logramos!» que acabábamos de experimentar juntos. ¿Me habría equivocado?

A los pocos días me encontraba en casa con mi hija, Shauna, que no tendría más de tres o cuatro años. Ella estaba charlando, inmersa en su mundo imaginario y creativo, simplemente disfrutando de ser una pequeña. Mientras la observaba, Dios me susurró un mensaje que necesitaba mucho. «Puede que recibas un golpe por la posición que asumiste, Bill, pero las generaciones futuras de niñas pequeñas que crecen en la familia de Willow serán las beneficiarias de tu posición firme».

Esa era precisamente la seguridad que necesitaba, la aprobación que más me interesaba recibir.

En el curso de los ochenta, noté una tendencia en mi vida laboral: en dos palabras, *demasiada enseñanza*. Toda mi vida de algún modo u otro se había reducido a la preparación de sermones, la predicación de sermones y la necesaria recuperación después de dar los sermones. En aquel tiempo, en Willow se celebraban cuatro cultos los fines de semana, dos reuniones entre semana y varios servicios durante las fiestas... además de las reuniones con el personal, los retiros pastorales y los congresos para líderes de las iglesias en los cuales me invitaban a hablar. El efecto neto no era agradable. No estaba nada a gusto con mi función; fantaseaba con la idea de regresar al mundo empresarial; y mi estrategia de supervivencia era reducir mis relaciones, mis disciplinas espirituales y mi salud emocional. Así que, de un modo comprensible, caí en una crisis.

Esta noche oscura del alma me sobrevino cuando me di cuenta de que si no hacía cambios drásticos —y urgentes— en mi vida, mi ministerio se apagaría por completo. Dios había estado presente en noches anteriores en las que me sentí sin esperanza, ¿me sería fiel de nuevo?

Sin entrar en detalles, el mensaje central del oportuno susurro de Dios podría resumirse como sigue: «Tú eres más que una máquina de dar mensajes».

Mi respuesta fue sencilla: «Gracias por esa revelación. Estoy dispuesto a salir definitivamente de esta crisis y a hacer los cambios que haya que hacer o pagar el precio que tenga que pagar».

Esa oración abrió las puertas al trabajo de enseñanza en equipo que nosotros (como miles de otras iglesias en la actualidad) hemos adoptado desde entonces. También me permitió llevar una vida más saludable. Y todo emanó de un susurro.

AUNQUE LAS NOCHES OSCURAS DEL ALMA POR LAS QUE PASÉ fueron quizás los momentos más difíciles de mi vida, me enseñaron tres verdades acerca de Dios por las que estoy agradecido. A pesar de las noches oscuras que tengas que enfrentar, fíjate si también te identificas con estas verdades.

VERDAD #1: DIOS ESTÁ CERCA

En varios pasajes de las Escrituras, Dios promete que «nunca nos dejará». Este concepto es un poco difícil de comprender, ya que tanto tú como yo no podemos estar al mismo tiempo en más de un lugar. Sin embargo, Dios no es como nosotros. Dios es espíritu, como afirma Juan 4:24. Está presente en todo el espacio. Es plenamente accesible en cualquier lugar y de inmediato.

Paso mucho tiempo a bordo de los aviones. A menudo, cuando miro por la ventanilla del avión y veo los cultivos de maíz de Iowa, la extensión de la metrópolis de Nueva York, o la vastedad de los océanos que separan a América de otras tierras lejanas, me viene a la memoria: «El Señor está ahí». Él está en el avión a doce mil metros de altura; está en el granero en el campo; está en cada oficina de los rascacielos y los edificios de apartamentos; y está en las profundidades del océano. Dios está incluso en los lugares que no puedo ver. El Salmo 139:7-10 dice: «¿A dónde podría alejarme de tu Espíritu? ¿A dónde podría huir de tu presencia? Si subiera al cielo, allí estás tú; si tendiera mi lecho en el fondo del abismo, también estás allí. Si me elevara sobre las alas del alba, o me estableciera en los extremos del mar, aun allí tu mano me guiaría, ¡me sostendría tu mano derecha!». No importa dónde me encuentre, Dios está cerca.

CUANDO TODD ERA PEQUEÑO, A VECES DEJABA SU FRAZADA O algún otro objeto necesario para conciliar el sueño en el otro extremo de la casa, muy lejos de donde se encontraban los dormitorios. Cuando estaba a punto de dormirme, él se despertaba, venía a nuestro dormitorio, me golpeaba el hombro y susurraba:

—Papá, necesito mi frazada. La dejé en el salón.

Solo para divertirme, le decía:

—Bueno, Todd, si dejaste tu frazada en el salón, tendrás que ir hasta allí a buscarla.

Y allá iba Todd. Sin embargo, cuando iba por la mitad del largo y oscuro corredor, se daba vuelta y regresaba.

—Papá —me llamaba.

—¿Qué, hijo? ¿Qué quieres?

—¿Por qué no vienes conmigo?

—Ve, Todd. Tú puedes ir solo —lo animaba—. No te pasará nada.

Escuchaba unas pisadas más y luego el silencio.

—Papá —llamaba un poquito más fuerte esta vez.

—¿Sí, Todd? ¿Tienes miedo?

—No, papá. Solo quiero que vengas conmigo.

¿Qué padre podría negarse? Así que iba hasta donde me esperaba Todd y juntos recorríamos lo que restaba del oscuro pasillo de la mano.

Deben saber a dónde quiero llegar con esto. Tenemos un Dios al que le encanta caminar con nosotros por los largos y oscuros pasillos de la vida. Cuando enfrentamos desafíos, incertidumbres, y aun al embravecido mar, Dios dice: «Yo estaré a tu lado para que no tengas que enfrentar la oscuridad a solas».

En el trabajo y nuestros matrimonios, en nuestras comunidades y nuestro auto, nuestro Dios omnipresente está con nosotros, infundiéndonos coraje y dándonos paz. Aunque su presencia también es importante cuando las cosas nos van bien, su compañía es crítica cuando atravesamos dificultades.

El Salmo 34:18 afirma: «El Señor está cerca de los quebrantados de corazón, y salva a los de espíritu abatido». Esto significa que si eres creyente, siempre que sientas que el mundo se desmorona, puedes saber con toda confianza que un Consolador camina a tu lado. El salmista declaró en el Salmo 23: «Aun si voy por valles tenebrosos, no temo peligro alguno porque tú estás a mi lado»[4]. ¿Por qué no temía ningún peligro? Porque sabía que Dios estaba *cerca*.

VERDAD #2: DIOS NOS BUSCA

Nuestro Dios no solo está cerca, sino que *nos busca* activamente.

Hace unos años, en medio de un viaje del ministerio alrededor del mundo, contraje una fiebre que me dejó extenuado. En un par de días crucé tantos husos horarios que mis cables comenzaron a cruzarse. Todavía me restaban veintinueve días de viaje antes de poder dormir en mi propia cama, y recuerdo con claridad que estaba en un aeropuerto en Singapur y pensé: «Nadie sabe que estoy aquí y a nadie le importa. Esto debe ser lo que sufre nuestro Dios».

No soy una de las personas que piensan: «Pobre de mí», pero aquella noche caí de cabeza en un pozo de autoconmiseración.

Cuando fui a registrar mi vuelo, me enteré de que la puerta de embarque quedaba en el otro extremo de la Terminal, así que tenía que caminar casi medio kilómetro por un pasillo mal iluminado y lleno de gente. «Lo que faltaba», masculé. No obstante, cuando comencé a arrastrar mi febril cuerpo a través del corredor atiborrado de gente, sucedió algo inesperado. Dios me recordó las palabras de Isaías 62:12:

«Serán llamados "Pueblo santo", "Redimidos del Señor"; y tú serás llamada "Ciudad anhelada", "Ciudad nunca abandonada"».

Este versículo se refiere a Dios como el ser que debe ser buscado, pero en un momento fugaz, en aquel corredor abarrotado de un aeropuerto en una isla del sudeste asiático, por el que transitan cinco millones de personas, el Rey del universo me vio en medio de los muchos millones de seres humanos y me susurró: «Esta noche es *a ti* a quien busco. Es a ti al que deseo encontrar».

Dios está cerca, pero su presencia no es pasiva. Él nos busca para animarnos a seguir, avanzar y *vivir*. Este recordatorio divino revivió mi espíritu.

Al recobrar mi confianza y dejar de sentir autocompasión, me di cuenta de que una anciana tenía dificultad para llevar su equipaje.

—¿Va a la puerta de embarque que queda más lejos que todas? —pregunté.

Ella asintió, mirándome con desconfianza.

—¿Quiere que la ayude con su bolso?

Con un movimiento reflejo, apretó el bolso contra ella.

Yo sonreí.

—No tenga miedo —dije—, soy un buen tipo.

Vaciló durante unos segundos. Nos quedamos parados mientras yo miraba su bolso y ella me miraba a mí.

—Está bien —accedió finalmente.

Me colgué su bolso del hombro y nos dirigimos a nuestra puerta de embarque.

Cuando llegó la hora de abordar, fui hacia donde se encontraba sentada, tomé su bolso de nuevo, la acompañé hasta su asiento, guardé su equipaje y luego me dirigí a mi puesto. Fueron varias atenciones pequeñas, pero cuando al fin reposé mi cabeza contra el respaldo, me sentía anímicamente mucho mejor.

Sabemos que el mundo no cambió porque ayudé a esta mujer con su bolso, pero las pequeñas acciones de servicio eran definitivamente lo que más se correspondía con mi llamado a ministrar en el nombre de Jesús, y además sirvieron para que dejara de pensar en mí mismo. El sentimiento de autocompasión que experimentara diez minutos antes había desaparecido.

Dios tiene planes *buenos* que quiere que realicemos. Estoy convencido de que en nuestra más oscura noche del alma, él nos busca sin disimulo. Cuando la vida nos deja tirados en la lona, podemos reincorporarnos, recordar que nuestras fuerzas provienen de él, y disponernos a hacer algo útil en favor del reino de Dios.

VERDAD #3: DIOS HABLA

Dado el tema de este libro, la última puntualización que deseo hacer no les sorprenderá en lo más mínimo. Dios no solo está cerca de sus hijos y los busca hasta encontrarlos cuando están en dificultades, sino que *les habla* con palabras de consuelo, sabiduría y paz.

Hará cuestión de una década, Willow estaba en medio de una campaña gigantesca a fin de recaudar fondos para financiar tres grandes iniciativas: la construcción de un nuevo auditorio, el establecimiento de tres campus regionales y la expansión internacional de la obra de la Asociación Willow Creek. Nuestros equipos de liderazgo habían trabajado con diligencia para proyectar la visión hacia esos esfuerzos y al finalizar el período de recaudación de fondos habíamos recibido promesas por más de ochenta millones de dólares.

Sin embargo, entonces llegó el 11 de septiembre de 2001.

Como consecuencia de la caída en la bolsa de las acciones tecnológicas y el hecho de que varios cientos de personas de nuestra congregación perdieron sus empleos, muchos de los que habían hecho promesas de buena fe no pudieron cumplirlas. La construcción ya había comenzado y era necesario pagarles a los constructores. Además, habíamos pedido un préstamo por el monto máximo de capital que como líderes nos parecía razonable y no queríamos solicitar nuevos préstamos. Nuestra única opción era volver a solicitar fondos para cubrir el déficit.

Me encontraba solo en mi bote en medio del lago Michigan, mientras que nuestro gerente de finanzas ajustaba la contabilidad de Willow. Él me enviaría un correo electrónico cuando hubiera calculado el monto exacto del déficit, y basado en su informe, regresaría al puerto, cerraríamos filas y diseñaríamos un plan de ataque; la otra posibilidad era seguir navegando a solas y perderme en el mar.

Finalmente recibí el correo electrónico en mi BlackBerry. Aguanté la respiración y lo abrí. Las noticias no eran buenas: teníamos que cubrir un déficit de dieciocho millones de dólares. Era una noche oscura.

HACE VARIOS AÑOS, CON LA ESPERANZA DE MEJORAR MI propia vida y mi liderazgo, investigué la vida de la Madre Teresa, lo cual fue lo que me hizo leer el libro que mencioné antes: *Ven, sé mi luz*. Durante aquel estudio, aprendí que a lo largo de su ministerio extraordinario la Madre Teresa sufrió episodios de sequía espiritual, períodos en los que no percibía el amor ni la compañía de Dios. Aunque ella sabía que Dios estaba allí, no lo *sentía* de una forma concreta. Mes tras mes, y en ocasiones año tras año, la Madre Teresa se descorazonaba debido al silencio de Dios. Necesitaba con desesperación oír la voz del cielo, pero continuaba esperando en vano. A pesar de su silencio, la Madre Teresa nunca perdió su devoción. «Aunque a veces no siento su presencia», escribió, «procuraré amarlo como nunca»[5].

Cuando leí esa cita, me quedé sin respiración. Su sentimiento reflejaba palabras que resultaban completamente ajenas a mi grado de espiritualidad. Me gusta pensar que si tuviera que soportar un largo período de incomunicación con Dios, también respondería con dicha madurez. Sin embargo, ¿podría hacerlo? Yo también he pasado por períodos de sequía espiritual en los que hubiera querido «sentir» más la presencia de Dios. Hubo ocasiones en que deseé recibir más «mimos» del cielo, o tener algunos «encuentros dramáticos con Dios» para acordarme de que él estaba cerca. No obstante, hasta la fecha, siempre que estuve en mis peores momentos de desaliento y sufrimiento, Dios fielmente se me acercó con palabras para iluminar mis noches oscuras.

El correo electrónico por el que se me informaba del déficit de dieciocho millones de dólares fue definitivamente una de esas «noches». Con mi BlackBerry en la mano, me senté y dije en voz alta: «Dios, no puedo seguir al frente de esto si tú no me das la certeza de que todavía estás a mi lado».

Mi intención no era obligar a Dios a hacer algo ni exigirle una señal mística, simplemente sabía que no podía dar un paso más sin que él me mostrara el camino.

A la hora, recibí la tan anhelada dirección con unas breves, pero profundas palabras. Sílaba a sílaba, esto fue precisamente lo que el Espíritu Santo puso en mi corazón aquel día: «Hijo, tú eres un tesoro del Dios altísimo».

Cuando escuché su susurro, quedé tan impactado por su belleza y simplicidad que bajé de cubierta, busqué un lápiz y una hoja de papel, y lo anoté para no olvidarme de una sola sílaba ni cambiar el orden exacto de las palabras. Subí a la cabina de cubierta y durante los cuarenta y cinco minutos siguientes desmenucé cada letra de lo que Dios había dicho. Estaba asombrado por las palabras que él había seleccionado, así como por el sonido de la frase. «Hijo... tesoro...», nunca había escuchado estas dos palabras juntas antes, pero sabía que las llevaría conmigo por el resto de mis días. En realidad, *cada una* de las palabras estaba cargada de significado mientras analizaba la frase aquel día.

«Hijo, *tú* eres un tesoro del Dios altísimo». Era como si él me dijera: «Tú, Bill, aun con tus defectos y fallas, eres mi tesoro».

«Hijo, tú *eres* un tesoro...». Mi condición de tesoro era para aquí y ahora. En tiempo presente: *Soy* un tesoro para Dios.

«*Hijo*, tú eres un tesoro...». No soy huérfano. No soy un hijastro. Tampoco soy un hijo más entre muchos. Soy un hijo y un *tesoro* del Dios altísimo.

Cuando llegué a la última parte de la frase, recordé aquel día en que me convertí. Tenía diecisiete años y el recuerdo más nítido que tengo de aquella época era la incontenible emoción que me embargaba debido al amor puro y rico de Dios. No sabía que era posible que existiera un amor como ese, pero en el momento de mi conversión supe que era real. En verdad era un tesoro y un hijo del Dios *altísimo*.

Sentado, con la nota garabateada en la mano, las lágrimas comenzaron a brotar. ¿Cómo pude perder de vista mi relación con Dios? *No estaba* solo. ¡De ningún modo! Me acompañaba aquel que nunca me traicionaría, me abandonaría o me dejaría librado a mis temores. En el tiempo que le llevó transmitir una frase directa, Dios reavivó mi compromiso para superar cualquier obstáculo que se interpusiera en mi camino. Él todavía estaba conmigo y había prometido quedarse a mi lado.

Cuando regresé a la costa y fui a Willow a la siguiente mañana, las circunstancias no habían cambiado ni un ápice. Todavía teníamos un déficit de dieciocho millones de dólares. Lo único que había cambiado era mi confianza en la capacidad de Dios de rectificar las situaciones que enfrentábamos. En Mateo 16:18, Cristo dice: «Edificaré mi iglesia, y las puertas del reino de la muerte no prevalecerán contra ella». La iglesia de Dios ha sobrevivido a más de dos mil años de batallas, y tengo la confianza de que por su gracia y poder, él saldrá victorioso en la batallas de la Iglesia Comunitaria de Willow también.

El fin de esta historia no es muy sensual, pero sirve para demostrar lo que intento decir: a pesar del deseo real que tenía de navegar y perderme en el ancho mar en vez de enfrentar nuestro déficit de dieciocho millones de dólares, encaré la situación con una esperanza renovada, organicé una reunión con los principales miembros de la iglesia, les recordé lo que significaba «escuchar a Dios» con perseverancia, y luego les pedí que hicieran precisamente eso... escuchar lo que Dios quería pedirles que hicieran a la luz de nuestras circunstancias.

Nuestra campaña de edificación se salvó en la noche financiera más oscura gracias a unas personas fieles que obedecieron los mandatos que Dios les dio mientras inclinaban sus oídos para escuchar su voz.

DOS VERANOS ATRÁS, ME SENTÍA ABATIDO POR OTRA SERIE DE circunstancias personales que era incapaz de cambiar. Sin entrar en mayores detalles, baste con decir que no podía salir de ellas, no tenía poder sobre las mismas, y no podía pagar para librarme o pasarle la responsabilidad a otra persona. La situación no estaba bajo mi control, de modo que el peso de las circunstancias me agobiaba.

Me encontraba pasando las vacaciones de verano en South Haven y pronto sería domingo. Desde hace ya muchos años, siempre que paso un fin de semana en South Haven me congrego con un grupo pequeño de creyentes afroamericanos que se reúnen en un barrio pobre de la ciudad. Durante el tiempo que los he visitado, ya han tenido cuatro o cinco pastores, y en general el lugar parece estar en un estado de franca decadencia. Hace años me comprometí a ayudarlos y es lo que intento hacer en las buenas y en las malas.

Así que cuando llegó el domingo de mañana, solo por disciplina, me encaminé a la iglesia. No esperaba que Dios hiciera algo maravilloso o que el pastor de pronto predicara un poderoso sermón. Simplemente fui por obligación y por costumbre: los domingos hay que ir a la iglesia.

Una vez dentro del templo deteriorado, me senté en mi lugar: a la derecha, en el segundo banco desde el fondo. Unos momentos más tarde, una anciana se dirigió al frente, se sentó en una silla y la acercó a un órgano maltrecho. Mientras sus dedos finalmente se posaban sobre las teclas correctas, comenzó a cantar: «Soy yo, soy yo, soy yo, Señor; delante de ti en oración». Mientras continuaba cantando, me sentí agobiado por todo el peso de mis circunstancias.

> *Soy yo, soy yo, soy yo, Señor,*
> *Delante de ti en oración.*
> *Soy yo, soy yo, soy yo, Señor,*
> *Delante de ti en oración.*
> *No es mi hermana, ni mi hermano, sino yo,*
> *Señor,*
> *Delante de ti en oración.*
> *No es mi hermana, ni mi hermano, sino yo,*
> *Señor,*
> *Delante de ti en oración[6].*

Me incliné hacia adelante, apoyé mi cabeza en el respaldo del banco que estaba ante de mí, y presenté ante Dios mi pedido. «Dios, no puedo aguantar mucho más esta situación. Te suplico que la cambies. Por favor, cambia algo». La canción continuaba mientras yo rogaba por una palabra, un mensaje, una dirección, un entendimiento... *cualquier cosa*. «Hoy no es mi hermana, ni mi hermano, sino yo, Señor. Estoy aquí sentado, clamando desesperadamente por tu cuidado».

Cuando abrí los ojos y escuché los últimos acordes de la canción, sentí el inconfundible alivio que se siente cuando se nos quita un peso de encima. Es cierto, la situación demoró seis meses más en resolverse, pero en aquel momento en South Haven, Dios susurró: «Es hora, Bill. Deja de cargar ese peso. Yo lo cargaré durante el resto del viaje».

Las cadenas de la ansiedad no deberían sujetarnos cuando podemos pedir la libertad.

No sé cuáles son las noches oscuras del alma que me aguardan en el futuro, tampoco conozco cuáles son las que tú debes enfrentar. Pueden ser por motivos de salud o de nuestras relaciones, por dificultades económicas o sicológicas, por problemas en tu matrimonio o ministerio, y es posible que sean breves o dolorosamente largas. No obstante, ambos podemos estar seguros de algo: cuando las tinieblas nos rodeen, Dios estará cerca, él nos buscará y nos encontrará, y nos hablará palabras de entendimiento que iluminarán el alma ensombrecida.

Jesús mismo enfrentó dicha noche oscura. Después de tres años de una vida intachable, un ministerio impresionante y un ejemplo que inspiraría a los creyentes por miles de años en el futuro, Jesús se encontró en un jardín con el alma abatida por la angustia, triste hasta la muerte[7].

En breves horas, enfrentaría la tortura y la crucifixión. La expectativa de esa agonía hizo que sudara gotas de sangre. Él oró: «Padre mío, si es posible, no me hagas beber este trago amargo. Pero no sea lo que yo quiero, sino lo que quieres tú».

El texto nos dice que no le pidió esto a Dios una vez, ni dos veces, sino *tres* veces. Sin embargo, Cristo tenía que morir.

Hay un detalle en este episodio del jardín que me llama la atención. Entre las oraciones y el momento en que los soldados vienen a arrestarlo, Jesús cobró valentía para dejar su pesada carga y simplemente «levantarse».

«¡Levántense! ¡Vámonos!»[8], les dijo a sus discípulos, que hasta ese momento roncaban mientras Jesús oraba fervientemente. «Si alguna vez hubo una noche oscura, es esta», me imagino a Jesús diciendo. No obstante, confíen en mí cuando les digo que pronto volverá a brillar una *gran* luz».

La Luz también puede venir a tu vida. El Dios que está cerca de ti, el Dios que te busca hasta encontrarte, es el Dios que trae mensajes que iluminarán tu noche más oscura.

CAPÍTULO 7

MANDATOS PARA LOS PADRES

UN VIERNES POR LA TARDE TUVE QUE QUEDARME A SOLAS CON Henry, mi nieto de dos años, y encargarme de él. El resto de la familia había hecho planes para ir a una fiesta, así que durante seis horas nos quedamos solos el niño y yo. Cumplí debidamente con el cambio de pañales y jugué al avioncito para que se comiera la comida, luego decidí salir a dar un paseo con él. Serían ya las ocho y media, lo que significaba que técnicamente tendría que estar acostándolo. Sin embargo, como sus padres no estaban, pensé que podía romper algunas reglas.

A los pocos minutos de caminar, un camión pasó lentamente a nuestro lado, mostrando en uno de sus costados un gran cartel con un cono gigante de helado pintado. Henry apuró el paso y dijo:

—¡Helado! ¡Helado! *Necesito* un helado.

Pensé que era una buena oportunidad para enseñarle la diferencia entre una necesidad y un deseo. Así que me puse en cuclillas y lo detuve.

—Henry —dije—, en realidad no *necesitas* un helado, ya que «necesitar» algo significa que tienes que tenerlo para sobrevivir, como el aire. No necesitas un helado para sobrevivir. Tal vez *quieras* un helado; eso sí puede ser. Sin embargo, no *necesitas* un helado.

Ladeó la cabeza y me miró. Sus ojos azules me observaban perplejos, brillando sobre sus regordetas mejillas. Parecía decirme: «Mira, entiendo que quieras aprovechar esta ocasión para enseñarme algo, pero necesito un helado. Vi un camión, tenía un helado pintado en el costado y ahora *necesito* comer un helado. No tiene nada de complicado».

Mientras él y yo teníamos esta conversación, el camión reanudó su marcha y pronto se perdió de vista.

—¿Ves? —indiqué con la satisfacción que produce ganarle una discusión a un niño de dos años—. Al final no podrás comerte el helado. Y para que lo sepas, nunca lo necesitaste.

Dimos la vuelta y emprendimos el regreso a casa, pues había comenzado a refrescar. Al doblar la esquina, para regocijo de Henry el camión reapareció.

—¡Helado! —gritó Henry—. Necesito un helado.

—No *necesitas* un helado —expliqué, aunque sabía bien que mis palabras no surtirían efecto alguno.

Mientras continuaba empujándolo hacia la casa, el camión se detuvo y estacionó a nuestro lado. Dos hombres descendieron del vehículo y me preguntaron una dirección en particular donde tenían que entregar un pedido de comida congelada. Después de darles la información solicitada, uno de los hombres saludó a Henry con la cabeza.

—¿Es su hijo? —preguntó.

—En realidad es mi *nieto* —respondí—, y me viene dando la lata porque quiere un helado desde que vio el dibujo en el camión. No deja de decirme que *necesita* un helado, aunque yo intento explicarle que tal vez *quiera* un helado, pero no lo *necesita*.

No sé por qué le dije eso al individuo. Tal vez buscaba que me diera la razón, sin embargo, no fue lo que conseguí.

—¿En serio? —dijo el hombre con un brillo en la mirada—. Creo que nos queda algún helado atrás. Espere. Dicho eso, desapareció en la parte trasera del camión. Al rato reapareció y le regaló gentilmente un cono de helado a Henry, que me taladró con una mirada triunfal:

—Te *dije* que necesitaba un helado.

Así me fue con la gran lección que quise enseñarle como abuelo... la cual al final no fue tan grande en realidad.

H ORAS MÁS TARDE, DESPUÉS DE LOGRAR CALMAR LA EXCITACIÓN de Henry, persuadirlo a ponerse el pijama y ayudarlo a decir sus oraciones antes de acostarse, volví al salón de estar. Recogí algunos juguetes esparcidos por el piso y me acomodé en el sillón para recuperarme. Sentado en el sillón, repasé la noche y decidí que, después de todo, era en realidad un abuelo fantástico. Henry había pasado varias horas sin otra supervisión adulta que la mía y no había que lamentar ningún hueso fracturado, sangrados de nariz ni accidentes graves. En verdad, según mi modesta y objetiva opinión, había hecho un trabajo *de lujo* cuidando al hombrecito.

En algún momento durante mi pródigos elogios, sentí que el Espíritu Santo me advertía: «Ya está bien, Bill. Hiciste un buen trabajo, pero no olvides que gran parte del mismo ya estaba hecho».

Mientras consideraba la interrupción del Espíritu Santo, la que aunque era verdad me pareció poco cordial, me sobrevinieron muchos recuerdos, muchos de los cuales solo conozco por medio de referencias folclóricas de la familia Hybels y viejas fotografías en blanco y negro. Dios tenía razón: *gran parte* del trabajo ya estaba hecho, cortesía de algunos parientes seguidores de Cristo que me precedieron.

Cien años atrás, un hombre llamado John Hybels se casó con Mary y emigraron de los Países Bajos a Kalamazoo, Michigan. Amaban a Dios con todo su corazón, alma, mente y fuerzas; le prestaban atención a los susurros de Dios y los obedecían con diligencia, criando una prole de hijos, uno de los cuales fue Harold Hybels, que luego se casaría con Jerry, mi madre. Esa pareja también viviría para Dios y lo amaría con todo su corazón, alma, mente y fuerzas. Con el tiempo, tendrían cinco hijos. Yo soy uno de ellos. De adulto, me casaría con Lynne, y aunque no seríamos unos padres perfectos, nos propondríamos escuchar y obedecer a Dios con todo nuestro corazón, alma, mente y fuerzas, y amaríamos a nuestra familia con toda la devoción de que dispusiéramos.

Por la gracia de Dios y la buena disposición del cielo, nuestros dos hijos crecerían y decidirían también amar a Dios. Nuestra hija se casaría con un hombre cuyos padres también eran seguidores de Cristo y que ahora había decidido vivir su vida de igual modo. De su unión, nació un pequeño niño, Henry. Todos esperamos que él también le dedique su vida a Dios de la misma manera.

Aquella noche, arrellanado en el sillón y en el silencio del salón de estar, me invadió una inmensa oleada de gratitud.

«Gracias, Dios, por permitirme nacer en el seno de una familia que te ha sido fiel por generaciones. Gracias por darme una ventaja espiritual en la vida, por dársela a mis hijos y proporcionarle a Henry también esa ventaja». Nunca mereceré la bondad de Dios en mi vida, pero estoy agradecido por ella.

Todos los padres sensatos que conozco quieren trasmitirles cosas buenas a sus hijos, no cosas malas. Desean dejarles un legado de bendición y sabiduría, no de imprudencia y sufrimiento. Quieren ser conocidos como personas que siguieron la sabia instrucción de Dios en vez de como individuos que solo deseaban salirse con la suya.

Deuteronomio 6:6-7 afirma: «Grábate en el corazón estas palabras que hoy te mando. Incúlcaselas continuamente a tus hijos. Háblales de ellas cuando estés en tu casa y cuando vayas por el camino, cuando te acuestes y cuando te levantes». Los padres que conocen cuánto valen sus desvelos y dolores de cabeza también saben que no pueden inculcarles los valores espirituales a sus hijos solo mediante palabras. Los valores que perdurarán son los que se ponen en práctica en la vida cotidiana del mundo real. Los dogmas espirituales transmitidos de modo rígido y militar, con la intención de controlar más que de transformar el corazón de un niño, producirán resentimiento y rebeldía. Por el contrario, los versículos de Deuteronomio sugieren que los padres sabios prefieren usar lecciones de vida para ayudar a sus hijos a tener un fundamento espiritual sobre el que edificar su vida.

No obstante, mi argumento es que incluso si alguien pudiera escribir el libro para padres más perfecto, y aun si todos los padres sobre la tierra lo leyeran y aplicaran minuciosamente sus lecciones, todavía habría algunos casos de la vida no contemplados (o cientos ellos) que dejarían a las madres y los padres perplejos por completo, sin saber qué hacer para educar ni cómo aconsejar a sus hijos.

Incluso las Escrituras dejan mucho que desear en lo que concierne a instrucciones detalladas sobre cómo dirigir a nuestros hijos para que sean independientes y maduros. Hay muchos detalles que Dios dejó fuera cuando se trata de dilucidar los dilemas que enfrentan los padres (¡y los abuelos!), y según mi opinión creo que esto es algo bueno. Cuando asumimos demasiadas responsabilidades o aceptamos tareas que superan nuestra capacidad, o cuando nos hallamos en situaciones sobre las que la Biblia no dice nada, caemos de rodillas. Estamos lo suficiente desesperados para pedirle a Dios que intervenga personalmente. Entonces lo que debemos hacer es inclinar el oído para escuchar lo que él quiere comunicarnos. ¡Es la hora de los susurros!

UNO DE LOS PRIMEROS, Y DE LOS MÁS IMPORTANTES, MENSAJES de Dios que recuerdo como padre se refería a nuestro hijo, Todd.

Desde una edad muy temprana, resultó evidente que nuestros hijos, Shauna y Todd, eran diferentes como el día y la noche. Shauna fue un torbellino desde que nació. Siempre fue increíblemente verbal, muy extrovertida y el centro de todas las reuniones. Cuando tenía tres años, podía mantener una conversación con los adultos. Le encantaba tanto hablar que Lynne y yo le decíamos: «Querida, nunca te quedas sin expresar un pensamiento, sentimiento u opinión».

Con Shauna, uno siempre sabía qué pensaba. Tenía una personalidad con la que en realidad podía identificarme. En una conversación, éramos como dos gotas de agua. Yo era expresivo y cándido con ella; ella respondía verbalmente en un santiamén.

Todd era diferente.

Cuando todavía era pequeño, me di cuenta de que nunca llegaría al fondo del alma de Todd por medio de las palabras. Este descubrimiento lo hice una noche que estábamos cenando como familia alrededor de la mesa. Como solía suceder, Lynne, Shauna y yo manteníamos una conversación, pero de pronto advertí que a medida que la conversación se animaba, la participación de Todd disminuía. Mientras más hablábamos, tanto más él se retraía. En un instante, el Espíritu Santo me susurró: «Bill, si no adoptas otra actitud con este pequeño, podrías perderlo para siempre».

El mandato me perturbó. ¿Qué ajustes tendría que hacer como padre para conectarme con su personalidad, tan diferente a la mía? Durante las siguientes semanas, leí todos los libros para padres que pude encontrar, con la esperanza de descubrir el secreto para llegar a un niño callado. Gracias a Dios, un autor vino en mi ayuda.

Me sugirió que como todos los niños son diferentes, los padres harían bien en no educarlos a todos de la misma manera. Tal vez esto les parezca elemental, pero a mí me resultó alucinante. Yo me crié en una cultura en la que los padres educaban a todos sus hijos de la misma manera, aunque tuvieran que criar a cinco o seis niños completamente diferentes, con gustos y necesidades distintas. Sin embargo, hubo algo en el consejo de este autor que tenía mucho sentido. Con el susurro de Dios todavía repicando en mi mente, pensé que lo intentaría.

Por medio de otra lectura, descubrí el concepto de «los lenguajes del amor», las maneras en que las personas expresan y transmiten el amor a los demás. Me di cuenta de que el «lenguaje del amor» de Todd era *tiempo de calidad.* Más que palabras de aprobación o intentos de diálogos íntimos entre padre e hijo, Todd necesitaba pasar tiempo conmigo, sin apuro y como *él* lo quisiera. Decidí entonces que si no podía llegar a él en las conversaciones familiares durante la cena, un recurso maravilloso con Shauna, le ofrecería mi tiempo. Esta fue una conducta intencional y adoptó diferentes formas según las edades de Todd. Durante la escuela elemental, llegaba a casa después de un largo día en el trabajo y decía: «Hola, Todd, ¿qué podríamos hacer en las siguientes dos horas solo tú y yo?».

Su respuesta siempre giraba en torno a una de tres cosas: ir a ver autos de segunda mano, visitar la tienda de bicicletas y mirar los equipos y artículos, o viajar hasta el concesionario más cercano de motocicletas y deambular entre las filas de Harleys, simplemente mirando todo lo que había.

Por lo menos, mi hijo y yo teníamos algunos intereses en común en ese tipo de cosas. No obstante, pasar horas y horas en aquellas tiendas dos o tres veces por semana y *no hablar*, sino simplemente limitarnos a *pasear*, no era exactamente mi definición de «vincularme» con mi hijo. Después de hacer varias incursiones e inversiones de mi tiempo, pensé: «Seguramente esto hará que comience a hablar, pronto tendrá deseos de contarme algo y conversar más conmigo».

No tuve suerte. Todd todavía seguía callado. En realidad, más o menos cada seis semanas, mientras íbamos en el auto de regreso a casa, me hacía algún comentario y teníamos algo sobre qué hablar durante uno o dos minutos. Sin embargo, aprendí que Todd nunca verbalizaría sus sentimientos como su hermana, y mientras más pronto comprendiera esto para ajustar mis expectativas y aprovechar las oportunidades a fin de que me dijera algo, tanto más me abriría su corazón.

Todd tiene hoy algo más de treinta años y sigue siendo un hombre callado, así como Dios lo creó. Cuando recuerdo aquel primer mensaje crítico de parte de Dios, me resulta patente que si hubiera continuado como hasta ese momento, intentando imponer una forma única de ser padre sobre dos personas muy diferentes, hubiera limitado mucho la relación con mi hijo.

Tal como salieron las cosas, en la actualidad disfrutamos de un vínculo maravilloso y enriquecedor, en gran medida porque aprendí a usar pocas palabras, pero bien empleadas. Difícilmente nos verán sentados frente a frente en un restaurante, sumidos en horas y horas de conversación. En cambio, con seguridad nos encuentren corriendo, navegando juntos, o reparando una de las motocicletas acuáticas de Todd, y después de un largo tiempo juntos en silencio, nos verán intercambiar unas pocas frases significativas y pertinentes. Alabo a Dios por cada una de ellas.

Las diferencias entre mis hijos no se limitaban a su manera de comunicarse. Sus mundos interpersonales tampoco podían ser más distintos.

A Shauna siempre le encantaron las personas y las fiestas, y no es reacia a hablar ante públicos grandes o pequeños. Todd, en cambio, prefiere un estilo de vida más reservado. Este fue otro ámbito en el que los mensajes de Dios me salvaron de cometer una terrible serie de errores como padre.

Todd practicó deportes durante toda la escuela: fútbol y baloncesto fundamentalmente. En los primeros años de la secundaria, armaba jugadas en el equipo de baloncesto de la escuela y era uno de los principales anotadores. Una vez, cuando estaba en las pruebas clasificatorias para jugar en el equipo de octavo grado, con muy buenas posibilidades de ser seleccionado, me dijo algo que me tomó por sorpresa. Estaba por acostarse, pero se detuvo y me comentó: «Papá, me parece que no quiero jugar más baloncesto».

Él sabía que yo había jugado baloncesto casi toda mi vida y valoraba la participación de mis hijos en los deportes de equipo, ya que esto sentaba bases sólidas para poder desempeñar funciones de liderazgo en el futuro. Estoy seguro de que él sabía que sus palabras me dolerían.

—¿Por qué no quieres jugar? —pregunté, tratando de mantener un tono neutral y una expresión receptiva.

—Por dos razones —dijo—. Para empezar, siempre que se comete una falta contra mí, odio tener que hacer los tres lanzamientos en una cancha llena de gente que mira cómo tiro al aro. No creo que me guste jugar deportes delante de públicos tan grandes.

—¿Y la segunda razón? —pregunté.

—Papá, ninguno de los demás muchachos se toma el baloncesto muy en serio. Si voy a estar en un equipo, quiero practicar mucho y dar el máximo. Sería más divertido si todos jugaran de esa manera, pero no lo hacen. Simplemente no quiero jugar más.

En aquel momento, supe que podía obligar a mi hijo a seguir jugando al baloncesto —era el padre— o aceptar que Todd y yo éramos diferentes y que los deportes de equipo tal vez no eran de su agrado.

Le pregunté a Todd cuántos días de pruebas faltaban antes de la selección. Me dijo que quedaban tres días. Le pedí que me diera tres días para ponerlo en oración y que él también orara; el viernes volveríamos a hablar.

En el curso de aquellas setenta y dos horas, sentí que el Espíritu Santo me indicaba claramente que Todd quizás era más afín a los deportes individuales que a los deportes de equipo. Nunca había sido un niño que necesitara «un público»... incluso cuando ganaba premios, había que empujarlo para que pasara al frente a fin de recogerlos. Era un niño tímido, simple y llanamente. Además, para ese entonces, la iglesia de Willow ya era bastante grande, por lo que me preguntaba si la notoriedad de Lynne y de mi propia vida no serían contraproducentes para nuestro hijo.

El viernes de esa semana, Dios me susurró: «Deja que Todd siga el camino para el que lo creé, Bill. Confía en que su nuevo sendero lo guiará en una dirección positiva». Todd y yo conversamos y acordamos juntos que debía dejar el baloncesto. El alivio en su rostro fue palpable. A la semana siguiente, le informamos al entrenador que Todd no jugaría al baloncesto durante el octavo grado, y aunque el entrenador se sintió muy desilusionado, mi hijo nunca se arrepintió de su decisión.

El libro de Proverbios exhorta a los padres a enseñarles a los hijos el camino por el que deben andar. Conozco padres que usan este versículo como una justificación para obligar a sus hijos a obedecer sin considerar el temperamento que Dios le dio a cada uno. He llegado a entender que hay dos niveles de sabiduría en ese versículo. Los estudiosos bíblicos que analizan este texto están convencidos de que el autor, además de animar a los padres a enseñarles a los hijos a entregarse a Dios y practicar la justicia, los desafía a descubrir las aptitudes y dotes naturales de sus hijos y estimularlos para que anden por el camino que Dios trazó a cada uno en particular. Además de colmar de cariño y amor a sus hijos y establecer los límites debidos, otro regalo vital que los padres pueden transmitirles es la capacidad de discernir los dones especiales que Dios les dio y ayudarlos a desarrollar gradualmente esas aptitudes para que al final él o ella puedan encontrar su propio camino en la vida. Eso era justo lo que tenía que hacer con Todd.

Casualmente, después que Todd dejara el baloncesto, de inmediato comenzó a hacer *snowboard*, a participar en carreras de motos de nieve y motocicletas, a practicar el surf... todos deportes individuales en los que con el tiempo se destacó. El asunto es que la vida de Todd ha demostrado lo que creo que Dios me reveló en aquel susurro: yo no podía ir en contra de la fuerte necesidad de independencia de mi hijo ni intentar disuadirlo. En vez de obligar a Todd a conformarse a *mi* idea predeterminada, necesitaba ayudarlo a preparar el camino *de Dios* para su vida.

SER PADRES IMPLICA UNA AMPLIA GAMA DE DIFICULTADES QUE van desde cosas simples como enseñarles a nuestros hijos las reglas de cortesía y los buenos modales en la mesa —algo que hasta nuestras mascotas pueden aprender— a cuestiones complejas relacionadas con la moral, el carácter y su futuro en la vida. Necesitamos un poco de ayuda divina durante esos intensos momentos en que como padres nos preguntamos si tendríamos que ser tolerantes o apretar las clavijas, si deberíamos darles libertad o controlarlos más, si deberíamos perdonarlos o castigarlos, si deberíamos rescatarlos de un aprieto o dejarlos pagar las consecuencias. Entonces es cuando la voz de Dios nos susurra: «Inclina tu oído a mi guía y prometo mostrarte el camino».

Una noche, cuando Shauna tenía dieciséis años, estaba por acostarme cuando escuché un auto detenerse en nuestra entrada al garaje. Pensé que era Shauna que llegaba y recuerdo que me alegré al darme cuenta de que no tendría que preocuparme de si llegaba o no antes de la hora que le habíamos fijado, lo que me permitiría al menos por una vez dormir de un tirón.

Las cosas no salieron exactamente como lo pensé.

Camino a mi dormitorio, miré por la ventana del frente y vi que Shauna salía de un auto que estaba estacionado en nuestra entrada. La luz interior revelaba que el asiento trasero estaba lleno de compañeras de la escuela. Segundos después, mi hija entró por la puerta del frente y pasó como una ráfaga por delante de mí.

—Hola, querida. ¿Todo bien? —pregunté.

—Ahora no puedo explicarte nada, papá —me gritó desde el pasillo mientras corría hacia su dormitorio—. Me están esperando mis amigas y tengo que agarrar mis cosas.

Adiós a la hora tope.

Le sugerí que justo ahora sería el momento *perfecto* para darme explicaciones, ya que por ser su papá necesitaba saber a dónde iba y qué pensaba hacer.

—Espera un poco y ayúdame a entender el plan —dije con toda la amabilidad que pude.

En una descarga de oraciones me informó que iba a pasar la noche en la casa de una amiga de una amiga, y que estaba «casi segura» de que quedaba en Lake Geneva, más o menos a una hora de nuestra casa.

—¡Papá, tengo que irme! —me anunció—. Están todas esperándome en el auto.

—Shauna, necesito saber más que eso —dije—. ¿Quién es esta amiga de una amiga? ¿En qué parte de Lake Geneva van a estar? ¿Estarán sus padres en casa?

No estoy muy seguro del tipo de respuesta que esperaba de Shauna. A fin de cuentas, era la misma persona que cuando tenía tres años andaba por la vereda con su triciclo y siempre iba un poco más allá del poste de una cerca que le habíamos fijado como límite. Ella sabía que tenía prohibido andar por la calle más allá del límite fijado, pero lo hacía igual. Un día, después de hacernos caso omiso una vez más, Lynne se arrodilló, miró a Shauna fijamente, colocó ambas manos sobre sus pequeños hombros y le dijo: «Shauna, si vuelves a andar en el triciclo hasta más allá del poste de la cerca, voy a tener que darte una palmada. ¡No quiero hacerlo, pero lo haré!».

Shauna miró a su madre, le mostró sus nalguitas y le dijo: «Pues pégame ahora, porque yo voy a andar por ahí en el triciclo».

No obstante, volvamos a la noche de nuestra discusión sobre Lake Geneva. Como respuesta a mis preguntas, Shauna hizo algo que nunca había hecho hasta entonces. Se me acercó, me miró a los ojos y me dijo:

—Papá, voy a ir a esta fiesta a no ser que me lo impidas físicamente.

Me quedé boquiabierto. No sabía qué decir. ¡Mi pequeña! ¡Le había cambiado los pañales a esta niña! (Bueno, un par de veces...). Durante años la llevé los sábados por la mañana a McDonald's, solo para disfrutar de un tiempo juntos entre padre e hija. Esta era la niña que me había acompañado en mis viajes para dar conferencias por todo el mundo, solo para que ella y yo pudiéramos pasar un rato juntos en el hotel después de cumplir mis obligaciones y así poder desayunar los dos por la mañana. *¿Acaso era la misma chica que ahora se me plantaba y desafiaba mi autoridad?*

La miré sin poder darle crédito a mis ojos. Su rostro desafiante parecía decir: «Las cosas cambiaron, papá».

Mi mente trabajaba a mil revoluciones por minuto, pero no podía ordenar mis ideas. Era algo inaudito y no sabía qué decir ni hacer.

Respiré hondo y sentí una clara advertencia del Espíritu Santo. «*No se te ocurra* impedírselo por la fuerza. Será el descalabro total si optas por esa acción. *Estamos* en territorio desconocido, las cosas *cambiaron* y tendrás que dejar a Shauna en mis manos. No hay nada que puedas hacer».

No tenía tiempo para ponerme a pedirle aclaraciones a Dios sobre los consejos que me daba. Solo tenía tiempo para obedecer. Di un paso al costado, miré a mi hija insubordinada, y articulé lo único que atiné a decir:

—Toma mi celular. Puedes llamarme cuando quieras, a cualquier hora de la noche, y pedirme que te vaya a buscar. Te iré a buscar donde estés y te traeré a casa de inmediato. A *cualquier* hora. No subas en un auto con alguien que haya bebido. Te amo. No estoy nada contento con tu decisión de esta noche, pero te amo. No me agrada nada este asunto, pero si estás tan resuelta a ir, no haré nada para impedírtelo por la fuerza.

No acababa de pronunciar la última sílaba cuando Shauna salió corriendo.

—¡Gracias, papá!

Se subió al auto de su amiga, la puerta se cerró de un portazo, y luego se marcharon.

E L INCIDENTE DE LAKE GENEVA SERÍA EL PRIMERO EN UNA SERIE de desafíos similares desconcertantes que como padres tuvimos que enfrentar con Shauna. Uno de los episodios más importantes sucedió mientras ella estudiaba en la universidad, en California. A raíz de una serie de hechos que Shauna puede relatar mejor que yo[1], a mediados del año lectivo comenzó a tomar decisiones que la alejaban de Dios y hacían peligrar el encomiable carácter que había desarrollado. Los hechos adquirieron tal gravedad que Lynne y yo decidimos volar a California para conversar personalmente con Shauna y hacerla entrar en razones.

Después de hacer varios cambios en mi agenda, escogí el día, me subí a un avión, y me encontré con mi hija en un café al aire libre en Santa Bárbara.

Después de ponernos al día, abordé el tema.

—Shauna, vine hasta aquí porque tu mamá y yo estamos cada vez más preocupados por ti. Estamos angustiados porque si sigues así, vas por mal camino.

Ella me miraba fijamente, como si entendiera mi preocupación. Entonces continué.

—Querida, queremos que sepas que te amamos y que nunca es tarde para reencaminar tus pasos y decidir vivir una vida que honre a Dios…

Ella seguía mirándome.

—Por eso te lo voy a pedir de un modo directo: ¿No crees que podrías cambiar un poco el rumbo que llevas?

La pregunta quedó flotando en el aire, como un globo invisible. Shauna me miró con sus ojos claros y azules. Yo sostuve su mirada. El silencio persistía.

Luego, con un movimiento casi imperceptible de los labios, me dio su respuesta. Sentí que arqueaba las cejas, creyendo que aceptaría mi sugerencia.

—Este... pues no, no creo que lo haga —declaró—. Todavía tengo *mucha* vida por delante.

Un golpe bajo. Se me cayó el alma a los pies. Desconcertado y afligido, regresé esa noche a Chicago, sin saber qué pasaría con mi hija. Sin embargo, aun en medio de la incertidumbre, sentí que Dios decía: «Todavía estoy cerca».

MÁS O MENOS POR LA MISMA ÉPOCA, EL HERMANO DE SHAUNA, Todd, sacó su licencia de conducir. Siempre había sido un aficionado a los autos. Lo había enseñado a manejar cuando tenía ocho o nueve años, y él sacaba el auto desde el garaje hasta la entrada o maniobraba el velero y el equipo de navegación si se presentaba la oportunidad. Cuando cumplió los dieciséis, estaba más que entusiasmado con la idea de sentarse detrás del volante.

Cuando finalmente obtuvo su licencia, me di cuenta de que Todd manejaba un poco rápido. Hacía años que sabía manejar, pero me parecía que confiaba demasiado en sus habilidades. Sabía que sin algunos consejos, sería una amenaza para él y los demás conductores y transeúntes.

Un día, me senté a su lado y le dije: «Todd, eres uno de los mejores conductores jóvenes que conozco, pero manejas demasiado rápido. Si no vas más lento, algún día podrás tener un accidente y salir herido o lastimar a alguien más. Sé que eres una persona muy sensible y destruirías *tu* vida —sin hablar de la vida de otros— si llegaras a lastimar a alguna persona por tu imprudencia».

Pensé que era un buen discurso que apelaba a su sensibilidad. Sin embargo, su respuesta fue la clásica mirada despreocupada de un adolescente. No había registrado ni una sola palabra de lo que le dije.

A la semana, estábamos disfrutando de un día libre en South Haven con mi familia y decidí salir a correr diez kilómetros. Ya habría corrido la mitad del trayecto cuando de pronto escuché detrás de mí el chirrido de unos neumáticos. Miré por encima del hombro justo a tiempo para ver a Todd en el auto, haciendo un gran giro mientras doblaba en una esquina a setenta u ochenta kilómetros por hora. Nunca perdió el dominio del auto y realizó una maniobra profesional digna de un doble en una película. En realidad, si no hubiera sido algo ilegal y peligroso para la vida ajena, hubiera quedado muy impresionado. No obstante, dadas las circunstancias, no lo estaba.

Todd no me había visto, pero yo sí lo había visto a él. Regresé a casa corriendo lo más rápido que pude, resuelto a decirle lo que pensaba y a criticar su imprudencia. Estaba furioso porque había sido una flagrante violación a mi advertencia de la semana anterior. Me quedé fuera de la cabaña pensando: «¿Cómo puedo castigarlo para que este muchacho entienda de una vez por todas lo que intento decirle?».

Sin embargo, algo sucedió antes de que entrara. El Espíritu Santo intervino. En ese instante, recibí sus instrucciones: «No te pongas furioso con Todd. Deja que vea lo mucho que lo amas y lo destrozado que quedarías si él resultara herido o muriera en un accidente automovilístico. Que entienda que tú *tienes miedo* de encontrarlo en un hospital o la morgue por causa de su excesiva confianza en sus habilidades de conducción».

Este susurro iba en contra de mi forma de actuar característica. *Cuando los hijos no cumplen una regla, tienen que pagar las consecuencias, ¿no?* Así me criaron, y eso es lo que pretendo hacer para arreglar este asunto.

Discutí con Dios fuera de la casa: «¿Quieres que Todd vea que tengo miedo y no que estoy furioso? No se va a acordar de mi *miedo*. ¿Qué quieres que haga? ¿Pretendes que le confiese mis temores y luego lo deje marcharse como si nada para que vuelva a hacer lo mismo?».

El Espíritu no se inmutó con mi cinismo. «Solo confía en mí», sentía que me decía. «Esta vez, muéstrale a Todd tu amor, no tu enojo».

No sé si estaba más frustrado con Dios que con Todd mientras entraba a la casa, pero cuando me encontré sentado frente a frente con mi hijo, acepté la sabiduría de lo alto.

«Todd», comencé, «salí a correr y te vi hace unos minutos cuando hiciste ese giro en la esquina. Observé cómo tomaste la curva, y quiero decirte que tus acciones fueron una franca violación a lo que conversamos la semana pasada».

Por la expresión de Todd, no sabría decir si sentía o no remordimiento, pero no importaba. Sabía lo que tenía que decirle, aunque requería mucha más sensibilidad de la que a mi entender se merecía... y ciertamente muchísima más de la que hubiera preferido darle.

Respiré hondo. «Si por algún motivo hubieras perdido el dominio del volante, te habrías estrellado contra la acera y el auto se habría volcado. La idea de tener que sacar tu cuerpo de un montón de hierros retorcidos y de que perdieras un brazo o una pierna... la idea de tener que ir a identificarte a la morgue como tuve que hacerlo con mi padre... me resulta simplemente aterradora, Todd».

Las lágrimas corrían por mis mejillas, y cuando terminé mis comentarios, los ojos de Todd también estaban humedecidos. Abracé a mi hijo y le dije: «Todd, por favor, ten cuidado cuando manejes».

Hasta donde yo sepa, su forma de conducir cambió ese día. Nunca volví a tener otra conversación con él sobre el mismo asunto, y según lo que observé a partir de ese momento, creo que mi súplica de alguna manera lo persuadió. ¿Qué hubiera pasado si hubiera reaccionado con enojo? ¿Entienden por qué me encantan los susurros?

E N ESTOS AÑOS, HUBO VARIOS PROBLEMAS TRIVIALES QUE LYNNE y yo decidimos pasar por alto: cuartos desordenados, *piercings* en la nariz, peinados desaconsejados y tatuajes. Sin embargo, en cuestiones de moral y carácter, o en asuntos relacionados con la seguridad personal o que implicaran consecuencias legales, necesitamos infusiones de sabiduría que solo podían venir de lo alto. Ahora que mis hijos son adultos, comprendo cómo nos beneficiamos por prestarle la debida atención a cada pizca de dirección divina que recibimos.

Hace unos años, con unos pocos meses de diferencia, comprobé que en mi escritorio en el trabajo me esperaban tarjetas de mis hijos, las cuales eran pruebas del poder que hay en permitir que Dios guíe cada uno de nuestros pasos.

La tarjeta de Todd decía: «Querido papá, quería decirte que estoy orgulloso de ti. A medida que maduro, me doy cuenta cada vez más de por qué me criaste como lo hiciste. Siempre me desafiaste, lo que me infundió más confianza en mí mismo y en Cristo. La semana pasada estaba pensando en todas las experiencias que tuve y que pocos muchachos de mi edad han tenido debido a que no tuvieron padres que los desafiaran. Gracias por los retos y todo el amor y el aliento que derramaste en mi vida. Te amo».

Casi me pongo a llorar de la emoción mientras leía esa tarjeta. Para un hijo tímido y de pocas palabras, expresarse de esa manera... me llegó a lo más profundo de mi corazón de padre.

El mismo año, cerca del Día del Padre, recibí una tarjeta de Shauna. «Papá, estaba pensando en ti», comenzaba. «Has sido un gran amigo y un gran padre para mí. Me encanta tenerte cerca y compartir la vida contigo. Gracias por todas las cosas que hiciste, las flores, las cocacolas de dieta y las largas caminatas... y gracias también por perdonarme».

La nota seguía, pero como me cuesta escribir cuando se me nubla la vista por las lágrimas, lo dejaré aquí. El asunto es que mantenernos atentos a la voz de Dios trae muchos beneficios. Sigue las indicaciones divinas en los momentos clave de la vida y tú también te beneficiarás.

Una de las recompensas más grandes de vivir sintonizado a los mensajes oportunos de Dios con relación a criar a una familia es que un día podríamos encontrar que ellos nos devuelven lo que sembramos.

Durante muchos años, fue mi deseo recibir la orientación de Dios para guiar a mis hijos en la dirección correcta. Sin embargo, el año pasado, durante unas vacaciones en uno de los lugares favoritos del mundo para nuestra familia, fueron mis hijos los que escucharon la voz de Dios y llevaron la voz cantante.

Dieciocho meses antes de aquellas vacaciones, Todd se había embarcado en su navegación alrededor del mundo. Ya había recorrido más de la mitad de su viaje cuando hizo una pausa en su navegación y volvió a casa para pasar unos días en familia. Durante nuestro primer día juntos, como es nuestra costumbre cuando nos reunimos en familia, salimos a correr a media mañana. Ahora bien, por lo general soy yo quien marca el ritmo, pero aquel día me faltaba el aire. Todd miró por encima de su hombro y dijo: «¡Papá, no estás en buen estado! ¿Qué te pasó?».

Mi mente repasó todo lo que me había ocurrido desde la última vez que había visto a Todd: reducciones en el personal y reorganizaciones, ajustes presupuestarios, varias semanas consecutivas de cien horas de trabajo, y un viaje internacional largo y agotador. Había sido una primavera difícil. «Solo necesito unos días», expliqué, «y volveré a ser el mismo».

Estaba hablando en serio, pero algo en mi interior me decía que pecaba de optimismo.

Aquella noche, después que Lynne se había acostado, Shauna, Todd y yo decidimos quedarnos levantados y conversar. Nos encontrábamos sentados en unas sillas de madera sobre una terraza con vista al puerto, disfrutando de nuestra mutua compañía, cuando de pronto me sorprendí diciendo: «¿Saben una cosa? No estoy seguro de que mis viejos hábitos de trabajo me sirvan para la nueva realidad que estoy enfrentando...».

Lo último que tenía en mente aquella noche era solicitarles a mis hijos una sesión gratis de terapia. Sin embargo, creo que salir a correr con Todd hizo que afloraran algunas sensaciones escondidas acerca de lo confundida y desarticulada que estaba mi vida en los últimos tiempos. Por algún motivo, en la seguridad de aquel momento, no pude contenerme. Mis dos hijos se interesaron de inmediato, haciéndome preguntas y analizando mis respuestas para determinar la *condición real* de mi estado. La atención que me demostraron me hizo sentir cohibido, y debo reconocer que la preocupación que expresaron me conmovió profundamente.

Al cabo de veinte minutos de conversación, conforme a lo que ahora sé que fue un mandato divino, y manifestando una gran madurez para sus años, mi hija dijo: «Papá, ¿cuándo fue la última vez que te sentiste tranquilo y pudiste conectarte íntimamente con Dios?».

Me quedé pensando en su pregunta y la respondí con la mayor sinceridad posible. «El mes pasado, durante el viaje a América del Sur. Aquel viaje me aportó varios días consecutivos de íntima conexión con Dios. Hacía tiempo que no me sentía tan conectado con él».

Ella insistió un poco, hasta que pude determinar que había sentido tanta intimidad con Dios en aquella ocasión porque estaba inmerso en mi «rutina de viaje». Viajo más de cien días al año, y cuando estoy fuera de casa, las primeras horas de la mañana son una oportunidad perfecta para dedicar un tiempo a estudiar la Biblia, orar y llevar un diario con anotaciones sobre mi mundo interior. Como las conferencias matutinas no suelen empezar antes de las nueve de la mañana, entre las cinco y media o seis hasta que mi guía me llame desde el vestíbulo del hotel, puedo servirme una taza de café caliente, acomodar las almohadas en la cama, abrir la Biblia y los materiales de estudio, y concentrarme espiritualmente. Nadie golpeará a la puerta y ningún miembro del personal entrará y saldrá de la oficina como sucede en Willow. Puedo quedarme reclinado en la cama sin interrupciones hasta que me sienta renovado para mi día y haya recordado la presencia y el poder de Dios en mi vida. Además, tengo la bendición de no ver ninguno de mis «montones de papeles» sobre el liderazgo que reposan en diversos lugares de mi escritorio. Estar fuera de casa tiene sus ventajas.

Mis hijos absorbieron todos estos detalles antes de que Shauna continuara. «Entonces, ¿por qué no adoptas tu estrategia del hotel mientras estás en casa?».

Sabía que mi hija tenía razón. Todd asintió. Y aunque a las dos de la mañana los ojos se me cerraban, los tres comenzamos a pensar sobre cómo podría adoptar en casa mi estrategia del hotel y de qué forma la debida ejecución de dicho plan tendría el potencial de traer algo de sanidad y conexión espiritual a mi vida.

Mientras escribo esto, llevo ocho meses de experimentar en casa mi estrategia del hotel, y hasta ahora todo marcha bien. Me despierto temprano, pero en vez de darme una ducha y salir a trabajar, voy a una habitación que da al fondo y paso las primeras horas críticas del día con Dios. Explicar el cambio que esto provocó en mi vida llevaría un capítulo entero de este libro, así que baste con decir que esta modificación de mi rutina representó una fuente de sanidad muy necesaria en mi vida. Y todo comenzó con un mensaje de Dios a las dos de la mañana, susurrado por los labios de mi hija y mi hijo.

Reconozcámoslo, no hay padres perfectos ni hijos perfectos, y como consecuencia, tampoco hay familias perfectas. No puedo concluir este capítulo sobre la paternidad sin referirles un ejemplo extremo de esta realidad. Hace un tiempo, en una tienda de comestibles, fui testigo de un cataclismo familiar que nunca olvidaré. El padre y la madre comenzaron a discutir entre sí en público. Los insultos y las agresiones eran de tal magnitud que uno de los tres hijos pequeños se asustó y comenzó a llorar. Sin saber qué hacer para encontrar consuelo, la pequeña se acercó a su padre e intentó abrazarse a su pierna. Sin embargo, el padre, ahora descontrolado por completo, no estaba de humor para las expresiones de afecto. Empujó a la niña con tanta fuerza que ella cayó al piso, encima de su hermanito menor, el que a su vez se dio contra un estante lleno de productos enlatados. Antes de que alguien pudiera intervenir, el administrador de la tienda y el personal de seguridad le pusieron fin a la pelea.

¡Fui testigo de algo espantoso! Salí de la tienda sintiéndome mal físicamente. Pensaba: «No hay nada más feo que una familia que no camina con Dios».

Cuando una familia no funciona bien, sus integrantes a menudo se sienten despreciados, confundidos, frustrados y solos. No se necesita un doctorado en sociología para comprender que un número creciente de familias luchan en la actualidad no solo con asuntos intrascendentes como quién sostiene el control remoto o a quién le toca limpiar la casa del perro, sino con cuestiones tan importantes como: *¿Se puede decir que en realidad nos amamos? ¿Podremos ser una familia? ¿Criaremos bien a nuestros hijos?*

Sin embargo, cuando la gente imperfecta se preocupa por recibir la guía de aquel que *es* perfecto, el juego cambia.

Cuando una esposa obedece la voz de Dios para que se acerque a su esposo con ternura y alegría una vez que los hijos se han ido a la cama; cuando un padre siguiendo un mandato de Dios deja su oficina unas horas antes y sorprende a su hija que está jugando en una competencia de voleibol en el otro extremo de la ciudad; cuando los padres le prestan atención a la instrucción divina sobre cómo cuidar y educar a su hijo a medida que entra en la adolescencia; cuando los padres piden la dirección de Dios para desarrollar el carácter singular de sus hijos; cuando las madres le prestan atención a las insinuaciones sobrenaturales que las ayudarán a cumplir el papel que Dios quiere que desempeñen en la familia... cuando estas y miles de otras manifestaciones de vivir en sintonía con los mensajes de Dios se revelan en la vida de una familia, la familia vivirá con un legado de *bendiciones* y no de maldiciones.

Tú y yo solo tenemos una oportunidad para traspasar nuestro legado. Podemos transmitirles el bien a las generaciones que nos sucedan, o podemos dejarles mucho menos. Yo me decido por lo bueno, por una vida guiada por la apacible voz de Dios.

Ser padre ha sido uno de los retos más difíciles de mi vida, pero como sé que hice todo lo humanamente posible para consultar a Dios en cada momento y no lo mantuve alejado, tengo la bendita seguridad de saber que hice lo mejor. Mis hijos aman a Dios y le dan libertad para que él guíe sus vidas. ¡No puedo pedir más!

CAPÍTULO 8

CUANDO DIOS HABLA A TRAVÉS DE OTRAS PERSONAS

DURANTE MIS PRIMEROS DÍAS EN EL MINISTERIO, TUVE LA desgracia de observar cómo se destruía un amigo que integraba nuestra iglesia. Durante varios meses me había dado cuenta de que pasaba demasiado tiempo con una mujer que no era su esposa. No era que me dedicara de forma deliberada a una tarea detectivesca, sino que simplemente los veía juntos en el auto o cenando a la luz de las velas en un restaurante cercano.

Además, comencé a notar que cada vez que este amigo y yo nos poníamos de acuerdo para almorzar, no venía ni me avisaba. Esperaba una hora o más en una mesa reservada para dos hasta que al final me iba, pensando que tal vez se había quedado atascado en el tráfico o había surgido una emergencia en el trabajo.

Cuando lo veía, le decía: «Hola, te esperé más de una hora el jueves. ¿Qué te pasó?»

Entonces improvisaba una excusa y me explicaba: «Este... tuve que volar por dos días a Nueva York y me olvidé de avisarte».

Varios días después, cuando le preguntaba cómo le había ido en Nueva York, ni siquiera se acordaba de haber ido. «¿Nueva York?», preguntaba. «Ah, sí... sí... ¡Estuvo genial! Solo que parece que fue hace mucho tiempo».

«Hmmm... seguramente», pensé. Algo no andaba bien.

Más o menos por la misma época mi discernimiento se puso en «estado de alerta máximo». Estaba enseñando una serie en Willow basada en la vida del rey David. El título de mi último sermón fue «Todos necesitamos un Natán». La idea era que, además de animar a los miembros del cuerpo de Cristo, ser hermanos en la fe también significaba que debíamos advertirles de las posibles caídas en su vida... a veces, incluso antes de que él o ella fueran capaces de ver el problema que se avecinaba.

Tal vez recuerden la historia de David y Betsabé. En pocas palabras, David vio desde el techo de su palacio a una mujer hermosa (pero casada) mientras ella se bañaba; envió a sus siervos a buscarla y tuvo una relación sexual con ella; cuando supo que Betsabé había quedado embarazada, de inmediato hizo los arreglos para que su esposo muriera y poder así casarse con ella, la madre de su hijo. Fue un episodio muy feo. Si David tuviera que llevar un registro anual de sus pecados, con seguridad ese sería el peor año de su vida.

Es interesante notar que aunque probablemente todo el palacio sabía lo que había hecho David, y además se daban cuenta de que estaba mal, al parecer nadie le dijo nada. Nadie le dijo la verdad. Nadie excepto Natán, un viejo amigo de David que ahora era un profeta enviado por Dios.

Un día Natán se presentó ante el antiguo pastor y amigo, relatándole una historia dirigida de un modo estratégico tanto al pasado como al presente de David. Era la historia de unas ovejas.

Natán dijo: «Dos hombres vivían en un pueblo. El uno era rico, y el otro pobre. El rico tenía muchísimas ovejas y vacas; en cambio, el pobre no tenía más que una sola ovejita que él mismo había comprado y criado. La ovejita creció con él y con sus hijos: comía de su plato, bebía de su vaso y dormía en su regazo. Era para ese hombre como su propia hija»[1].

El profeta continuó con el relato: Un día, un viajero fue a visitar al hombre rico. Correspondía hacer un banquete para agasajar al viajero, pero el hombre rico no deseaba matar a una de sus propias ovejas o vacas para alimentar al extraño; así que le robó la preciosa ovejita al hombre pobre, la mató y luego la cocinó para su visita.

David estaba escandalizado. La idea de una acción tan egoísta y malvada lo enfureció. «¡Tan cierto como que el SEÑOR vive, que quien hizo esto merece la muerte!»[2].

El relato había surtido efecto.

«¡Tú eres ese hombre!»[3], dijo Natán.

David nunca se lo hubiera imaginado.

La sabia y valiente confrontación de Natán finalmente hizo que David se arrepintiera ante Dios.

Después de enseñarle esta historia a nuestra congregación, los exhorté a no echarse atrás cuando tuvieran que asumir el riesgo de obrar como Natán con sus relaciones. «Natán fue el único que le dijo la verdad a su amigo», expliqué. «*Todos* necesitamos tener un poco del espíritu de Natán en nosotros».

Mis propias palabras aún estaban frescas en mi mente cuando recibí un mandato de Dios con respecto a mi amigo que «no» tenía un amorío.

«Si quieres hacerle un favor», parecía instruirme el Espíritu Santo, «habla con él y plantea esta difícil situación, pero hazlo sin acusarlo. La meta no es prejuzgarlo, sino saber la verdad y recordarle sus votos matrimoniales».

A la semana siguiente, me llené de coraje y le hablé.

—Escúchame —dije—, sabes que te aprecio mucho y que le damos mucha importancia como iglesia a decir las cosas de frente y hablar siempre la verdad. Quiero decirte que estoy preocupado por ti, y deseo estar seguro de que no pasa nada...

Mi amigo asintió y me dijo que continuara.

—Bueno —proseguí—, me parece que estás pasando demasiado tiempo con la esposa de otro hombre...

A medida que las palabras salían de mi boca, él me taladró con la mirada y retrocedió físicamente. Durante un brevísimo segundo, pensé que tal vez me agradecería por haber planteado la cuestión, ya que él no deseaba de modo alguno dar una impresión errónea. Sin embargo, sus ojos respondieron de otro modo.

—¡Ajá! Ya veo por dónde viene la cosa —dijo con rabia contenida—. Ahora que eres el pastor principal de una iglesia, aunque sea una iglesia *pequeña* que alquila una sala de *cine* para reunirse, vas a comenzar a creerte Dios y a elegirle los amigos a la gente. ¡Ahora serás el policía de las relaciones, el individuo que espía a todo el mundo y vigila a sus compañeros de mesa! ¿*Así* es como serán las cosas, Bill? ¿Es *esa* la clase de persona en que te convertiste?

Quería decirle: «Espera, espera un poco. ¿No recuerdas cómo terminó la historia de David y Natán? ¡Estudiamos esa historia en la iglesia la semana pasada! Después que Natán confrontara a David con su pecado, David dijo: "¡He pecado contra el Señor!" [4], le dio un gran abrazo al profeta, escribió varias canciones de alabanza espectaculares, y todos vivieron felices. ¿No lo recuerdas?».

Sin embargo, no hubiera servido de nada. Mi amigo ya se había largado.

Varios meses después de aquel doloroso diálogo, descubrí que en efecto tenía un amorío extramatrimonial. Mi amigo se olvidó de nuestras citas para almorzar y había inventado aquellos viajes a la costa este porque estaba involucrado en una serie de encuentros secretos con la «otra» mujer de su vida.

Al final, el matrimonio de este hombre y su inocente familia se desintegrarían. ¡Cuánto dolor y sufrimiento resultaron de sus errores! Y en parte porque se negó a dejar que un amigo iluminara un aspecto oscuro de su vida.

Lo que enseñé en aquella serie de sermones durante los primeros días de Willow todavía está vigente: todos necesitamos un Natán, y los que aman a Dios harían bien en cultivar una actitud como la de David. A veces Dios nos susurra advertencias a través de los oídos y los labios de otra persona con el fin de salvarnos del sufrimiento. O decide cada cierto tiempo que le entreguemos un mensaje a otra persona, el que luego podrá ser bien o mal recibido.

Tener una actitud como la de David puede hacer la diferencia entre continuar por la senda de la autodestrucción, o dejar esa senda y reencaminarse hacia la vida y la restauración. Tengo un ejemplo de esa verdad. Sucedió hace algunos meses, cuando di una conferencia de treinta y cinco minutos en una reunión de fin de semana centrada en el tema de la reconciliación.

Durante la primera tercera parte de la exposición, expliqué con cuidado que cuando estamos en una relación fracturada por un desacuerdo, la Biblia dice que antes que todo lo más importante es determinar cómo andamos por casa antes de cruzar la calle y culpar al prójimo. Necesitamos comenzar por reconocer nuestra responsabilidad en la ruptura de la relación —nuestras actitudes, palabras o acciones— para que cuando sintamos la necesidad de tender puentes de reconciliación con la otra persona podamos sentarnos a llegar a un acuerdo con manos limpias y corazón puro.

Repito, dediqué *treinta y cinco* minutos a tratar este tema, mostrándole a la congregación cómo recorrer el proceso de la reconciliación con delicadeza, humildad, diligencia y un profundo espíritu de gracia. ¿Se entiende?

Inmediatamente después del servicio, una de las primeras personas en saludarme fue un hombre que se presentó como una visita de Ohio. Era un hombre alto y corpulento, los músculos parecían reventarle la camisa. Además, se acercaba mucho a su interlocutor, invadiendo el espacio ajeno. El individuo me intimidaba. Mientras más hablaba, más incómodo me sentía.

—Mi esposa es la que está mal aquí —dijo—. Ya ni me habla, y por lo que acabo de escuchar en su sermón no procede bíblicamente. *¡Ella tiene la culpa!*

Con cada afirmación, una nube de saliva me salpicaba los lentes. Retrocedí un paso. De nada sirvió. Cuando daba un paso a atrás, él daba un paso hacia adelante. Parecíamos una pareja enfrascada en un triste baile. Y quienes me conocen saben que odio bailar, por lo que decidí no moverme más.

—¿Cómo eran esos versículos bíblicos que mencionó? —me exigió—. Porque ahora cuando llegue a casa y se los voy a repetir. ¡Para que aprenda de una vez por todas!

Esto no nos llevaba a ningún lado. Además, mientras más hablaba, el volumen de su voz iba en aumento. Era necesario hacer algo.

Lo agarré por los codos y lo empujé ligeramente hacia atrás.

—A ver, vamos a reconsiderar todo esto con calma —dije—. Y ya que estamos hablando, ¿por qué no baja el volumen de su voz a la mitad?

Se rió nerviosamente.

—Supongo que me acaloré un poco —indicó.

—Siento que su presencia y su proximidad física comienza a intimidarme —declaré—, lo cual no es un asunto menor. No quiero ni pensar cómo debe sentirse su esposa, a no ser que mida más de dos metros y sea una mujer corpulenta.

Le recordé al hombre que en los primeros doce minutos de mi sermón había hecho hincapié en la importancia de examinar nuestra *propia* conducta antes de acusar a la otra parte. Había hablado sobre la *humildad*, la *delicadeza*, la *gracia*. Era evidente que este individuo no se enteró de nada de lo que expliqué.

—No voy a andarme con rodeos y le voy a decir lo que pienso —proseguí, preparándome para recibir un golpe—. Me parece que usted es un individuo enojado, incapaz de controlarse. (En Willow tenemos personal de seguridad vestido de civil, lo que me permite hacerme el guapo en este tipo de situaciones).

Debo decir en su favor que el hombre cambió de actitud.

—Toda la vida he tenido problemas con el enojo —dijo.

—Ahora sí. ¡Eso ya es un progreso! —respondí—. Usted acaba de darme una respuesta que refleja la actitud de David. ¡Eso es lo que debe hacer!

Como este hombre recibió cordialmente mis observaciones, pudimos enfrascarnos en quince minutos de diálogo productivo. Él solo necesitaba un Natán que se apersonara, le sostuviera un espejo y le dijera: «Esta es la persona que *en realidad* eres». No sé cómo terminó la historia de este hombre cuando regresó a Ohio, pero admiré su voluntad de mirarse en el espejo durante nuestra charla.

Si tú y yo decimos creer en la Palabra de Dios, de modo inevitable llegará un momento en el que necesitaremos ayuda para aplicarla a nuestra vida. Dios no nos creó para vivir en un vacío. Necesitamos a otras personas. Precisamos que una persona valiente nos ayude a lograr la integridad que deseamos. Una vez más te señalo el texto de Proverbios 11:14, que dice: «Sin dirección, la nación fracasa; el éxito depende de los muchos [y sabios] consejeros». Mientras reflexionaba en los buenos consejos que Dios me ha susurrado durante mi vida, me di cuenta de que la mayoría de las veces provinieron de labios de amigos de confianza. Nunca fui lo suficiente maduro para agradecer esa «sabiduría» en el momento de recibirla, pero por lo general (aunque no siempre), intenté obedecer el consejo recibido.

CUANDO PIENSO EN LOS MENSAJES DIVINOS QUE RECIBÍ POR medio de personas de carne y hueso, mi mente se remonta a mis años de adolescencia, cuando después de cenar una hamburguesa con un mentor de nuestra iglesia, como describí en el capítulo 1, me acosté en la cama con la mirada perdida en el cielorraso y las palabras de aquel hombre retumbándome en la cabeza. «¿Qué harás con tu vida que dure para siempre?», me había preguntado aquella noche en el restaurante.

Era una idea radical, pues tenía que entregarle todo a un Ser invisible. Cuarenta años después, comprendí que la trayectoria de mi viaje espiritual quedó marcada aquella noche. El hombre me dijo que para aceptar su desafío solo tenía que poner mi vida en las manos de Dios *siempre y cuando* él demostrara que era digno de confianza. Si Dios cometía un error, yo quedaba libre del trato.

Hace tiempo que deseché la posibilidad de que Dios cometa un error en mi vida. Obedecer el sabio mandato de aquel hombre fue lo más sensato que he hecho. Un simple susurro. Un espíritu incierto, pero receptivo. Una vida transformada *para siempre*.

OTRO CONSEJO QUE RECIBÍ DE UN AMIGO LLEGÓ DURANTE LOS primeros años de Willow. Lynne y yo nos habíamos hecho muy amigos de una familia que era parte de la iglesia. Nunca dejaba de llamarnos la atención cuánto se amaban entre sí los miembros de esta familia. Deseábamos tener una familia como esa, pero no estábamos muy seguros de por dónde empezar.

Una semana, después del culto de adoración, el padre de esa familia se me acercó.

—Bill —me dijo—, creo que estás haciendo un buen trabajo en cuanto a la dirección de nuestra iglesia, pero espero que no te ofendas si te doy un consejo con respecto a tu familia.

—De ningún modo —respondí, y era sincero.

—Deberías usar el tiempo de tus vacaciones con más sabiduría —dijo—. En vez de limitarte a no trabajar en la iglesia y considerar que eso es tomarse vacaciones, necesitas aprovechar el tiempo libre y considerarlo como oportunidades para invertir en tu familia, a fin de proporcionarle aventuras y gozo.

Sus palabras calaron hondo. Durante los primeros años de mi ministerio, cuando me tomaba unos días libres, lo que hacía era continuar trabajando (en casa) o salir con algunos amigos. No engañaba a nadie, y mi familia no se beneficiaba en lo absoluto.

Le hice algunas preguntas para aclarar mis ideas y me enteré de que para este hombre y su esposa tomarse dos vacaciones en familia todos los años era una prioridad. Mucho antes de cada viaje, se ponían a planear las vacaciones con sus hijos y así creaban una gran expectativa por lo que sucedería. Cuando se iban de vacaciones, aprovechaban al máximo el tiempo que pasaban juntos, y una vez de regreso, contaban historias del viaje, compartían recuerdos y miraban las fotos que habían tomado como una forma de revivir el agradable tiempo que habían disfrutado.

Durante los últimos veinticinco años, esa exhortación que Dios me hizo a través de ese padre tuvo más efecto en la familia Hybels que ningún otro consejo que hayamos recibido. Para nosotros también es una prioridad tomarnos una o dos vacaciones al año en familia, a veces en lugares de mucho movimiento, y otras veces en un pequeño pueblo de Michigan donde podemos descansar, navegar y nadar. Como la familia que nos sirvió de modelo, nosotros también observamos cómo nuestra familia aprendió a amarse más como resultado de esta costumbre.

Hace muchos años, los niños, Lynne y yo estábamos disfrutando de nuestra última cena durante una de aquellas vacaciones y les pedí que mencionaran los dos o tres recuerdos de familia más importantes para ellos. Sin excepción, esos recuerdos estaban relacionados con algunas vacaciones en algún lado. A medida que Shauna y Todd referían cada viaje, Lynne y yo nos quedamos asombrados de los vívidos recuerdos que conservaban. Recordaban cada ciudad, cada hotel y casi todos los restaurantes donde comimos. Todd recordaba todos los autos, camionetas o botes que habíamos alquilado. Shauna recordaba todas las actividades sociales que habíamos tenido. Y *todos* recordábamos los años en que nuestras vacaciones se aguaron debido al mal tiempo o se frustraron por la gripe.

Con todo, en los buenos y los malos tiempos, en la enfermedad y la salud, aquellas salidas forjaron vínculos en nuestra familia que nos honran tanto a nosotros como a Dios. Todo gracias a un oportuno mensaje que me dio un amigo.

OJALÁ PUDIERA DECIR QUE TODOS LOS MENSAJES QUE RECIBÍ EN la vida eran sobre temas tan agradables como las vacaciones y los gratos recuerdos familiares; pero no es así. Un par de mensajes, cortesía de una gran amiga, tuvieron grandes consecuencias en mi vida.

Durante años, Lynne y yo participamos en un grupo pequeño con amigos de la iglesia. Nos reuníamos una vez por semana y hablábamos sobre cómo nos iba en la vida; luego poníamos en oración nuestras luchas y compartíamos el consejo de la Biblia. Por lo general, después de nuestra reunión, comíamos algo, orábamos juntos, y cuando era posible, nos quedábamos un rato más charlando sobre nada en particular.

Después de una de esas reuniones, justo cuando estábamos «charlando sobre nada en particular», una de estas amistades íntimas me susurró un atronador mensaje de Dios.

«Bill, me preocupa tu corazón», me dijo.

Ella me explicó que, en su opinión, la manera en que me había conducido durante la reunión de esa noche demostraba un «cubrimiento», como ella lo llamaba.

«Cuando cubres tu corazón con capa sobre capa de defensas para protegerte de los golpes que con los años, se reciben en un ministerio difícil como el tuyo», prosiguió, «te vuelves menos sensible al corazón del prójimo. Creo que deberías reflexionar sinceramente sobre esta dinámica».

Mientras pronunciaba estas palabras de verdad, su mirada estaba fija en mis ojos. Habló lentamente, con ternura y compasión, lo que no me sorprendió dado el apoyo incuestionable que ella y su esposo nos habían brindado a mi familia, mi ministerio y a mí como individuo. Sabía que esta amiga me deseaba lo mejor, pero no estaba tan seguro de cómo cambiar ese «cubrimiento» que ella observaba en mí.

Varias semanas después, también al finalizar una reunión del grupo pequeño, dicha amiga se me acercó de nuevo y me preguntó si podíamos hablar. Me dijo que estaba observando el ritmo de mi vida y cómo gradualmente me distanciaba de mis amistades más íntimas. Willow había pasado de tener dos reuniones semanales a celebrar cinco debido al rápido crecimiento de la iglesia, el ministerio de la iglesia internacional que comenzaba a dar frutos, los comienzos de la Asociación Willow Creek y un programa de edificaciones de gran envergadura en el que acabábamos de enfrascarnos. Apenas podía con todas mis responsabilidades profesionales, menos aún me era posible hacer tiempo para las cuestiones personales. Peor todavía, venía descuidando el cuidado de mi propia alma, y ahora estaba peligrosamente al borde de un colapso.

«Me parece que mis palabras no sirvieron de nada, y tu conducta me resulta cada vez más preocupante», me dijo. «Bill, he orado por este asunto y creo que es hora de que consultes a un terapeuta cristiano».

Cuando me transmitió su pensamiento, supe al instante que tenía razón. Dios me ofrecía la salvación mediante la sugerencia de esta amiga, así que sería una verdadera tontería que me negara a ser consecuente con los consejos que me había dado.

La voz apacible de Dios a través de un breve comentario de una amiga me costó cientos de horas y miles de dólares en terapia. Sin embargo, a la larga me salió mucho más barato que si no hubiera hecho nada. La inversión necesaria que hice en el proceso de sanidad y el crecimiento de mi mundo interior durante esa etapa de mi vida mejoró mis relaciones personales y me dio más salud sicológica e incluso profesional. Hace dos meses, de pie en la plataforma del principal auditorio de nuestra iglesia, cuando dije: «¡Willow, hoy cumples treinta y cuatro años! ¡Feliz aniversario!», también pensé: *No estaría aquí si no hubiera tomado en serio el consejo que me susurró aquella amiga.*

M ÁS O MENOS POR EL MISMO TIEMPO RECIBÍ UNO DE LOS mensajes más profundos de mi vida. Un fin de semana, después de un culto de adoración, un amigo me acompañó hasta el auto.

El sermón de ese fin de semana, por la gracia de Dios, había estado lleno de unción. La respuesta de la congregación fue abrumadoramente positiva. Se trató de una de esas experiencias que los pastores desearíamos enmarcar y colgar como un cuadro en la pared, a fin de recordarlas los fines de semana en que las cosas no salen tan bien.

Camino a mi auto, mi amigo me dijo:

—Dios en realidad te usó hoy, Bill. ¡Qué servicio tan extraordinario y qué sermón tan poderoso!

Cuando por fin llegamos al auto, él se volvió hacia mí y me dijo:

—Oye, solo quisiera preguntarte una cosa pequeña. No es demasiado preocupante, pero cuando en una de las anécdotas de tu sermón mencionaste un «choque en cadena de siete coches», ¿te referías al accidente que nuestro grupo pequeño vio la semana pasada cuando volvíamos del almuerzo?

—Sí —respondí.

—Bueno, no es por ser pedante, pero a lo sumo fueron *tres* autos los accidentados.

Hizo una pausa antes de continuar, mientras yo absorbía sus palabras.

—Bill, Dios habla a través de ti constantemente y de manera muy poderosa —continuó—. No necesitas reforzar tu impacto agregándole a tu mensaje un diez o un quince por ciento de exageración, ni tampoco por ningún otro medio. Ya tiene suficiente poder tal como lo presentas. Para los que te conocemos bien, la exageración no aumenta la unción del mensaje; en realidad, para algunos *debilita* tu credibilidad.

Me sentí avergonzado. Lo que decía era verdad.

—Escucha —continuó, poniendo una mano sobre mi hombro—. Cuando tú hablas, eres un maravilloso instrumento en manos de Dios. Te ruego que descanses en *su* fortaleza en vez de agregar autos al choque en cadena mientras predicas.

Recuerdo aquella voz como si la hubiera escuchado esta mañana. Todavía hoy, siempre que siento la tentación de agregarle un poco más de color y dinamismo a mis sermones, pienso en su exhortación: «No agregues coches al choque en cadena».

«Confía en el SEÑOR de todo corazón, y no en tu propia inteligencia. Reconócelo en todos tus caminos, y él allanará tus sendas», esa es la advertencia de Proverbios 3:5-6. Dios allanará nuestras sendas al darnos una orientación general para predicar ante grandes audiencias, como por ejemplo durante los cultos de adoración de los fines de semana o las sesiones de los congresos en que se enseña la Biblia; nos dará lucidez durante el ejercicio de las disciplinas espirituales en privado; y nos ofrecerá «ayuda de carne y hueso» al permitirnos escuchar su voz a través de un diálogo franco y afectuoso como el que tuve aquel día en el estacionamiento.

Cuando pienso en algunos de los mensajes persistentes que tuve la bendición de recibir, sé que no sería hoy el hombre y el líder que soy si no hubiera obedecido esas voces poderosas y apacibles.

Sue Miller fue unos de esos canales. Sue y yo nos conocemos desde que estábamos en la secundaria y nuestra amistad continuó mientras servimos en un grupo juvenil, comenzamos una iglesia y nos hicimos adultos. Ella estuvo presente en mi casamiento con Lynne y luego nosotros la acompañamos cuando ella contrajo matrimonio. Disfrutábamos las vacaciones juntos en familia y celebrábamos que los socios en el ministerio pudieran ser amigos.

A Sue siempre le consumió la pasión de ver a los niños educados en las cosas del Señor de maneras innovadoras y atractivas. Desde el principio, ella me decía: «¡Bill, los niños son importantes! El ministerio infantil es importante. Es una parte vital de la iglesia de Dios que debería recibir más personal, fondos y apoyo de los líderes principales». Me llevaría un tiempo asimilar esta verdad, pero al final comprendí lo que quería decirme. Su susurro constante al final llevó a que el ministerio infantil de Willow contara con el personal, los recursos y el respaldo que ella solicitaba. Hoy, cuando paso por el ministerio Promiseland de Willow y veo el legado que esta mujer ha dejado, pienso en la enorme cantidad de niños y niñas que eligieron a Jesús como su Líder y Salvador gracias a la visión de Sue. Le agradezco a Dios que haya usado la apacible y persistente voz de esta mujer para iluminarme con relación a invertir en las generaciones futuras.

Dios también me susurró a través de otras personas, usando diversos instrumentos para anunciarme cambios en mi vida. De mi mentor y profesor en la universidad, el Dr. Gilbert Bilezikian, el mensaje persistente era: «¡Ser siervos importa!». De Nancy Beach, parte del primer grupo de jóvenes del que nació la iglesia: «¡Bill, la expresión artística es importante! ¡Los artistas *son importantes*!». De mi esposa, Lynne: «Los enfermos de SIDA son importantes. ¡La gente que vive en extrema pobreza es importante!». De mi amigo y psicólogo Henry Cloud: «Tu mundo interior es importante, Bill. No puedes solucionar todo con tu cabeza». De John Maxwell me llegaba la voz: «El liderazgo es importante, en especial el liderazgo de la iglesia local». Y el redoblar de voces podría seguir y seguir.

EL PASAJE DE PROVERBIOS 2:1-5 PODRÍA PARAFRASEARSE DE LA siguiente manera: «Buen amigo, graba mis palabras en tu corazón; atesora mis consejos y protégelos con tu vida. Inclina tu oído al mundo de la sabiduría; dedica tu corazón a una vida de entendimiento. Así es, si la prioridad de tu vida es el discernimiento, no te contentarás con otra cosa; búscalo como si estuvieras buscando oro, como un aventurero buscando un tesoro escondido; créeme, sin que te des cuenta, hallarás el temor de Dios; habrás hallado el conocimiento de Dios». ¡Qué cuadro tan poderoso ese del buscador de oro! Solo supón que todo el mundo buscara el discernimiento de esa manera. Imagínate cómo sería si *tú* lo buscaras de esa manera.

Cuando vivimos con el oído inclinado a la orientación divina por cortesía de alguien que ama a Dios y nos ama a nosotros, y cuando recibimos esos mensajes con humildad y gracia abundante, esos susurros son como regalos delicadamente envueltos que podemos disfrutar por el resto de la vida.

Varias semanas atrás, mientras estaba en una reunión, me entretuve a conversar con otro de los presentes. Creo que estaba gastándole una broma por su golf, pero sea como fuere, pensé que era solo un comentario divertido.

Un anciano de nuestra iglesia que también estaba presente escuchó por azar nuestra conversación. Cuando el hombre se retiró para servirse algo de comer, el anciano se me acercó.

—Sabes cuánto te estimo, Bill —dijo—, pero no todas las personas se sienten cómodas con tus bromas. Tienes que aprender a tener discernimiento a la hora de gastar bromas.

Aunque aprecié la intención del anciano y la delicadeza con que me transmitió este mensaje, me puse ligeramente a la defensiva.

—Vamos —pensé—, no es para tomárselo tan en serio. Solo estaba bromeando.

Sin embargo, entonces sentí que Dios me decía: «Eso fue un regalo, Bill. Reflexiona en lo que te dice, porque tiene razón. No desestimes el consejo que te da».

A medida que el Espíritu Santo confirmaba las palabras del anciano, dejé caer mis defensas. Dios me hacía saber: «No pasó nada esta noche, pero si no tomas precauciones, pronto podrás lastimar a una persona en el futuro». Gracias a las palabras del anciano y a la confirmación del Espíritu, sentí que había eludido el impacto de una bala futura, por lo que me sentí agradecido.

Hace unas noches, cuando la junta de ancianos se reunió para su reunión mensual, tuvo lugar un episodio. La mayoría de los presentes hacía ya muchos años que asistíamos a las reuniones de ancianos —tal vez décadas— pero para un miembro nuevo, un hombre consagrado que había participado durante mucho tiempo en la vida de la iglesia, esta era su segunda reunión.

Estábamos inmersos en una animada discusión sobre un pasaje bien conocido de las Escrituras cuando el miembro más nuevo comentó:

—Ah, sí... El pasaje está en el capítulo 14 del Evangelio de Lucas, los versículos 14 al 24.

Todos sabíamos que esa no era la cita correcta, pero yo le dije en broma:

—Deberías leer menos el Corán y meditar de vez en cuando en la *Biblia*.

Hubo risas alrededor de la mesa —incluida la del hombre que se había equivocado— mientras pasábamos al siguiente punto del orden del día y continuábamos la reunión según lo previsto. No obstante, comencé a escuchar un débil susurro...

Al final de la reunión, como es la costumbre del presidente de la junta, nos condujo a una rápida evaluación de nuestras actitudes y la participación de cada uno aquella noche. Él preguntó:

—¿Alguien desearía rectificar algo que dijo, aclarar un punto o pedir perdón por algo?

Levanté la mano.

—Necesitó pedir disculpas —dije mientras miraba al más nuevo de los ancianos—. Hace solo dos meses que te integraste a la junta y lo que dije antes reflejó un nivel indebido de diversión, dado el tiempo breve que llevas entre nosotros.

—¡Vamos, Bill! —me interrumpió el hombre—. Te escucho predicar todas las semanas y creo que te conozco lo suficiente bien para saber que solo era una broma...

—Es que se prendió una luz de alerta en mi espíritu después de hacerte esa broma —expliqué—. Por eso quiero pedirte que me perdones por mi actitud de esta noche.

Aunque él pensaba que no había ninguna necesidad de pedir disculpas, me perdonó.

Lo que él no podía saber era que Dios me estaba conduciendo por un camino que había comenzado varias semanas antes, durante una fiesta en la que un amigo querido y de confianza me dio un consejo para mi bien. Se trata de un aprendizaje para cambiar mi estilo de comunicación y usar palabras constructivas y no destructivas. A decir verdad, aquella noche el susurro me dolió y tal vez opacó algo el brillo de lo que fue una gran reunión. Sin embargo, estoy aprendiendo a prestar atención cuando el dolor aún es débil, a fin de evitar un dolor mayor más adelante.

En Juan 8:36, Jesús dice: «Así que si el Hijo los libera, serán ustedes verdaderamente libres». Si escuchar los susurros de Dios a través de las personas allegadas a nosotros tiene un efecto secundario beneficioso, es este: el consejo oportuno y justo de los amigos puede allanar el camino a la libertad en esta vida, una libertad de las fuerzas derrotistas que enfrentamos todos los días.

Para algunos, la «fuerza derrotista» puede ser una idea: piensan que no valen nada, que son incompetentes o repulsivos para las personas que ellos aman. Para otros, la «fuerza derrotista» es una conducta: el consumo desenfrenado, la sobrealimentación, la bebida en exceso, el afán por superarse, el deseo de agradar a todo el mundo o la demasiada preocupación.

Para muchos, el obstáculo está en las dinámicas relacionales: «¡Si tan solo pudiera controlar mi temperamento!», se lamenta el hombre que ya se divorció dos veces. «Si pudiera dejar de manipular a las personas», dice la mujer controladora. «Si solo pudiera superar el dolor dentro de mí que me hace lastimar al resto del mundo», señala la víctima de maltrato o abuso que a pesar del tiempo transcurrido todavía no ha podido encontrar alivio.

La lista podría continuar, mientras los manipuladores, los oportunistas, los arribistas, los avaros y los mentirosos no logran ningún progreso en sus vidas desoladas. Tal vez tú también te unes en silencio a este coro, sabiendo muy bien cómo se sienten. Quizás has echado de tu vida a tu esposa, a tus hijos y a tus colegas, y has terminado con todas las amistades que tenías. No obstante, tu vida no tiene por qué ser así. Por la gracia de Dios, puedes cambiar, comenzando hoy mismo.

La liberación genuina que buscas se encuentra solo en Jesucristo. Y parte de su estrategia para ayudarte implica proveerte dosis de verdad por medio de otras personas que forman parte de tu vida. No eres incompetente ni repulsivo, sino vales mucho; no obstante, tal vez necesites hacer algunos cambios. Inclinar tu oído para recibir los comentarios de aquellos que te hablarán con franqueza podría ser la bendición más grande de tu vida.

La próxima vez que un amigo de confianza te llame y pregunte: «¿Te parece que podríamos hablar sobre algo que observo en tu vida?», te desafío a que no te pongas a la defensiva; en cambio, opta por la humildad. Dile a tu amigo que estarás encantado de encontrarte con él —díselo en serio— con la confianza de que Dios quizás tenga previsto días mejores para tu vida gracias a la sabiduría que encontrarás en sus palabras. Tanto tú como yo podremos tener una vida mejor y más justa si le prestamos atención a esos susurros. Inclina tu oído al consejo tangible que tu Padre quiere comunicarte hoy. Nunca lamentarás la generosa sabiduría que esos diálogos quizás conlleven.

Capítulo 9

MENSAJES QUE CAMBIAN EL MUNDO

Piensa por un instante en el restaurante más elegante y fino que conozcas. Imagina al chef, que trabaja sin descanso en la cocina y diseña cada plato con la exclusividad de una obra de arte. Esta noche, está preparando *tu* cena: Beef Wellington, un bistec delicioso de lomo, en su punto perfecto y cubierto de una salsa de hongos marinados.

¿Te imaginas el plato?

Ahora bien, qué responderías si yo te preguntara: «¿Qué podrías hacer para *en realidad* fastidiar a ese chef?».

Como yo dispuse de más tiempo que tú para contestar esta pregunta, te daré mi respuesta. Si quisiera exasperar y ofender a ese chef, esperaría hasta tener el plato delante de mí, luego levantaría la mirada y diría: «Muchas gracias. ¿Tiene *ketchup*?».

A ver si te animas a hacerlo alguna vez. (De paso, si pides una salsa A1 Steak Sauce, producirás la misma reacción).

O imagina a una vocalista de fama internacional durante un recital en el Kennedy Center, cuya voz en las notas altas podría romper una copa de vino. Entonces, en medio de su hermosa aria italiana, subes al escenario y comienzas a cantar con ella a voz en cuello... pero desafinando. Tu «interpretación» podría acabar con la carrera de esa cantante... y ella podría acabarte a ti. Ni siquiera lo intentes, incluso las cantantes pueden dar un buen puñetazo.

Si pretendes provocar una respuesta enardecida de una cantante o un chef, intenta dañar los productos de su creatividad. En otro ámbito, para instigar la ira de un Dios santo, intenta causarle daño a una de sus creaciones y pasar por alto las injusticias de nuestro mundo. ¡Ten la seguridad de que recibirás una respuesta enérgica!

Cualquier lectura somera de la Biblia basta para conocer de sobra la perspectiva de Dios con respecto a la justicia. «No perviertas la justicia, ni te muestres parcial en favor del pobre o del rico, sino juzga a todos con justicia», dispone Levítico 19:15. «Seguirás la justicia y solamente la justicia, para que puedas vivir y poseer la tierra que te da el Señor tu Dios», leemos en Deuteronomio 16:20. O fíjate en la maldición de Deuteronomio 27:19: «Maldito sea quien viole los derechos del extranjero, del huérfano o de la viuda».

El Salmo 33:5 declara: «El Señor ama la justicia y el derecho; llena está la tierra de su amor». La siguiente es una serie de pronunciamientos que brotan directamente del corazón de un Dios que ama la justicia:

> «Dichosos los que practican la justicia y hacen siempre lo que es justo»[1].
>
> «Yo sé que el Señor hace justicia a los pobres y defiende el derecho de los necesitados»[2].
>
> «¡Aprendan a hacer el bien! ¡Busquen la justicia y reprendan al opresor! ¡Aboguen por el huérfano y defiendan a la viuda!»[3]
>
> «Yo, el Señor, amo la justicia, pero odio el robo y la iniquidad. En mi fidelidad los recompensaré y haré con ellos un pacto eterno»[4].
>
> «¡Ya se te ha declarado lo que es bueno! Ya se te ha dicho lo que de ti espera el Señor: Practicar la justicia, amar la misericordia, y humillarte ante tu Dios»[5].
>
> «¡Ay de ustedes, fariseos!, que dan la décima parte de la menta, de la ruda y de toda clase de legumbres, pero descuidan la justicia y el amor de Dios. Debían haber practicado esto, sin dejar de hacer aquello»[6].

Es evidente que ver la injusticia en su mundo enfurece a nuestro Dios. Como un excelente intérprete que no puede hacer otra cosa que sentirse herido cuando escucha que alguien desafina, o un chef que se horroriza de pensar en un bistec de lomo cubierto de *ketchup*, la injusticia saca de quicio a Dios. Y es comprensible que la injusticia despierte su ira. El carácter perfecto de Dios no se conforma con menos que la justicia para su pueblo.

Ahora bien, para ser sinceros, ni tú ni yo respondemos tan enfáticamente a la injusticia. Leemos este tipo de versículos y pensamos: «¡Sí, Dios! Predícalo. ¡Yo pienso lo mismo!». Sin embargo, cuando depende solo de nosotros, a veces no hacemos lo que prometemos. Un poco de opresión aquí, un poco de intolerancia allá… siempre y cuando no seamos *nosotros* quienes la suframos, es fácil pasarla por alto. No se trata de que nos *agrade* la injusticia; es simplemente que la injusticia no nos ofende tanto. Salvo que la incisiva voz de Dios nos llegue al alma.

El carácter de Dios no ha dejado de impresionarme desde que me adoptó en su familia. Me di cuenta de que cuando Dios encuentra a una persona que vive conforme a su consejo —una mujer o un hombre consagrado, dispuesto a trabajar y con una insaciable sed de justicia— tiende a pedir la ayuda de esa persona para solucionar los males sociales. Como la calma que precede a una tormenta, Dios envía con su susurro apacible un mensaje de lucidez a los oídos inclinados a su voz, y luego se sienta a esperar y observar cómo comienza a generarse un vendaval de justicia.

Basado en conversaciones mantenidas con muchas personas que recibieron este tipo de mensajes, puedo decir que las instrucciones iniciales de Dios a menudo son sencillas y simples:

«Lee este libro».
«Pregunta».
«Mira el documental».
«Asiste a esa reunión informativa».
«Anímate a cultivar esa relación».
«Encuentra los medios para realizar el viaje».

No obstante, cuando una persona sigue esa dirección divina, es imposible predecir lo que sucederá. La mayoría de las veces, el mundo de esa persona cambia de forma irreversible a medida que su función en *este* mundo da un giro radical en favor de la justicia.

Si tienen más o menos mi edad, seguro recordarán a una mujer llama Candy Lightner. Un día de marzo de 1980, Cari, la hija de trece años de Candy, regresaba a su casa de una kermés en la escuela cuando un conductor borracho la atropelló y mató, dándose luego a la fuga. El conductor tenía ya tres antecedentes por conducir en estado de ebriedad, y regresaba a su casa luego de estar bebiendo durante tres días. Dos días antes de arrollar a Cari, lo habían arrestado y liberado por conducir alcoholizado y darse a la fuga después de atropellar a otra persona. En un instante, a la preciosa hija de Candy le habían quitado la vida. La injusticia de ver morir a un hijo en manos de un conductor ebrio despertó una pasión increíble en esta sufriente madre. Dios sacudió su mundo y Candy Lightner fundó el MADD, Mothers Against Drunk Driving [Madres contra conductores ebrios]. Durante más de treinta años, esta asociación de madres procura sensibilizar a la sociedad con los peligros de conducir en estado de ebriedad. Han influido en varias jurisdicciones locales, estatales y federales a fin de que impongan reglamentos más rígidos y penas más duras para los que conducen alcoholizados.

Dios ha obrado de manera similar en cientos de otras vidas. Pienso también en una mujer de Willow, una joven pero consagrada seguidora de Cristo que disfrutaba de una existencia acomodada de clase media alta hasta que Dios decidió sacudir su mundo. Al ver su capacidad intelectual, su generosidad y su espíritu obediente, Dios le dijo: «Quiero encomendarte una tarea especial».

Durante los últimos seis años, esta mujer reside en Ciudad del Cabo, en Sudáfrica, donde procura mostrarles el amor de Dios a las prostitutas de catorce años. Todas las noches recorre las calles, pertrechada de comida, oportunidades de empleo y una invitación para comenzar una nueva vida. Una adolescente por vez, esta mujer intenta rectificar la injusticia de un mundo caído que usa a estas niñas como si fueran objetos desechables. Ser testigo de cada pizca de progreso que logra puede rastrearse a un mensaje de Dios: un susurro al que no se pudo negar.

Luego está Gary Haugen, el fundador y presidente de International Justice Mission (IJM). A fines de los noventa, Gary llevaba una vida sin problemas como abogado graduado de Harvard, hasta que un día Dios le susurró una petición. «Gary», escuchó la voz de Espíritu Santo, «es hora de que uses tu formación legal para luchar por los que no se pueden defender por sí mismos». Hoy, IJM tiene oficinas regionales en catorce países y cientos de empleados, los cuales están dispuestos a arriesgar su vida para defender a las víctimas de la esclavitud, la explotación sexual, la violencia y la opresión que azota a nuestro mundo. Willow está agradecida de ser uno de los muchos socios de IJM.

Cuando Dios decide sacudir el mundo de alguien, se producen *grandes* logros para su reino. La vida de la persona se une a Dios en una aventura que nunca se hubiera imaginado, y la gente a la que sirve descubre una esperanza, una paz y una libertad que no conocía.

EL PRIMER SACUDÓN DE ESTE TIPO QUE RECIBÍ DE DIOS TENÍA QUE ver con mejorar las condiciones de vida de las personas que se hallan en la pobreza extrema. Reconozcámoslo, la lógica diría que yo sería la última persona en preocuparme por este tipo de acción social. Soy un holandés blanco, con una situación económica aceptable, que pasa su tiempo libre navegando en veleros. ¿Qué puedo saber de la pobreza y el sufrimiento, de la opresión y las luchas de la vida? No obstante, Dios tenía ciertos planes para mi vida cuyas raíces podría rastrear hasta aquella habitación del hotel en Nairobi que describí en el capítulo 1, cuando en mi adolescencia recorrí los barrios más precarios de Kenya.

Aquella tarde en particular, Dios me susurró: «Bill, si me dedicas tu vida, yo te usaré como instrumento para solucionar algunos de los problemas que hoy viste». Esos «problemas» eran barrigas hinchadas, miembros purulentos y moscas caminando por los rostros de las personas que vivían y morían en aquellas callejuelas. Fui testigo de cómo el ser culminante de la creación de Dios se veía obligado a subsistir sin dinero, sin alimento y *casi* sin esperanza.

No sabía exactamente qué quería decirme Dios con ese susurro, pero acepté el trato y con el tiempo él aclaró mis dudas.

Cuando todavía era un estudiante universitario, comencé a fijarme y a estudiar los pasajes bíblicos que manifestaban las estrictas instrucciones de Dios acerca de que los miembros de la sociedad debían acordarse de los pobres. Por ejemplo, en Levítico 19:9-10, Dios dice: «Cuando llegue el tiempo de la cosecha, no sieguen hasta el último rincón de sus campos ni recojan todas las espigas que allí queden. No rebusquen hasta el último racimo de sus viñas, ni recojan las uvas que se hayan caído. Déjenlas para los pobres y los extranjeros». Más adelante, en el capítulo 15 de Deuteronomio, Dios instruye a los dueños de tierras para que cedan una pequeña parcela de su propiedad al menesteroso. Los propietarios de la tierra también debían proveer semillas para que la familia pobre pudiera tener una cosecha y alimentarse dignamente.

A los ricos, Dios también les dice: «Si uno de ustedes presta dinero a algún necesitado de mi pueblo, no deberá tratarlo como los prestamistas ni le cobrará intereses»[7]. Ya son pobres, ¿por qué querría una persona rica aprovecharse de la desgracia ajena? De igual modo les indica a las personas con recursos que cancelen las deudas de los pobres siempre que sea posible, y que serán más bendecidos por saldar los préstamos que hicieron[8].

A pesar de que Dios ha ordenado con claridad que sus seguidores debieran ayudar a sacar a los pobres de su pobreza, el pueblo de Dios a veces no ha prestado la debida atención a estas instrucciones. Así, en Zacarías 7, vemos que «desafiantes volvieron la espalda, y se taparon los oídos. Para no oír las instrucciones ni las palabras que por medio de los antiguos profetas el Señor Todopoderoso había enviado con su Espíritu, endurecieron su corazón como el diamante»[9].

¡El pueblo de Dios se tapó los oídos para no escuchar el clamor de los pobres! De forma comprensible, Dios se llenó de ira. No puedo evitar reflexionar sobre las veces en que mi propia vacilación ante el clamor de los pobres fue como si «me tapara los oídos». Durante aquellos días de mi juventud, también leí un pasaje de las Escrituras que describe otra manera de vivir. Isaías 58:10-11 dice: «Si te dedicas a ayudar a los hambrientos y a saciar la necesidad del desvalido, entonces brillará tu luz en las tinieblas, y como el mediodía será tu noche. El

SEÑOR te guiará siempre; te saciará en tierras resecas, y fortalecerá tus huesos. Serás como jardín bien regado, como manantial cuyas aguas no se agotan».

Sentí que Dios me infundía una dosis de esperanza mientras meditaba en las bendiciones prometidas: la bendición de contar con la guía constante del Señor, de tener satisfacción y fortaleza. «Bill, puedes optar por vivir así. La decisión es tuya».

Todas las personas acomodadas que conozco, si son sinceras, podrán señalar una media docena de veces en su vida cuando Dios les abrió una puerta, les presentó a la persona indicada, los iluminó con la idea creativa que precisaban o les brindó la oportunidad que necesitaban para salvarse financieramente. Sin duda que esto fue cierto para los que comenzamos la Iglesia Comunitaria de Willow. Entre 1975 y 1980, tanto personal como colectivamente, vivíamos a una semana de la muerte financiera. Una experiencia así es difícil de olvidar. Uno no olvida la sensación de vivir con constantes privaciones, la preocupación por la falta de recursos, el estrés por las cuentas que no se podían pagar, la vergüenza que sentía cada vez que sonaba el teléfono de la iglesia y era otro acreedor enojado esperando en la línea.

No sobrevivimos aquella época gracias a nuestras propias fuerzas. Dios le susurró a algunos adultos de nuestra congregación —personas que en realidad usaban trajes a la medida, tenían empleos «de verdad» y casas propias— que contribuyeran y nos ayudaran a mantener la viabilidad financiera de Willow.

Durante aquellos años de escasez, una y otra vez viví lo que se siente al estar en el lugar del que recibe ayuda. Esto hizo que me sintiera profundamente agradecido y tuviera una humilde comprensión de que mi vida no volvería a ser la que había sido de no ser por las puertas que Dios me abrió y las personas que respondieron a su voz para ayudarme.

Nadie alcanza un buen estado económico solo por sus medios. *Siempre* necesita la ayuda de otros.

En el Evangelio de Mateo, Jesús anunció que la señal que permitiría reconocer a sus seguidores sería su preocupación por los hambrientos y los necesitados de ropa, los que no tienen dónde vivir y los pobres[10]. Cuando era un pastor joven, deseaba tener esta señal propia de los seguidores de Jesús. Sin embargo, ¿cómo se suponía que debía ser esta «preocupación»? ¿Cuál debía ser *mi* función?

A medida que se presentaban las oportunidades, comencé a viajar a regiones del mundo donde la vida parecía imposible. Había visto pobreza en las ciudades de Estados Unidos, pero el nivel de aniquilación social en estos países hacía que el término «pobreza» adquiriera otra dimensión. Dios comenzó a revelarme la diferencia entre pobreza y *pobreza extrema*, y yo estaba en condiciones de ayudar a mitigar esta última[11].

Me explico.

De una población mundial de más de seis mil millones de personas en la actualidad, tres mil millones —alrededor de la mitad de los seres humanos— subsisten con menos de dos dólares al día. Además, tienen muchas dificultades para obtener capital por medio de la financiación, lo que les permitiría comenzar un emprendimiento o comprar una parcela de tierra cultivable que tal vez les permitiera cambiar el rumbo de su vida.

A eso me refiero cuando hablo de *pobreza extrema*, algo que la mayoría de los estadounidenses ignoran por completo.

Hace poco vi un breve documental sobre un reportero gráfico de la CNN que estudiaba los efectos del hambre en los pobres. Durante la producción de la película, el reportero entrevistó a un hombre que había vivido padeciendo hambre toda su vida, una realidad que inspiró al reportero a declarar: «Bien, voy a vivir igual que usted durante treinta días completos».

El reportero planeaba comer lo mismo que comía el hombre pobre —y nada más— durante un mes consecutivo. Al vigésimo primer día, tuvo que desistir. El reportero de la CNN estaba tan mareado que casi perdió el conocimiento, y su letargo era tal que su mente no podía coordinar las ideas. Su cuerpo comenzó a debilitarse hasta que al final dijo: «No puedo más».

Imagínate vivir toda tu vida en esa clase de pobreza.

Una vez al año en Willow, durante el programa «Celebración de la esperanza» que mencioné antes, se convoca a toda la congregación a no comer otra cosa que arroz y frijoles durante cinco días, una semana laboral completa, y a no tomar otra bebida que no sea agua de grifo. Cuando a la mañana del tercer día comenzamos a desfallecer, esto nos permite obtener un nuevo respeto por los efectos devastadores de la pobreza.

La gente que vive en la pobreza extrema sufre un estado *constante* de hambre, pero su miseria no termina ahí. También tienen que lidiar con la dura realidad de no tener un hogar.

Hace un tiempo me encontraba en el Cairo, Egipto, y mientras deambulaba por las calles me di cuenta de las condiciones de vida atroces de esas personas. Al observar un automóvil volcado e incendiado sobre la vereda, me pregunté por qué la municipalidad no había retirado ese espectáculo tan funesto... hasta que vi la respuesta de forma tan clara como el día: una familia completa vivía en el interior de ese coche. Sacudí la cabeza y contuve las lágrimas que inundaban mis ojos.

Poco tiempo después, en la India, observé que una cuadrilla de construcción estaba colocando un nuevo sistema de saneamiento en Bombay. Había unos caños gigantescos, de casi tres metros de diámetro, alineados en la calle y listos para su instalación. Hasta que esos caños no se colocaran en la tierra, servían de hogar a cientos de familias necesitadas. Cuando un caño de saneamiento sirve como la mejor vivienda para una familia, podemos estar seguros de despertar la ira de Dios.

Hace unas noches vi otro documental sobre las personas en el mundo que están sin hogar. Además de presentar unos datos estadísticos preocupantes, la película analizaba lo que sucede con la psiquis y el alma de las personas cuando, por una razón u otra, se ven obligadas a sobrevivir a la intemperie, sin nada donde cobijarse. Fueron noventa minutos desgarradores.

La pantalla mostró imágenes de gente demacrada y desesperada soportando las inclemencias del frío, el viento y la lluvia que entraba por las paredes de sus chozas de ramas, así como de niños que no sabían cómo sería *no* estar embarrados y mojados. Luego vino un corte comercial.

Durante cuatro minutos, fui de canal en canal y me detuve en un programa en el que la cámara mostraba una mansión multimillonaria. El anfitrión presentó el programa —*Cribs* o «cunas» en español— y luego comenzó a enumerar las extraordinarias características del hogar de quince dormitorios y doce baños que mostrarían en ese episodio semanal.

La yuxtaposición de esas dos imágenes me impactó. Esa noche, más de cien millones de personas dormirán apiñadas sobre pisos de tierra, mientras que otros se pasearían por sus lujosas pero casi vacías «cunas».

Al día siguiente, al sacar el auto del garaje, me detuve y pensé en mi lugar en la pirámide de privilegios. «Dios, no comprendo del todo por qué me has bendecido de esta manera», oré, «pero por tu gracia soy una de las personas más privilegiadas del mundo, en especial en lo que respecta a la comida y el abrigo. Gracias por esta bendición».

Cuando terminé de orar, abrí lo ojos y me percaté de una cortina que estaba rota y hacía tiempo necesitaba arreglar. A la luz de mis pensamientos, ese detalle no parecía para nada importante.

LA POBREZA EXTREMA CONLLEVA ADEMÁS OTROS PROBLEMAS. La higiene es una preocupación vital: ¿Te agradaría tener que usar la misma ropa sucia y harapienta todos los días y nunca darte una ducha con agua tibia? La necesidad de agua potable es uno de los problemas más acuciantes para los que viven en la pobreza extrema. Cada quince segundos un niño muere debido a enfermedades vinculadas al agua[12], de la cuales muchas son muy fáciles de prevenir y curar.

La dificultad de acceder a los tratamientos médicos y la educación es una de las peores injusticias en muchas regiones del mundo. El grado de necesidad es abrumador, más si se considera la corrupción y los niveles de violencia, abuso y desacuerdos que existen en las más altas esferas del gobierno. Puede ser tentador volverse insensible a estos problemas ante la enorme necesidad de cambios. ¿Qué puedo hacer *yo* cuando los desafíos son tan complejos?

«Si te dedicas a ayudar a los hambrientos...», decía el versículo de Isaías. «Si te dedicas...». Yo decidí comenzar ahí.

Empecé pidiéndole a Dios que me mostrara cómo usar mis *talentos* de otra manera, cómo apoyar a las redes que trabajaban a favor de los pobres. Él dirigió mi atención a las personas que podían promover el Reino en la lucha contra la pobreza. Comencé a desafiar a las personas que trabajaban en la construcción para que edificaran viviendas económicas, a los que trabajaban en el área de la salud para que trabajaran algunas veces al mes como voluntarios en las clínicas, y a los expertos en computación para viajar a África y enseñar a pueblos enteros cómo manejarse en el mundo digital.

Le pedí que me mostrara cómo podía emplear *mi tiempo* de otra manera. ¿Qué oraciones necesitaba hacer a favor de los pobres, tanto de los Estados Unidos como de tierras lejanas? ¿Qué libros precisaba leer? ¿En qué oportunidades de servicio debía participar para abrir mis ojos y mi corazón a la miseria en que viven tantas personas en este mundo?

También quería aprender a usar mi *dinero* de otra manera. Aun los gastos pequeños podían ayudar a producir un cambio. Si iba a tomar café todos los días, por ejemplo, podría consumir una variedad producida en conformidad con los acuerdos de comercio justo y solidario.

A medida que Dios me señalaba las grandes y pequeñas maneras en que podía contribuir al cambio, decidí compartir ese conocimiento con la familia más amplia de Willow. Pronto ellos también se apropiaron de la visión de Dios para alcanzar la justicia entre los pobres. Con cada paso que dábamos —los huérfanos africanos rescatados de su soledad, las asociaciones ministeriales en América Latina, los bancos de alimentos en Chicago, las oraciones de corazón, las ofrendas y donaciones recolectadas, las canciones de unos corazones agradecidos a Dios— quedaba cada vez más maravillado de la diversidad de personas, medios y circunstancias que Dios había usado para cumplir una promesa susurrada a un joven holandés en un barrio pobre de Nairobi hace unos cuarenta años.

Santiago 1:9-10 dice: «El hermano de condición humilde debe sentirse orgulloso de su alta dignidad, y el rico, de su humilde condición. El rico pasará como la flor del campo». Cuando contemplo los primeros cincuenta y ocho años de mi vida, no puedo más que estar agradecido porque Dios me reveló el poder de su verdad. ¡Comparado con la amplia mayoría del mundo, quizás yo tenga abundancia, pero soy espiritualmente pobre! Si no fuera por la gracia de Dios, sería un pecador que tiene que arreglárselas solo.

El siguiente versículo en ese pasaje dice: «El sol, cuando sale, seca la planta con su calor abrasador. A ésta se le cae la flor y pierde su belleza. Así se marchitará también el rico en todas sus empresas». Mientras leo esas palabras, me reconforta saber que dada la brevedad de la vida, no hay mejor manera de vivir que dedicando mis días a ayudar a las personas con escasez de recursos que necesitan con desesperación atención y cuidado.

ME ENCONTRABA EN MEDIO DE UNA PROFUNDA REFLEXIÓN SOBRE el tema de la pobreza extrema cuando Dios comenzó a sacudir mi mundo por otro frente. Comencé a sentir su voz con respecto a la cuestión de la injusticia racial.

Estábamos en abril de 1999 y me preparaba para tener las que serían sin duda unas vacaciones perfectas: Lynne, los niños y yo solos, con condiciones ideales para navegar y la posibilidad de horas y horas ininterrumpidas de practicar el buceo y el surf con vela. Aun ahora, cuando lo recuerdo, las palabras que pienso son *dicha plena*.

Me hallaba más que dispuesto a descansar de lo que había sido una temporada particularmente difícil y agotadora en el ministerio. Esperaba poder estar tranquilo, no tener horarios y disfrutar de horas de conversaciones íntimas con mis hijos para ponerme al tanto de sus vidas. Lo que nunca pude prever fue que recibiría el impacto directo de un gigantesco maremoto espiritual, cortesía de Dios mismo. Lo que leerás en las siguientes páginas quizás represente un maremoto espiritual también para ti. Te invito a que me acompañes en un viaje revelador que todavía me resulta difícil de creer.

El día antes de salir de vacaciones, uno de los líderes de Willow me entregó un libro y me dijo que en caso de un día lluvioso —Dios no lo permitiera— al menos tendría algo para leer. Gracias a Dios, no llovió. Sin embargo, sí hubo una noche en la que todos se acostaron temprano. Como no tenía sueño y no había nadie con quien hablar ni nada que hacer, hurgué en mi maletín y encontré el libro que me recomendó. Me recosté en la cabina del pequeño velero que nos habían prestado durante la semana y abrí el libro *Divided by Faith* [Divididos por la fe][13] en la primera página. Los autores del libro eran un par de profesores de sociología.

Quince páginas después, me di cuenta de que no se trataba de una lectura ligera. Yo había investigado la cuestión del racismo con anterioridad. Asistí a seminarios e incluso había dado una conferencia sobre el tema. No obstante, por alguna razón, el contenido de este libro se introdujo en mi conciencia de una manera muy distinta. A medida que leía las páginas aleccionadoras, por primera vez en mi vida vi la historia de mi país tal como era. Ahora bien, amo de una forma absoluta a mi país y no viviría en otro lugar del planeta que no fueran los Estados Unidos. Sin embargo, a medida que los autores exponían las verdades históricas de los primeros días de mi nación, no pude evitar sentir vergüenza y tristeza por el horrible espectáculo.

DURANTE MUCHAS DÉCADAS, LAS ESCUELAS DE LA MAYORÍA DE los niños blancos transmiten la noción glorificada de que cuando los ingleses ocuparon el territorio estadounidense, se hicieron amigos de todos los indígenas de estos territorios y los invitaron a una gran fiesta de acción de gracias. La verdad, según los documentos históricos de esa época, dista mucho de esa imagen.

Cuando los ciudadanos ingleses se establecieron en el territorio estadounidense, aniquilaron a cientos de miles de pueblos nativos que en su justo derecho poseían este territorio. Los usurpadores introdujeron intencionalmente la viruela y otros virus fatales en algunos poblados indígenas con el objetivo de exterminarlos, llegando a repartir frazadas infectadas con el virus a los niños indígenas y a decirles que se fueran a sus hogares y durmieran tranquilos.

Cuando el genocidio cumplió el propósito de liberar suficiente tierra donde establecer este país, nuestros antepasados salieron en busca de brazos fuertes. Construyeron barcos y navegaron a la Costa de Marfil, en África, donde secuestraron y encadenaron a clanes enteros de familias —hombres, mujeres, abuelos e incluso niños, alcanzando una cifra total de más de diez millones de personas— y los arrastraron a la costa, los metieron como sardinas en latas en las bodegas de los barcos, y los llevaron a las colonias estadounidenses, a la región que hoy estamos orgullosos de llamar «la tierra de la libertad y el hogar de los valientes».

Casi una tercera parte de estos primeros «afroamericanos» murieron mientras cruzaban el océano en las bodegas de aquellos barcos. El trato inhumano que recibieron incluso a la hora de morir era una señal de lo que les sobrevendría. En vez de recibir la debida sepultura, los tiraban por la borda, a plena vista de sus cónyuges, padres e hijos, a fin de que sirvieran de alimento a los tiburones del hondo mar. Los dos tercios de la población original que logró llegar con vida al continente no corrió mejor suerte. Al llegar, los lavaban, los desinfectaban y los paraban en plataformas para ser rematados al mejor postor. Siento escalofríos cuando escribo esto. ¿Quién permitiría tal grado de injusticia?

Pensé que esta aberración solo había durado unos meses, unos años o unas décadas a lo sumo antes de ser rectificada; así me sentiría menos avergonzado. Sin embargo, en realidad el tráfico de esclavos, que también se daba en otras colonias pero que fue «perfeccionado» en los Estados Unidos, duró más de trescientos cincuenta años. Con los ojos de Dios observando todo el tiempo.

Dios observó cómo los hombres blancos obligaban a los hombres negros a trabajar en sus campos hasta el agotamiento, cómo los golpeaban, los mutilaban y aun los mataban si no podían trabajar. Cuando caía la noche, Dios observó cómo el hombre blanco violaba a las esposas e hijas de los esclavos que habían maltratado durante el día. Dios observó cómo los propietarios de esclavos —nuestros antepasados así como también muchos pastores de las congregaciones locales— acallaban su conciencia con mentiras: los afroamericanos «no son completamente humanos; no tienen un alma y son incapaces de aprender». En resumen, Dios observó cómo esta aborrecible injusticia se expandía sobre su hermosa tierra... y aun dentro de su esposa, la iglesia[14].

La flagrante injusticia que se desarrollaba ante sus ojos lo enardeció. Y mientras más leía, yo me enardecía también.

EN LA CABINA DE AQUEL VELERO, RECORDÉ UNA PORCIÓN DE LAS Escrituras que había leído docenas de veces. Según el relato de Marcos 11, un día Jesús decidió ir a Jerusalén para adorar a Dios en el templo. Al entrar en el recinto, esperaba ver a las personas adorando al Dios vivo. En cambio, se encontró con vendedores mañosos que habían convertido el lugar santo en un centro de compra y venta. De un modo comprensible, Jesús se enfureció. Volcó las mesas de los que cambiaban dinero y los puestos de aquellos que vendían objetos y palomas, y luego prohibió que nadie atravesara los patios del templo llevando mercancías.

Según el texto, este episodio terminó con estas palabras muy conocidas: «¿No está escrito: "Mi casa será llamada casa de oración para todas las naciones"? Pero ustedes la han convertido en "cueva de ladrones"».

Durante mi juventud, en la Escuela Dominical me enseñaron que Jesús purificó el templo porque no concebía que un lugar de adoración pudiera albergar las prácticas de los avaros. Con una susceptibilidad reforzada por la historia del racismo que tenía en mente, aquella noche de abril en el velero comencé a meditar en el pasaje con otra mirada. Me resultó obvio que había otra forma de injusticia que resolver aquel día en el templo. Además de la corrupción económica que Jesús vio, los estudiosos de la Biblia describen también otro relato subyacente: los judíos echaban del templo a las personas de otras razas, a las personas de «otras» nacionalidades. Su arrogancia y complejo de superioridad no era del agrado de Jesús, de modo que él les respondió: «Mi casa será llamada casa de oración para todas las naciones».

Para *todas* las naciones.

La persona que encarnaba la justicia le dijo esencialmente a la iglesia: «El sueño que mi Padre y yo tenemos para la iglesia no es monocultural, ni monoétnico ni monoracial. Quiero que mi casa sea una casa de oración para todas las razas. Para todas las culturas. Para todas las etnias. Para *todas* las naciones».

A la tercera noche de mis vacaciones «de ensueño», más que disfrutar del suave movimiento arrullador de un barco anclado en una bahía a la luz de la luna, tuve una poderosa sacudida divina que nunca olvidaré. En un destello de lucidez, Dios me recordó todo lo que había aprendido en mi vida acerca de la injusticia —y de la discriminación racial en particular— y me dijo en efecto: «Bill, es hora de aumentar tu participación en este asunto».

A Dios le importan las personas. *Todas* las personas. En nuestra generación, hay injusticias estructurales que deben eliminarse para que el amor de Dios por su pueblo pueda fluir a través de aquellos que nos llamamos cristianos. En términos nada sutiles, Dios me susurraba un desafío: «Quiero que aceptes este reto, Bill. Y preferiblemente que lo hagas *ahora*».

EL MENSAJE DE DIOS ME IMPACTÓ TANTO PORQUE NUNCA PENSÉ que yo fuera racista. Desde que recuerdo he tenido amigos de todas las etnias y orígenes, y procuro siempre aceptar a las personas por lo que son, sin importar cuál sea el color de su piel.

Mi mentor desde la universidad, el Dr. Gilbert Bilezikian, pasó parte de su vida como refugiado de la Segunda Guerra Mundial y vio cómo la maldad del racismo mataba a sus queridos abuelos. Debido a su experiencia, procuraba grabar en la mente de sus estudiantes algunos pasajes bíblicos como los de Gálatas 3:28: «Ya no hay judío ni griego, esclavo ni libre, hombre ni mujer, sino que todos ustedes son uno solo en Cristo Jesús».

«¡La iglesia es el único lugar en el mundo donde todas esas diferencias superficiales se dejan en la puerta y no entran!», afirmaba el Dr. Bilezikian con su acento grave. «No importa si eres rico o pobre, culto o inculto, si tienes una vida de éxitos o fracasos, si eres deportista o torpe. En la iglesia serás bienvenido, seas blanco o negro, hombre o mujer, joven o anciano. ¡En este lugar, somos una *familia*!».

Desde la fundación de Willow, hemos intentado preservar ese tipo de aceptación radical como un valor central; no por obligación, sino porque refleja el corazón de Dios.

Mi respeto por las personas de todas las razas y orígenes también se lo debía a las creencias de mi padre. Mientras crecía, mi padre resolvió que su esposa e hijos rechazarían el estereotipo imperante en nuestra comunidad relativamente homogénea y recibiríamos con los brazos abiertos a las personas de cualquier raza y color.

Cuando era muy pequeño, de cuatro o cinco años quizás, acostumbraba acompañar a mi padre al trabajo. Su empresa almacenaba fruta y verdura fresca de diversas partes de los Estados Unidos y luego distribuía estos productos en diferentes lugares de nuestra comunidad. Los camioneros cargaban sus camiones y más tarde repartían la mercancía en las tiendas, los restaurantes y los hoteles. Muchas veces yo los acompañaba mientras hacían el reparto. Durante sus entregas, era su ayudante... bueno, ayudaba tanto como puede hacerlo un preescolar.

Una mañana, mi padre me presentó orgulloso a un empleado llamado L.V., uno de los camioneros afroamericanos. Él me dijo: «Billy, te presento a L.V. Perry, uno de los mejores camioneros de la compañía. Quiero que pases los próximos dos o tres días haciendo las entregas con él. Te dejo en buenas manos, Billy. En *muy* buenas manos».

No creo que hubiera hombre más honrado que L.V. Era amigo de nuestra familia desde hacía más de treinta años; en realidad, podría considerarse un miembro de nuestra familia... o al menos así lo trataba papá.

Más adelante, durante mis años de secundaria, no entendía por qué la gente insultaba a los afroamericanos o empleaba términos despectivos u ofensivos para referirse a ellos. «Es obvio que nunca conocieron a L.V. Perry», pensaba... ni a ninguno de los otros negros que conocía. ¿Cómo podían hacer ese tipo de generalizaciones sobre un grupo entero de personas? Esos comentarios no tenían pies ni cabeza. Podía rebatir los agravios uno por uno con ejemplos de las personas negras que conocía y amaba.

Durante aquellos días, fue como si Dios me dijera: «Bill, no te olvides jamás de L.V. Él es mi hijo, como todas las demás personas sobre este planeta, ya sean negras, blancas, rojas, amarillas o de cualquier raza. Quiero que tengan un trato igualitario, que reciban el mismo cuidado que quisieras para ti».

Así que, a pesar de que pensaba que trataba con respeto a todas las personas, la lectura del libro *Divided by Faith* me hizo comprender que Dios esperaba algo más de mí. Aunque mis actitudes y acciones no habían *exacerbado* las tensiones raciales que parecen abundar, era igual de cierto que no estaba haciendo nada para acabar con las desigualdades sistémicas que inclinan la balanza hacia el lado del hombre blanco. Esa semana encontré una cita que decía que la mayoría de nosotros pesamos entre cincuenta y cien kilos, pero lo que más nos diferencia son los tres kilos de piel que nos cubren. ¡Qué realidad tan desgarradora!

Los tres kilos superficiales de piel: esa era la parte que Dios me pedía que ayudara a otros a aprender a no diferenciar.

REGRESÉ DE AQUELLAS VACACIONES POCO DESCANSADO, PERO espiritualmente rico, sin poder desprenderme de los mensajes que había escuchado. Leí dos veces más la contribución de Emerson y Smith, e investigué a fondo el tema de la reconciliación racial, descubriendo así un lado de la realidad que ignoraba y sumergiéndome en la verdad. Además, me propuse cultivar más relaciones con personas de otras razas, y mi esposa y yo comenzamos una pequeña empresa con una familia de otra raza con el fin de obtener un entrenamiento básico en cuanto a los desafíos que enfrentan las personas de color en un mundo que privilegia a los blancos. Sin embargo, a pesar de lo encomiable que parecían estos esfuerzos, Dios quería que refinara más todavía mi disposición.

LA INTOLERANCIA PUEDE DEFINIRSE COMO UN SENTIMIENTO negativo hacia un grupo entero de personas. Es la tendencia a imputarle al colectivo las características negativas de unos pocos, algo que lamentablemente tanto tú como yo hacemos. Para probarlo, he aquí un pequeño ejemplo: la intolerancia es volar al aeropuerto Charles de Gaulle en Paris, tomar un taxi del aeropuerto al hotel conducido por un chofer que ese día se levantó de mal humor, y luego regresar a los Estados Unidos y afirmar: «¡Los franceses son unos imbéciles!».

Hay una maldad en nosotros que nos hace desear sentirnos superior y ser grandes por sobre todas las cosas. Queremos ser vistos como inteligentes y fuertes, como personas «modernas», «al día» y «en onda». Y la manera más fácil de lograrlo es haciendo que los demás se sientan «menos que nosotros» e inferiores.

El autor inglés ya fallecido C. S. Lewis se refirió a la dinámica de este fenómeno y lo llamó el «círculo cerrado». Él describe su poder de la siguiente manera: «Uno de los elementos dominantes en la vida del hombre en determinados momentos —y en muchas personas ininterrumpidamente desde la infancia hasta la más avanzada edad— es, a mi juicio, el deseo de estar dentro del círculo local y el terror a ser alejado de él»[15].

Al analizar el fenómeno, Lewis expone el perverso deseo del ser humano de formar junto a un grupo reducido de amigos un club exclusivo que deriva un placer enfermizo y pecaminoso por el hecho de mantener fuera del grupo a otras personas. A fin de cuentas, eso es lo que la Biblia llama una manifestación pura de pecado.

Quisiera mostrarles cómo opera este fenómeno.

Estaba viajando por Europa hace muchos años, y después de perder un par de conexiones de vuelo, terminé en Londres en el aeropuerto de Heathrow. Un grupo me había pagado el vuelo a Europa para enseñar allí, pero como estaban tratando de reducir gastos, tenía un pasaje muy barato, de los que no sirven para nada cuando se pierde accidentalmente un vuelo. El problema era que tenía que predicar en Willow ese fin de semana y necesitaba llegar como fuera a casa.

Recuerdo que le expliqué todo esto en la oficina de pasajes, pero el asistente me miró con una mirada que parecía decir: «¿Dónde compró *este* pasaje? ¿En una venta económica?». Me dijo que no tenía la menor posibilidad de solucionar mi situación, ya que solo había un vuelo a Chicago que me permitiría llegar a tiempo para predicar, pero que ese vuelo estaba completo desde hacía más de un mes.

Me dijo que me sentara cerca de la puerta de embarque y me tranquilizó diciendo: «Tendremos que esperar y ver».

Pocos minutos después, comenzaron a embarcar los pasajeros del vuelo. Cuando todos habían subido, el asistente vino hasta donde yo estaba y me entregó la tarjeta de embarque. «Queda un asiento. Si lo desea, es suyo», dijo.

Corrí por pasillo, subí al avión y busqué el asiento que figuraba en mi tarjeta de embarque. ¿Saben dónde estaba el asiento? *¡En primera clase!* ¿Y todavía hay gente que no cree en Dios?

Ahora bien, en algunos vuelos domésticos los asientos de primera clase son igual que cualquier otro asiento, salvo por la cortina que separa a los pasajeros importantes de los no importantes. Sin embargo, en los vuelos internacionales, viajar en primera clase es viajar con todo lujo. Los asientos se parecen más a sofás, y cuando se alcanza la altura de crucero, a uno le sirven champagne y caviar como aperitivo.

Más o menos por la mitad del vuelo, mientras disfrutaba de mi cena de cinco platos y una conversación amena con todas las personas ricas en la parte delantera del avión, me di cuenta de que un par de personas de la clase turista estaban invadiendo nuestro espacio. Era evidente que los baños asignados a ellos estaban ocupados y pensaron que podrían usar los nuestros. Al verlos pasar a mi lado, sentí un extraño impulso de llamar a la azafata de primera clase y decirle: «Tiene que sacar a esa gentuza de aquí».

Bonita conducta para un seguidor de Cristo maduro, ¿no?

No obstante, así operan los círculos cerrados. Es como si dentro nuestro acechara una maldad que desea tener un lugar privilegiado en el mundo, y aplastaremos a otras personas para obtenerlo.

Estoy a favor de promulgar leyes que protejan los derechos civiles y permitan tener más y mejor educación con relación a materias realmente importantes, pero ninguna de estas soluciones servirá para erradicar la intolerancia. El racismo sigue vivo por causa del viejo pecado que hay en ti y en mí. En 1 Juan 4:20 se nos indica: «Si alguien afirma: "Yo amo a Dios", pero odia a su hermano, es un mentiroso; pues el que no ama a su hermano, a quien ha visto, no puede amar a Dios, a quien no ha visto».

En otras palabras: No podrás pasar por alto los tres kilos de piel hasta que tengas un corazón lleno de *amor*.

Mis acciones a favor de la reconciliación racial eran valederas, pero mis motivos no eran del todo puros. Con esta renovada comprensión por medio de su Palabra, Dios en esencia decía: «No quiero que los cambios que hagas con tus manos se adelanten a los cambios que deseo en tu corazón».

TODOS LOS AUTORES QUE LEO SOBRE LA CUESTIÓN DE PONERLE fin a las luchas raciales concuerdan en que según la medida en que se cultiven las amistades interraciales, será más fácil superar las barreras étnicas. La primera vez que hablé sobre este tema, hace casi una década, muchas personas en nuestra congregación mayoritariamente blanca me miraron con recelo. Se preguntaban si tendría alguna agenda oculta y deseaban saber a dónde pretendía llegar con este planteamiento de la cuestión «racial». Sin embargo, en el curso de estos años he notado un cambio significativo de perspectiva. Willow no solo aceptó la importancia de adherirse a estas ideas, sino que también comenzó a cultivar relaciones con personas de otras razas. Hoy, cuando observo al público presente durante cualquier fin de semana, me sonrío al ver la diversidad. Rojos y amarillos, blancos y negros, *todos* son preciosos a los ojos de Dios. Y me propongo que también lo sean a nuestros ojos.

Debo reconocer que todavía queda mucho camino por andar antes de que haya condiciones de igualdad para las personas de color. Por ejemplo, si un niño negro y un niño blanco nacen en Estados Unidos en el mismo día, el niño negro tiene dos veces más probabilidades de morir antes de cumplir su primer año que el niño blanco, en gran parte debido a la falta de cuidados prenatales y a la carencia de servicios de salud adecuados en los barrios de la ciudad donde nacen los bebés negros[16]. Eso no tiene nada de «justo».

Otra realidad: Hay tres veces más afroamericanos viviendo bajo la línea de pobreza que blancos de origen no hispano[17].

Una más: Mientras que el capital promedio neto destinado a la educación universitaria de los blancos ronda los veinte mil dólares, el destinado a la educación universitaria de la población negra es de ciento setenta y cinco dólares[18].

Es evidente que todavía nos falta mucho. Sin embargo, si me guío por la cantidad de seguidores de Cristo que oran con fervor y realizan acciones hacia ese fin, creo que llegará el día —tal vez pronto— en que *todas* las naciones sean bienvenidas.

TAMBIÉN ESCUCHÉ A DIOS ANUNCIARME LA IDEA DE QUE TODA vida es valiosa a través de otros susurros muy directos.

Cuando era niño, mi hermano y su espíritu cazador me persuadieron para que le disparara a un pájaro con mi carabina de aire comprimido. Era media tarde y el pájaro volaba completamente ajeno a nosotros, sin hacerle daño a nadie. Debido a mi imprudente voluntad de seguir el consejo de mi hermano, en unos breves segundos el ave que volaba alegremente por lo aires de pronto cayó de forma estrepitosa a mis pies.

Hasta ese momento, la muerte para mí no era más que una abstracción. Sin embargo, ahora había matado con mi rifle a una criatura indefensa que sangraba, respiraba agitada, y daba vueltas de un modo no natural. Cuando dejó de moverse, supe que el pájaro estaba muerto. Me quedé mirando el cuerpo del animalito y sentí que me invadía un profundo remordimiento. Pensé: «No quiero volver a matar nunca más». En ese momento de lucidez infantil, me propuse proteger la vida.

A partir de esa experiencia, los versículos bíblicos relacionados con el valor de la vida humana se adhirieron a mí como el Velcro. Memoricé el versículo de Génesis 9:6: «Si alguien derrama la sangre de un ser humano, otro ser humano derramará la suya, porque el ser humano ha sido creado a imagen de Dios mismo», y grabé 1 Pedro 3:9 en mi corazón: «No devuelvan mal por mal ni insulto por insulto; más bien, bendigan, porque para esto fueron llamados, para heredar una bendición».

No devuelvan mal por mal... debo haber repetido esas palabras miles de veces durante mi juventud y adultez. Y aunque ponerlas en práctica en mi vida fue un proceso lento, al final llegué al punto en que aun cuando me interceptaban en el tráfico podía mantener la calma. «Saluda al conductor y di una oración», me susurraba Dios. «Luego sigue con tus ocupaciones».

Me alegraba saber que estaba forjando en mi espíritu los valores de preservar la vida y promover la paz. Ignoraba que un día serían puestos en tela de juicio... y bien cuestionados.

Un viernes en particular me encontraba en el aeropuerto Logan de Boston esperando para tomar mi vuelo. Mientras tomaba un café en un mostrador y leía una revista sobre navegación, escuché una risotada proveniente de un restaurante a diez metros. Los culpables eran cuatro veinteañeros en evidente estado etílico, aunque todavía no era ni siquiera mediodía.

Me quedé mirándolos de reojo y elevé la mirada cuando uno de los hombres se levantó de la mesa, vino hasta el café y masculló: «¿Quién se robó mi sándwich? ¡Quiero mi sándwich!».

Iba de mesa en mesa. «Yo dejé un sándwich aquí, señor. ¡Dígame quién me robó mi sándwich!»

Instintivamente decidí que era el mejor momento para concentrarme en leer con detenimiento mi revista. «Lo último que necesito es meterme con este tipo», pensé. Así que me concentré en la lectura y oré en silencio para que su sándwich apareciera por milagro.

Luego de un rato, mientras el borracho seguía aterrorizando a la clientela del café, apareció un camarero y comenzó a limpiar las mesas vacías. Al observarlo me di cuenta de que tenía algún tipo de deficiencia psíquica o mental. Acababa de percatarme de su condición cuando el borracho se le acercó y lo tomó agresivamente del brazo.

—Escucha, idiota —le gritó en el rostro—, sé que te llevaste mi sándwich y quiero que me lo devuelvas. ¿Me entiendes? ¡Quiero que me traigas mi sándwich! ¡Ahora mismo!

—Yo no me llevé ningún sándwich. Lo prometo, yo no me lo llevé... —protestó el muchacho desconcertado.

A medida que se desarrollaban los hechos, me sentía cada vez más irritado. «Debo *hacer* algo», me dije.

El agresor despiadado se agachó, tomó el recipiente de la basura que llevaba el camarero, y vació el contenido en el piso.

—¡Arrodíllate y encuentra mi sándwich ahora! —gritó.

Sabía que tenía que intervenir. Con las instrucciones claras de la Biblia sobre la necesidad de defender al indefenso y anteponer el bien del prójimo al propio, dejé mi vaso de café y me dirigí al limpiador que estaba ahora revisando la basura mientras el prepotente lo observaba desde su altura.

—¡Joe! —escuché que lo llamaban sus tres amigos desde el bar—. Acá está tu sándwich. ¡Estuvo aquí todo el tiempo!

Profirieron otra risotada mientras el prepotente regresaba a su mesa, sin dejar de insultar al limpiador.

Me incliné y comencé a ayudar al joven a recoger los envoltorios pegajosos y la comida a medio comer.

—Siento mucho lo que acaba de pasar —dije—. No te merecías esto. Vi todo lo que sucedió. Es espantoso lo que acabas de soportar.

Esbozó una sonrisa.

—Hay de todo aquí —indicó.

—Es posible —contesté—, pero lo que hicieron no es nada gracioso.

Terminamos de limpiar y yo me dirigí a mi puerta para embarcar.

Veinte minutos después de salir de Boston, puse a un lado mi revista y cerré los ojos, con la esperanza de poder dormir un poco. Sin embargo, Dios tenía otros planes.

«Piensa un poco más en lo que pasó, Bill», dijo. «¿Por qué no defendiste al limpiador enseguida en vez de esperar tanto antes de intervenir y ayudarlo?»

Mi reacción fue responder que esa había sido la actitud más prudente. Es decir, si hubiera intervenido impulsivamente, tal vez lo otros tres borrachos se hubieran lanzado contra el limpiador y contra mí.

Le expliqué esto al Espíritu Santo, pero no se inmutó. «¿Por qué no eres sincero?», sentí que me susurraba.

En aquel asiento, a diez mil metros de altura, tuve que enfrentarme al hecho de que me preocupaba más cómo evitar un puñetazo en la nariz que aliviar la miseria de un necesitado. Puedo ser muy valiente en ciertas circunstancias, pero aquel día fue difícil negar los rasgos de cobardía que todavía estaban escondidos en mí.

En los meses y años siguientes, la voz de Dios continuaría alentándome para que asimilara aquella lección en el aeropuerto. «Valora la vida», parecía decirme. «Defiende la vida, lucha por la vida y ayuda a todos a tener una vida en toda su abundancia hasta el día de tu muerte».

Por ejemplo, si conducía por la autopista y veía un auto con una calcomanía en la defensa que decía: «El aborto paraliza los latidos de un corazón», yo estaba de acuerdo. «Tiene sentido. El aborto mata a la víctima más inocente y a Dios le importa la vida de los bebés. Esto no puede seguir».

De manera similar, mientras miraba televisión y veía un debate sobre la pena capital, pensaba: «Para Dios, la vida que comenzó en el útero es preciosa hasta el fin de sus días».

Después de visitar una cárcel, reflexionaba: «Esa persona se equivocó y ahora tiene que cumplir su condena; pero yo también me he equivocado en la vida. Estoy agradecido de que ambos seamos importantes para Dios».

Miraba los noticieros en la televisión, me enteraba de que se había desatado otra guerra en alguna región de nuestro planeta, y estiraba la espalda, suspiraba y pensaba: «Todo comienza con el desprecio a la vida». Fulano dijo o hizo algo que ofendió a Mengano, el que luego tomó represalias y entonces se desató un conflicto deplorable.

En el Sermón de la Montaña, Jesús dijo: «Amen a sus enemigos y oren por quienes los persiguen»[19]. No obstante, sugirió también una idea más radical entre las instrucciones dadas. En Mateo 5:21-22, Jesús exhortó a sus seguidores a evitar el lenguaje ofensivo cuando dialogaran, ya que dichas palabras incitaban al odio. Les dijo que cualquiera que se enojara con su hermano era tan culpable como si lo asesinara. Que si lo insultaba, podría ser llevado a juicio, y si lo maldecía, podía quedar sujeto al juicio del infierno, porque la cuestión moral es que las palabras matan.

«No ofende quien quiere, sino quien puede», dice el refrán. Tú y yo sabemos que no siempre es así. Jesús sabía que los insultos lastiman y hieren al que los recibe. Si respondes con insultos, comenzará la escalada: de las palabras se pasará a los golpes de puño, y luego a una lucha con puñales, y quizás el conflicto escale hasta una guerra de bombas que divida a las naciones. La violencia y el derramamiento de sangre no fueron parte del sueño de Dios para la vida en la tierra. Su plan original para nosotros fue que nos asociáramos con él para valorar la vida... *todas* las expresiones de la vida en toda su diversidad y belleza.

HAY MUCHAS COSAS QUE A DIOS LE IMPORTAN MUCHO, PERO EN las Escrituras hay algunas preferencias que se destacan. En muchos lugares de su Palabra, Dios defiende en específico a los pobres, los huérfanos, los extranjeros, las viudas y otros grupos. Dios defiende al débil y nos pide que hagamos lo mismo. «Si quieres ser un hombre o una mujer conforme al corazón de tu Padre», nos parece decir, «préstale mucha atención a las cosas que más me importan».

Nadie que ame a Dios puede hacerle caso omiso a las cosas que a él más le importan; sin embargo, he observado que a veces Dios les asigna a sus seguidores un asunto en particular. Cuando les da una tarea específica, les dice: «Quiero que estés atento en todos estos frentes, pero en *esta* área quiero que *intervengas*».

No sé cuál será el área específica en tu caso, pero conozco a la persona que sí lo sabe. Pregúntale qué tarea quiere encomendarte, persevera y mantén una mentalidad abierta a su respuesta. Es cierto, se requiere un cierto grado de madurez espiritual para poder escuchar la voz de Dios con relación a aquello que trasciende nuestras necesidades inmediatas. Si nuestra súplica constante a Dios se centra en pedirle que resuelva solo las injusticias que sufrimos: «¡Arregla a mi esposo!» o «¡Arregla a mi hijo adolescente!» o «¡Por favor, Dios, arregla mi situación laboral!», quizás nos resulte extraño pedir de pronto: «¿Qué injusticia del mundo podría ayudar a solucionar?».

Sin embargo, a partir de los numerosos comentarios que recibo de personas que se animaron a pronunciar esa valiente oración, estoy seguro de que mantener una visión más amplia del mundo —y dedicarse a trabajar en pos de la justicia que Dios ama— será de rica bendición en tu vida. A mí tampoco me vendría mal recordar este consejo, como lo prueba la siguiente anécdota.

D URANTE AÑOS, TANTO LOS LÍDERES DE LA IGLESIA COMO LOS gobernantes me solicitaron que participara más activamente en la reforma de las políticas inmigratorias de mi país, los Estados Unidos, pero no había sentido el mandato de Dios en ese sentido... hasta hace muy poco. A través de una serie de hechos, volví a sentir que Dios se aprestaba a sacudir mi mundo.

Desde el año 2004, Willow lleva adelante un ministerio en habla hispana llamado Casa de Luz que se reúne todos los fines de semana en nuestra capilla. Su pastor es uno de los líderes con los que me reúno todas las semanas en mi oficia para planear métodos innovadores que nos permitan apoyar y fortalecer los diversos ministerios dentro de la iglesia. Desde hace ya algún tiempo, él ha presentado la necesidad de asistir a los miembros de la congregación de Casa de Luz que enfrentan la deportación y la división de la unidad familiar. Se trata de familias que son tan parte de Willow como lo es mi familia. Así que Dios comenzó a sensibilizar mi alma por medio de las historias sencillas que este pastor me refería.

Ahora bien, durante toda mi vida adulta —y de modo más insistente en los últimos años mientras el debate sobre la inmigración ha ido creciendo en nuestro país— tengo bien claro que este un asunto complejo. En realidad, algunas suposiciones me parecían naturales y nunca me había detenido a analizarlas: «Los inmigrantes ilegales deberían cumplir las leyes, esperar su turno y entrar al país legalmente». «Los inmigrantes ilegales no pagan impuestos». «Los inmigrantes ilegales le quitan trabajo a los ciudadanos *legales*».

En mi opinión, estas ideas eran ciertas. Fin de la discusión.

Entonces, hace unos tres meses me regalaron un libro: *Welcoming the Stranger: Justice, Compassion and Truth in the Immigration Debate* [La bienvenida al extranjero: justicia, compasión y verdad en el debate sobre la inmigración][20], y cuando llegué al capítulo titulado «Pensando bíblicamente sobre la inmigración», algo me sacudió. Leí versículo tras versículo en los que Dios explicaba cómo deseaba que sus seguidores trataran a los extranjeros que viven en medio de ellos. ¿Cómo es posible que nunca me hubiera fijado en esos pasajes? Un pensamiento no dejaba de rondar mi mente: «Los inmigrantes son importantes para Dios».

Así que decidimos invitar a expertos en temas de inmigración a las reuniones de ancianos para que nos explicaran la magnitud y la complejidad del problema, así como el papel que la iglesia local podía desempeñar para ayudar a solucionarlo. Esas reuniones resultaron muy valiosas conforme procuro informarme y conocer una situación que pone en peligro la vida de muchos miembros de la congregación de Willow... y de muchas personas en todo el país. La semana pasada me reuní con siete pastores del área de Chicago que estamos decididos a ver cambios en nuestra ciudad por la gracia de Dios. Surgió la cuestión de la reforma inmigratoria y uno de los pastores nos informó que él y su esposa estaban alojando a dos niñas cuyos padres habían sido deportados esa semana. «Las niñas no tenían a dónde ir», explicó, «así que tal como están las cosas, por el momento son tan parte de nuestra familia como mis hijos biológicos».

Sentado frente a él, me quedé mirándolo y pensé que este pastor acababa de realizar una de las acciones más dignas de Cristo que hubiera visto en los últimos días. Cuando me fui de esa reunión, me preguntaba si yo estaría dispuesto a alterar mi vida de esa manera. Este hombre ya había criado a su propia familia y pronto sus hijos adultos dejarían su hogar y él se quedaría a solas con su esposa. Sí, ya sé que los inmigrantes son importantes para Dios… ¿pero comenzar de nuevo con dos hijos? ¡Eso sí que sacudiría mi mundo!

Sin embargo, ¿no es así como Dios obra? Él sabe que si es capaz de transformar radicalmente los mundos *individuales*, un día cambiará *todo* el mundo. Me viene a la mente la imagen de Dios con una amplia sonrisa, considerando esa magnífica posibilidad.

Según lo que observó hasta ahora, Dios no tiene planes de cambiar su forma de actuar en un futuro cercano. Además, estoy seguro de que tiene un mensaje para ti que quiere sacudir *tu* mundo. ¿Hay algún libro que él quiere que leas? ¿Una pregunta que desee que te plantees? ¿Un documental que necesitas ver o un viaje que deberías hacer? Tal vez solo te pide que «medites» en un versículo de la Biblia, te detengas en un sitio de la Internet, o dialogues con una persona en particular en algún momento. Los mensajes de Dios adoptan diversas formas; solo espero que obedezcas lo que él te manda. No hay satisfacción más grande en toda la tierra que cuidar la corona de la creación de Dios — la humanidad en todos sus colores, tamaños y formas— y sacrificarse por ella.

CAPÍTULO 10

BASTA CON QUE DIGAS UNA SOLA PALABRA

HACE MUCHOS AÑOS CONOCÍ A UN HOMBRE QUE REDEFINIÓ MI manera de comprender lo que significa obedecer los mensajes que Dios me susurra. El camino de Gerry Couchman y el mío se cruzaron poco tiempo antes de que él le entregara su vida a Cristo. Aunque trabajaba como empresario en Ciudad del Cabo, en Sudáfrica, se encontraba en Chicago con el objetivo de explorar la posibilidad de asociarse con una compañía local. El gerente general de esa compañía, que era miembro desde hacía muchos años de nuestra iglesia, invitó a Gerry a un culto en Willow un sábado por la noche.

Gerry había crecido en una denominación menos fundamentalista y había ido a la iglesia entre los cuatro y los veintiún años. Sin embargo, durante ese tiempo, nadie en ningún momento lo había invitado a tener una relación personal con Jesucristo. Sin ese vínculo necesario, no le veía mucho sentido a ser parte de la iglesia. Así que se casó y siguió con su vida. Como es de imaginar, no le agradaba mucho la idea de que el gerente general de esa compañía lo invitara a la iglesia. Gerry luego me dijo que en su país solo las «sectas raras» iban a la iglesia los sábados por la noche. Sin embargo, como su anfitrión le prometió que la actividad sería breve y que luego lo invitaría a cenar una pizza y tomar una cerveza, Gerry decidió ir.

Lo que no podía saber era que mientras él se dirigía de mala gana a Willow, su esposa, Janine, y la iglesia a la que ella pertenecía en Sudáfrica estaban orando para que Gerry tuviera algún tipo de progreso espiritual durante su viaje. Hacía dos años que oraban por Gerry, y justo antes de su viaje a los Estados Unidos se reunieron en secreto para que Gerry conociera a alguien que pudiera servir de catalizador a fin de que le entregara su vida a Cristo.

En palabras de Gerry, si la iglesia de su juventud hubiera sido como la que conoció aquel sábado por la noche al ir a Willow, nunca se hubiera ido. Observó cómo los niños corrían para llegar a sus clases bíblicas y no pudo menos que establecer un contraste con la manera en que su madre tenía que sacarlo del auto y arrastrarlo hasta la Escuela Dominical. Comprobó entusiasmado cómo los adolescentes del ministerio estudiantil limpiaban diversas partes de la iglesia (¡y al parecer se divertían!). En su adolescencia, ir a la iglesia era cualquier cosa menos sinónimo de diversión. Durante el servicio, cuando se recogían las ofrendas, Gerry casi se desmaya cuando le pidieron que por ser invitado *no* ofrendara, sino que permitiera que el culto fuera un regalo de Dios para él. Gracias a estas observaciones y otros detalles, recibió lo que ahora reconoce como su primer susurro de Dios: «La iglesia puede ser así en Sudáfrica, Gerry, y creo que tú puedes ayudar».

Todo cambiaría a partir de ese momento.

Dos meses después de aquel culto del sábado por la noche, Gerry se encontraba en un viaje de negocios por Arabia Saudita. Cierto día ya bien tarde, en el silencio de su habitación del hotel, le entregó su vida a Cristo. Un año después de su decisión, empleó casi todo lo que había ahorrado para su jubilación a fin de que él y Janine pudieran asistir a un congreso de Willow sobre la necesidad de edificar iglesias vencedoras. A mediados de la tercera sesión del segundo día, Dios volvió a hablarle. «Sé mis manos y mis pies para la iglesia local», sintió que Dios le susurraba.

Gerry miró de reojo a su esposa, que también lo miró. Ella había recibido el mismo susurro en el mismísimo momento. Estaban intrigados, pero no sabían qué hacer. ¿Qué significaba ser «las manos y los pies» de Cristo? Volaron de regreso a Ciudad del Cabo, inquietos e inseguros, pero con muchas expectativas.

GERRY Y SU ESPOSA FUERON OBEDIENTES AL PRIMER MENSAJE que habían recibido: colaborar para que su congregación de Ciudad del Cabo fuera una iglesia vencedora. Sin embargo, durante todo ese tiempo, se preguntaban también cómo sería ser «las manos y los pies» de Cristo.

Meses después de recibir aquel susurro enigmático, la esposa de Gerry sintió la necesidad de ponerse en contacto con la Asociación Willow Creek en Sudáfrica para ver de qué manera ella y Gerry podían colaborar con otras iglesias locales que deseaban alcanzar nuevos niveles de eficacia. Después de varias llamadas telefónicas, entrevistas personales y oraciones de corazón, los Couchman empacaron sus pertenencias, dejaron su amado hogar en Ciudad del Cabo y se mudaron a Pretoria, a mil quinientos kilómetros de distancia, donde se unieron a la Asociación Willow Creek a tiempo completo. Ellos han trabajado allí de manera notable durante los últimos siete años. Y todo comenzó con un susurro, un mensaje que Gerry todavía procura descifrar.

¿Qué significa para mí ser las manos y los pies de Cristo?, se preguntó. Que Gerry invirtiera tanto tiempo y energía en responder a esa pregunta hubiera resultado gracioso para cualquier persona que lo conociera bien. Provenía de una familia práctica y sensata, y sus padres, si bien animaron a sus hijos a participar fielmente en las actividades de la iglesia, nunca le habían entregado su vida a Cristo. Su padre tenía una empresa de construcción y su madre era una inflexible contadora. Gerry mismo había dedicado muchos años de su juventud al estudio de la química, así que para él lo que no podía probarse con datos y hechos científicos, no valía la pena ser considerado. Sin embargo, aquí estaba, reorganizando su vida por completo porque recibió un mandato críptico de Dios. Sus seres queridos debieron pensar que estaba medio desequilibrado.

Pasarían cuatro años antes de que Gerry comprendiera el mensaje acerca de las manos y los pies que tanto lo desvelaba.

En Pretoria, Gerry ayudó a los pastores de las iglesias locales a mejorar su liderazgo en el ministerio. Uno de estos pastores fue Tim Hawkridge, ministro de la Iglesia Unida de Somerset West. Mientras más lo conocía, tanto más impresionado quedaba Gerry con la sólida fe de Tim.

Cuando Tim tenía veintiséis años, le diagnosticaron una enfermedad poliquística renal, pero como la enfermedad tenía un desarrollo natural lento, su salud no se vio afectada de una forma adversa hasta después de transcurridos veinte años. Al llegar a la edad de cuarenta y cinco años, las funciones renales de Tim se deterioraron, y un mes después de cumplir los cuarenta y seis le diagnosticaron insuficiencia renal en su etapa terminal. La única solución era un transplante de riñón o recurrir a la diálisis de inmediato en caso de que no apareciera un riñón disponible.

Tim sabía desde hacía años que, salvo que Dios decidiera intervenir, su condición un día en el futuro desembocaría en una insuficiencia renal. Sin embargo, la inminencia de «un día en el futuro» lo impactó. No le temía a la muerte, pues le había entregado su vida a Cristo y sabía que pasaría la eternidad con Dios. Era la potencial pérdida de su estilo de vida y su ministerio a los demás lo que lo afligía, la idea de permanecer en una cama de hospital por el resto de sus años sobre la tierra.

En el curso de los siguientes meses, muchas personas se ofrecieron a donarle un riñón a Tim. No obstante, los parientes y miembros bien intencionados de la congregación fueron descartados uno por uno. Algunos por incompatibilidad genética o sanguínea, otros porque el riesgo médico era demasiado alto.

Tim comenzó a recibir diálisis varias veces a la semana. Durante las penosas tres horas que duraba el procedimiento, debía permanecer sentado y conectado a una máquina que filtraba y purificaba su sangre a fin de eliminar las impurezas y toxinas acumuladas, una tarea que normalmente realizan los riñones saludables. Durante aquellas tres horas de tratamientos agónicos, Tim tenía tiempo suficiente para escuchar la voz apacible de Dios. Un día en particular, recuerda que resolvió confiarle a Dios su situación y dejar de rumiar en su mente «lo que pudo haber sido». Recordó un versículo que había memorizado muchos años antes: «Si vivimos, para el Señor vivimos; y si morimos, para el Señor morimos. Así pues, sea que vivamos o que muramos, del Señor somos», dice Romanos 14:8.

Resignado al ritmo de las diálisis como parte de su vida, Tim se puso a dialogar con el personal médico e incluso condujo a varios de ellos a la fe en Cristo. Enfocó su gran compasión en aquellos que sufren enfermedades crónicas, una compasión alimentada por su propia y dolorosa enfermedad física.

A pesar de resignarse a no encontrar un donante de riñón, Tim todavía creía que Dios tenía algo importante que hacer por medio de él. «Morir porque no puedo tener un transplante de riñón», pensó, «no es mi destino en la vida». Entonces Dios susurró las palabras de Isaías 43:2 en su oído: «Cuando cruces las aguas, yo estaré contigo; cuando cruces los ríos, no te cubrirán sus aguas; cuando camines por el fuego, no te quemarás ni te abrasarán las llamas».

El fuego que arrasaba con su cuerpo físico no acabaría con él.

Más o menos por la misma época en que Dios renovaba la esperanza de Tim, Gerry Couchman tuvo su propia experiencia espiritual. Ambos se reunieron una mañana para desayunar y durante la comida Tim le mencionó su estado de salud. Le dijo de forma casual que por diversas razones su hermana ni su hermano podían donarle un riñón. Fue solo un comentario, no un pedido de ayuda. Sin embargo, algo acerca de la situación hizo que Gerry se conmoviera. Pensó en lo mucho que él había disfrutado jugando con sus hijos cuando eran niños, y se preguntó cómo estaría repercutiendo la salud precaria de Tim en ambos hijos. Reflexionó en el papel de Tim como pastor, en las vidas que Dios alcanzaba por medio de este hombre consagrado, y consideró cómo su enfermedad estaría incidiendo adversamente en su energía y su desempeño.

Cuando terminaron de desayunar, Gerry se subió a su auto y se marchó. Habría recorrido unos metros, cuando el Espíritu Santo le recordó un versículo de las Escrituras: «Difícilmente habrá quien muera por un justo, aunque tal vez haya quien se atreva a morir por una persona buena», dice Romanos 5:7.

«Tim es un hombre bueno, Ferry», sintió que Dios le decía. «No te pido que mueras por él, pero *sí* que lo ayudes a vivir».

Gerry llegó a su casa, conversó el asunto con Janine, y luego tomaron el teléfono y llamaron a Tim. «Dios quiere que te done uno de mis riñones», explicó, «y estoy muy tranquilo porque sé que es lo que debo hacer».

Tim no sabía qué decir. ¿Sería que su esperanza podría verse renovada por este giro imprevisto de los acontecimientos? Si bien el deseo al parecer impulsivo de Gerry de ayudar a Tim era conmovedor, ¿qué probabilidad había de que la sangre de este hombre fuera compatible con la suya?

Gerry estaba decidido a seguir adelante. Se hizo una prueba de sangre y él y Tim aguardaron los resultados. Con una mezcla de asombro e incredulidad, les informaron que el tipo sanguíneo de Gerry era compatible por completo con el de Tim. Con todo, a Tim le resultaba increíblemente difícil creer que alguien que era casi un extraño fuera capaz de un gesto tan valiente. «¿Cómo puedo agradecerle a una persona que ofrece parte de su propio cuerpo para salvar el mío?», se preguntaba. Creía que Gerry había recibido un mandato de Dios, ¿pero estaba él *seguro* de que quería obedecer?

CUANDO AMBOS HOMBRES SE HICIERON A LA IDEA DE QUE EN realidad los aguardaba un transplante, Gerry tuvo que someterse a una batería de pruebas sanguíneas, funcionales renales, pruebas de colesterol y evaluaciones de presión arterial. Todo estaba bien.

Después del transplante, le pregunté a Gerry cómo había sido atravesar por este proceso y saber que con cada puerta que se abría daba un paso para donarle un órgano a un individuo al que casi no conocía. «¿Qué sentido tiene llevarnos los órganos cuando nos pongan en un ataúd si podemos regalarlos para salvar la vida de otra persona hoy?»

Tenía razón.

Durante la estadía de Gerry en el hospital, cada vez que un enfermero entraba en su habitación para tomarle una muestra de sangre o realizarle unos análisis, el donante en ciernes aprovechaba la oportunidad para compartir el mensaje de Cristo.

—¿Le va a donar el riñón a un pariente? —le preguntaban en el hospital.

—No —respondía Gerry.

—¿A un amigo muy querido?

—En realidad, no.

—¿Entonces por qué lo hace? —inquirían con la incredulidad dibujada en el rostro.

—Porque Dios me dijo que lo hiciera —respondía Gerry sin rodeos.

Solo puedo imaginar el rumbo de la conversación a partir de esa respuesta.

El 11 de diciembre de 2007, casi ocho meses después de desayunar juntos, Gerry Couchman se encontró en la camilla de un hospital sudafricano mientras lo preparaban para una cirugía de transplante de riñón. Cuatro horas más tarde, sometieron al pastor Tim Hawkridge a la misma rutina, y luego de transcurridas otras cuatro horas, ambos hombres se recuperaban, cada uno con un riñón sano.

El órgano nuevo de Tim comenzó a funcionar de inmediato, purificando las impurezas de su sangre y dejando en el recuerdo sus días de diálisis. Tres meses después, Tim estaba lo suficiente fuerte para predicar una vez más en su iglesia. Siempre había amado su función como pastor, pero después de su largamente esperado regreso al púlpito, encontró un propósito renovado en su labor que todavía sigue vigente hoy. Él le atribuye su claridad espiritual y mental a la serie de milagros que Dios, en su divina gracia, dispuso en su vida. «Dios nos bendice para ser de bendición», afirma. «Esta historia no es tanto acerca de dos hombres como acerca de nuestro Dios y los milagros que obra».

NO SÉ EL EFECTO QUE ESTE RELATO TE PRODUCE, PERO CUANDO pienso en la decisión de Gerry de arriesgar su vida y su salud para obedecer la voz de Dios, no puedo hacer otra cosa que regocijarme. Ojalá todos los seguidores de Cristo en el mundo conocieran la satisfacción que solo se siente cuando dejamos de aferrarnos a las comodidades de la vida y nos sometemos al mandato de Dios, como lo hizo Gerry.

La obediencia a la voz de Dios que llevó a Gerry hasta el sacrificio va contra la naturaleza humana. Tú y yo (y el resto de los seres humanos) nos aferramos a muchas cosas, somos lo que llamo «acaparadores». Si dependiera solo de nosotros, empujaríamos y treparíamos todo lo posible para llegar a la cima, y cuando nuestros esfuerzos nos traigan una cantidad razonable de privilegios, poder o comodidades, nos aferraríamos a esas cosas como un perro hambriento a un trozo de carne.

A la luz de este instinto humano tan fuerte y extendido, Dios le dice a sus seguidores: «No se aferren a las cosas. Despréndanse más bien de ellas». Así interpreto yo Filipenses 2. En los primeros versículos, el apóstol Pablo nos instruye: «No hagan nada por egoísmo o vanidad; más bien, con humildad consideren a los demás como superiores a ustedes mismos. Cada uno debe velar no sólo por sus propios intereses sino también por los intereses de los demás». Si no comprendemos el

significado de esta exhortación, Pablo nos ofrece una ilustración tomada de la vida y el legado de Jesucristo.

«La actitud de ustedes debe ser como la de Cristo Jesús», aclara
Pablo, describiendo luego siete cosas que Jesús dejó a un lado por su
propia voluntad.

Hace diecisiete años, mientras me sumergía en el libro de Filipenses, esta lista de renuncias —todas las cosas de las que Jesús se despojó— me apabullaron como si me pasara un camión por encima. Esta
sección del capítulo 2 de esa gran epístola es tan poderosa que un amigo y yo escribimos un libro sobre el tema[1].

Nunca olvidaré cómo los versículos 6 al 8 hablan sobre Jesús:

> Quien, siendo por naturaleza Dios,
> no consideró el ser igual a Dios como algo a
> qué aferrarse.
> Por el contrario, se rebajó voluntariamente,
> tomando la naturaleza de siervo
> y haciéndose semejante a los seres humanos.
> Y al manifestarse como hombre,
> se humilló a sí mismo
> y se hizo obediente hasta la muerte,
> ¡y muerte de cruz!

Según este pasaje, al comienzo Jesucristo estaba en la cima de todo.
Él era «por naturaleza Dios», lo que significa que no era meramente el
subdirector de la Trinidad ni el socio menor de Dios, sino que era (y
es) miembro pleno de la Deidad, igual al Padre todopoderoso en todo
sentido, forma y carácter.

Él estuvo también presente y participó durante la creación del universo, y todos los atributos divinos de Dios también le pertenecen a Jesús.

El lugar de origen de Jesús es significativo a la luz de la primera
renuncia que mencionaré. Aunque comenzó en la cima y disfrutaba de
perfecta igualdad con Dios, Cristo no consideró esa posición «como
algo a qué aferrarse»[2]. Jesús no fue un «acaparador».

No sé qué harías tú, pero si yo alguna vez me encontrara en igualdad con Dios, de seguro que no desearía por nada dejar esa posición.
Aun los creyentes más maduros debemos luchar contra la adulación
y la adoración. Sin embargo, Jesús no. Él siempre estuvo dispuesto a

decir: «Yo renuncio a esto. No me aferraré a esta posición. Dejaré todo lo que haya que dejar para cooperar con la misión de Dios para mí».

Y descendió un escalón.

La segunda renuncia se describe de esta manera: «Se rebajó voluntariamente»[3].

La primera renuncia tuvo que ver con no aferrarse a su posición; la segunda trata con las *consecuencias*. Otras versiones traducen este versículo como «se despojó a sí mismo». Esto no significa que Jesús se despojara de su deidad, sino que puso a un lado los atributos divinos que le impedirían ser un hombre. Nadie le quitó el poder a Cristo, él voluntariamente se despojó de él. Esta fue la segunda renuncia. Y así descendió un poco más.

La tercera, cuarta y quinta renuncia se sucedieron con rapidez. El texto dice que Jesús aceptó hacerse *semejante* a los hombres, *manifestarse* como hombre, y tomar la naturaleza de *siervo*. Se trata de una secuencia absolutamente impresionante. El Creador trascendental del universo descendió al mundo que había creado, no como un emperador ante quien las personas debían inclinarse, sino como un hombre común y corriente, en busca de aquellos a los que serviría con humildad.

Cuando intento imaginar al Dios omnisciente, omnipotente y omnipresente confinado en un cuerpo humano, mi cerebro entra en cortocircuito. Imagínate lo que debió ser para el Dios del universo aceptar las limitaciones de la infancia, la adolescencia y la juventud. Intenta imaginar al niño Jesús de siete años: «Está bien, mamá. Está bien, papá. Lo que ustedes digan». El Creador se sujeta a la creación. ¡Es algo insólito!

Visualizo a Jesucristo caminando por las callejuelas llenas de polvo de una ciudad de Palestina: «¡Sal del camino! ¡Déjanos pasar!», le gritaban unos transeúntes sin saber a quién empujaban fuera de su camino.

LA PRIMERA VEZ QUE VISITÉ UN PAÍS ASOLADO POR LA POBREZA y vi a unos niños hambrientos haciendo fila para recibir un plato de comida, una imagen se quedó grabada en mi retina. Uno de los niños más menudos hacía fila y lentamente se acercaba a su turno, pero cuando casi estaba cerca de llegar al primer lugar, los más grandes lo empujaban y perdía su puesto. Obedientemente, él volvía al final de la fila y comenzaba a avanzar. Nunca lo olvidaré, tenía puesta una harapienta camiseta azul, ajustada sobre su barriga hinchada, y no llevaba nada de la cintura para abajo. El cabello mostraba un tinte naranja, una señal de malnutrición, y la piel tenía costras blancas de tierra.

En aquel viaje en particular, yo me alojaba en un cómodo hotel a menos de cincuenta kilómetros. Al día siguiente, me subiría a un avión y regresaría a mi hogar en Barrington, Illinois, donde me aguardaban una casa en un barrio suburbano de la ciudad, ropa limpia y tanta comida como quisiera comer. Recuerdo que pensé: «¿Cuánto me costaría vivir voluntariamente en la piel de ese niño durante un año?».

Mi respuesta sincera me dejó frío. Ni por todo el dinero del mundo haría ese sacrificio. Sin embargo, Jesucristo voluntariamente se metió en la piel de los seres humanos y caminó sobre este planeta; no por un año, sino por treinta y tres. Mientras estuvo aquí fue objeto de burlas, no lo comprendieron, lo maltrataron y lo insultaron. No obstante, él se rebajó de todos modos por su propia voluntad. Renunció a la adoración de los ángeles a fin de cumplir el propósito del Padre para su vida.

Así descendió un escalón más.

La sexta renuncia aparece en Filipenses 2:8: «Se humilló a sí mismo y se hizo obediente hasta la muerte».

Jesucristo, el iniciador y el sustentador de la vida, se enfrentó a la muerte. «Tú ganas», admitió por nosotros. Entregó voluntariamente su vida para cumplir su misión. Que entregara su vida ya es lo suficiente impactante, pero *cómo* la entregó es incomprensible. ¿Bebió un veneno o cianuro? ¿Dispuso las cosas para deslizarse de un sueño indoloro a la oscuridad de la muerte? ¡De ningún modo! Esto nos lleva a la séptima y última renuncia.

Siempre que leo la última frase de Filipenses 2:8, me lleno de temor reverente. Jesús se sometió a la muerte, «*¡y muerte de cruz!*»[4].

La crucifixión —la muerte sobre una cruz— era una ejecución en la que se torturaba a los reos hasta la muerte para que tuvieran la macabra sensación de sentirse morir. La crucifixión era una manera de morir atroz y humillante.

Mientras Jesús estuvo colgado en la cruz, los hombres y las mujeres pasaban, lo escupían y le tiraban piedras, además de insultarlo y acusarlo injustamente. Solo una semana antes, muchas de estas mismas personas habían alfombrado el camino a su paso con mantas y hojas de palmera, mientras de sus labios salían alabanzas y no insultos. La yuxtaposición debió exacerbar la agonía de aquellas horas en la cruz. Cuando leo estos relatos de la muerte de Jesús, algo dentro de mí quiere gritar: «¿Existe alguna profundidad a la Jesús no vaya, algún nivel hasta el cual no descienda, y todo por amor a mí?».

La respuesta es *no*, Jesús se humilló y se rebajó hasta lo más profundo. *No* hay dolor que Jesús no aceptara soportar. *No* hay ninguna carga que nuestro compasivo Salvador se negara a llevar. *No* hay sacrificio que nuestro Salvador no haya hecho. Tomar conciencia de esto me desafía a obedecer más y mejor las órdenes relativamente fáciles que él me da. Y este sacrificio tal vez produzca el mismo efecto en ti.

Los libros que más se venden hoy en día a menudo contienen relatos en los que algún personaje pasa de la pobreza a la riqueza, pero yo afirmo que el relato más grande de todos es justo una historia en sentido contrario. Es una historia de alguien que va de la riqueza a la pobreza, más lejos aun, a la muerte. Es la historia de una persona que voluntariamente renunció a la posición más elevada y se rebajó a la condición más humilde. Hace años, escribí en el libro *Descendiendo hacia la grandeza:* «El Supremo vino a servir a lo más bajo. El Creador y Sustentador de todas las cosas vino para derramar su vida. El que poseía todo se despojó a sí mismo. Desde la perspectiva del mundo, la cruz se convirtió en el símbolo de necedad. Sin embargo, para Dios, Cristo se convirtió en el más grande de los grandes»[5]. Y para hacer esto posible, no se aferró a su condición divina, sino que se despojó de todo lo que tenía.

DADAS LAS PRIVACIONES Y DEGRADACIONES QUE SE REQUIEREN, ¿por qué tú, yo o cualquiera en su sano juicio aceptaría una vida como esa? Desde niños, nos entrenan para alcanzar metas, progresar y superarnos. Se nos educa para *ser* alguien en la vida, no para que nos rebajemos por amor a los demás. Sin embargo, para seguir a Jesucristo con algún grado de empeño, inevitablemente se nos pedirá que aceptemos las renuncias. Se nos pedirá que nos rehusemos a reclamar «nuestros derechos». Nos consumiremos hasta el sacrificio, aun cuando otros nos tilden de tontos. Y lo haremos por dos sencillas razones: primero, porque entendemos que el reino de Dios nunca progresa sin sacrificio; y segundo, porque todo cristiano diligente digno de ese nombre quiere que al llegar un día al cielo Jesús le diga: «¡Bien hecho!».

Veamos cada una de estas razones.

Durante una época muy difícil en Willow, me sentí llamado a recordarle a nuestra congregación todas las semanas que el progreso del reino de Dios solo es posible cuando los seguidores de Cristo aceptan humillarse. En lo personal, estaba recibiendo varios golpes en aquellos días y les decía a las personas presentes en el auditorio lo mismo que dije hacia el final del capítulo 1: Solo vivimos una vez y prefiero la idea de presentarme un día ante Dios habiendo hecho su voluntad de la mejor manera que enfrentarlo sabiendo bien que desatendí su voz y eludí los mandatos más difíciles que recibí. Aun cuando el costo es alto, tal vez *precisamente* por eso, procuro despojarme y no aferrarme.

¿Cómo son estos «golpes»? Con seguridad tú también has experimentado algunos golpes en tu vida. Los seguidores de Cristo, por definición, reciben el primer golpe a su orgullo cuando reconocen que son pecadores y necesitan con desesperación la gracia salvadora de Dios. Someterse al Espíritu —que te dijo: «Humíllate. Recibe a Cristo. Entra en la familia de Dios»— fue un *duro* golpe a tu independencia. ¿Recuerdas esa experiencia? Implicó renunciar al yo, pero por causa de esa valiente decisión recibiste grandes beneficios. El reino de Dios se amplió y tu vida cambió para siempre.

Tal vez poco después tu vanidad recibió un golpe cuando consideraste pasar por las aguas del bautismo. A nadie le agrada tener el cabello mojado y pararse empapado delante de la gente, pero piensa en el estímulo y el ejemplo que le diste a los presentes al estar dispuesto a dejar a un lado esas superficialidades.

Si llegaste a un punto en que tu vida ya no te pertenece, sino que le entregaste los días que te quedan a Dios, te garantizo que debes haber recibido varios golpes en tus horarios, tus asuntos económicos y financieros, tus prioridades... tu vida entera dio un vuelco a medida que Cristo ocupó el primer lugar en todo lo que hacías. En realidad, casi *todas* las veces que escuchas un mandato de Dios, algo dejará de ser seguro o predecible. No obstante, perseverarás, ya que sabes que cuando asumes los riesgos que él te pide —a medida que conformas otro aspecto de tu vida para que se corresponda con su misión— el reino de Dios avanza.

Eso es lo que significa tener una vida entregada por completo a Dios. No se trata de una vida tranquila. Obedecer al Espíritu en vez de guiarnos por nuestros caprichos egoístas nos conducirá a lugares totalmente desconocidos, nos desafiará como nunca antes y nos convocará a niveles de sacrificio que nunca soñamos que podríamos ser capaces de alcanzar. Ese es el poder y la promesa que encierra una fe activa, una vida alimentada solo por Dios.

La segunda razón por la que personas comunes y corrientes como tú y yo aceptamos una vida de renuncia se basa en el pasaje de Filipenses: voluntariamente nos despojamos de aquello a lo que nos aferrábamos y preferimos la humildad, ya que sabemos que nos esperan *grandiosas* recompensas cuando lleguemos al cielo.

Después de describir las siete renuncias voluntarias de Jesús, Filipenses 2:9-11 dice: «Por eso Dios lo exaltó hasta lo sumo y le otorgó el nombre que está sobre todo nombre, para que ante el nombre de Jesús se doble toda rodilla en el cielo y en la tierra y debajo de la tierra, y toda lengua confiese que Jesucristo es el Señor, para gloria de Dios Padre»[6]. Dios glorificó a Jesucristo por cumplir la misión asignada… y también un día nos honrará a ti y a mí.

ESTA SEMANA CONSULTÉ UN SITIO EN LA INTERNET EN EL QUE HAY un «reloj de la muerte», un programa que supuestamente calcula la fecha en que moriremos basándose en diversos parámetros físicos. Al parecer, estaré bien hasta el 9 de noviembre de 2046. Sin embargo, no puedo determinar la fiabilidad de esta estimación *en particular* ya que ingresé mis datos varias veces y en cada ocasión me proporcionaron una fecha distinta para mi muerte. No obstante, hay algo de lo que tú y yo podemos estar seguros. *Existe* una fecha para nuestra muerte, y cuando llegue el día en que Dios decida llevarme a mi hogar, me parecerá que es demasiado pronto. El Salmo 39 dice: «Hazme saber, SEÑOR, el límite de mis días, y el tiempo que me queda por vivir; hazme saber lo efímero que soy. Muy breve es la vida que me has dado; ante ti, mis años no son nada» (vv. 4-5a).

Más adelante, en el Nuevo Testamento, el apóstol Santiago compara a la humanidad con «las flores del campo», que florecen hoy y mañana ya no están.

Para cualquiera que viviera en el Oriente Medio en los días en que Santiago escribió esas palabras, la metáfora de las flores del campo era muy clara. Cuando las laderas rocosas de Palestina recibían el agua de las lluvias primaverales, se convertían en la paleta colorida y vibrante de un pintor. No obstante, a la más leve brisa, los vientos secos y calientes arrasaban en menos de una hora el cuadro impresionista y dejaban detrás una maraña de arbustos secos y marchitos.

«Así nos pasa a ti y a mí», parece decirnos Santiago. Un día estamos aquí, luciendo como si rebosáramos de salud, y en un instante nos hemos ido, tan rápido como el viento marchita una flor en la colina.

La vida es breve: un día una persona realiza rozagante sus actividades. Al día siguiente los deudos miran su féretro y dicen: «No puedo creerlo. Ayer hablé con él». Un día una empresaria elabora un plan estratégico a diez años. Al día siguiente sus familiares y amigos tienen que hacer un plan diferente por completo: planear el servicio funerario. Un día, una joven conduce a su trabajo. Al día siguiente su coche está en un basurero y su cuerpo con muerte cerebral se mantiene con vida para poder donar los órganos. La muerte viene sin anunciarse.

Santiago hace dos observaciones sobre la muerte: con frecuencia es imprevista y es universal. Hoy estamos aquí. Mañana no. No podemos elegir nuestra muerte, lo único que podemos elegir es cómo vivir.

M ATEO 8 REGISTRA LA HISTORIA DE UN SOLDADO ROMANO QUE quería hacerle un pedido a Jesús. El hombre era un centurión, una persona con jerarquía militar que tenía varios subordinados y era muy respetado en la vida. Leamos la solicitud que hizo aquel día (vv. 5-13):

> Al entrar Jesús en Capernaúm, se le acercó un centurión pidiendo ayuda.
>
> —Señor, mi siervo está postrado en casa con parálisis, y sufre terriblemente.
>
> —Iré a sanarlo —respondió Jesús.
>
> —Señor, no merezco que entres bajo mi techo. Pero basta con que digas una sola palabra, y mi siervo quedará sano. Porque yo mismo soy un hombre sujeto a órdenes superiores, y además

tengo soldados bajo mi autoridad. Le digo a uno: "Ve", y va, y al otro: "Ven", y viene. Le digo a mi siervo: "Haz esto", y lo hace.

Al oír esto, Jesús se asombró y dijo a quienes lo seguían:

—Les aseguro que no he encontrado en Israel a nadie que tenga tanta fe. Les digo que muchos vendrán del oriente y del occidente, y participarán en el banquete con Abraham, Isaac y Jacob en el reino de los cielos. Pero a los súbditos del reino se les echará afuera, a la oscuridad, donde habrá llanto y rechinar de dientes.

Luego Jesús le dijo al centurión:

—¡Ve! Todo se hará tal como creíste. Y en esa misma hora aquel siervo quedó sano.

Según esta historia, el fiel centurión entendió su posición con respecto a Cristo. También conocía el poder poderoso de la apacible voz de Dios. «Basta con que digas una sola palabra», le dijo a Jesucristo aquel día, «y todo se arreglará. Tú tienes autoridad sobre todos los pueblos, los gobernantes, los acontecimientos, los reinos, sobre toda la vida. Basta con que digas una sola palabra y se hará tu voluntad».

El texto afirma que la fe del centurión asombró a Jesús. Una traducción dice que Jesús «se maravilló»[7] de la apreciación del centurión. En ninguna otra parte de la Biblia encuentro una impresión semejante de Jesús con relación a la fe del ser humano. Este hombre tenía una fe *impresionante*. Una fe inquebrantable. La fe que dice: «Basta con que digas una sola palabra». La fe que desearía que todos tuviéramos.

Siempre que leo el relato de la fe del centurión, me siento casi físicamente impulsado a seguir a Cristo de esa manera. Quiero que su influjo afecte toda mi vida: mis valores, mis relaciones, mi vocabulario, mis finanzas, mis horarios, mi salud física, mis decisiones, mi ideología política. Deseo que la vida de Jesús influya en toda mi existencia. Más que ninguna otra cosa, deseo ser un discípulo al que le baste que él diga solo una palabra, desde este momento hasta el día de mi muerte.

En EL CURSO DE MI VIDA, DE VEZ EN CUANDO ME HA INVADIDO EL deseo de manifestar este tipo de compromiso total. Quizás tú te identifiques conmigo. Tal vez lo experimentaste en un contexto deportivo. Hace poco conversé con un corredor de maratones que después de una carrera me dijo: «Corrí esos cuarenta y dos kilómetros como me fue humanamente posible. Cuando llegué a la meta, y por tres o cuatro días después, me sentí excitado y alegre por haber realizado la mejor carrera de mi vida».

O quizás lo experimentaste en el ámbito académico. En algún momento tuviste que hacer un trabajo y te dijiste: «Voy a hacer lo mejor que pueda con esta monografía». Investigaste hasta que tu cerebro se agotó, escribiste hasta que se te gastaron las yemas de los dedos, pero cuando le entregaste el trabajo al profesor, una tibieza embargó tu espíritu. Ese día saliste de la clase pensando: «Hice el mejor trabajo que pude».

O puede suceder también en el mundo laboral. Te entregan un proyecto en el trabajo y te propones dar el máximo: «Dedicaré todos mis esfuerzos a este proyecto».

¿Sabes lo que es tener una experiencia de este tipo? ¿Conoces el gozo sublime que se siente al entregarse de lleno para cumplir un compromiso asumido?

Durante las últimas dos décadas, uno de mis pasatiempos favoritos ha sido las carreras de veleros, y recuerdo mi primera carrera como si fuera ayer. El mar estaba picado, el viento era traicionero y tuvimos que navegar en esas condiciones adversas durante dos horas y media. Cuando al fin cruzamos la línea de llegada, la tripulación y yo estábamos exhaustos por completo. No obstante, sentíamos un gozo inefable por haber trabajado durísimo y mantenido el rumbo con una diligencia de la que no nos sabíamos capaces. Antes del comienzo de la carrera, nos habíamos comprometido mutuamente a terminar bien, y mantuvimos el compromiso hasta el final.

Lo que pretendo decir es que una cosa es afirmar: «Dios, quiero obedecer las instrucciones que escuche del cielo. Quiero obedecer tus mandatos a cada paso del camino», y otra muy distinta es en realidad hacer lo que dijimos. Hablo por experiencia. Una y otra vez he fracasado de un modo lamentable. Varias veces en el camino de mi vida le anuncié a Dios con valentía: «Haré lo mejor que pueda y con la ayuda del Espíritu Santo, entre hoy y la tumba, quiero ser un seguidor tuyo que confía en que "basta que digas una sola palabra".

»Dímela, y así lo haré.

»Dímela, y así lo cumpliré.

»Dímela, y te obedeceré.

»Dímela, y llevaré a cabo lo que me digas.

»Sin importar lo que desees que haga a favor de tu reino, Dios, dime una sola palabra y dalo por hecho».

¿Eran sinceras mis oraciones? ¡Por supuesto!

¿Siempre cumplí el compromiso que había asumido? No siempre.

No obstante, siempre que fracaso, lo confieso y reconozco que me aparté del camino. Intento volver sobre mis pasos, dejar que Cristo me restaure y luego renuevo mi compromiso. Recuerdo la fe del centurión y digo: «Dios, basta con que digas una sola palabra».

Los seguidores consagrados de Cristo sentimos latir en nuestra alma el deseo de seguir incondicionalmente a nuestro Padre celestial. Queremos comprometernos por completo con aquél que se comprometió por completo con nosotros. Deseamos impresionarlo con una fe como la del centurión, para que vea con qué meticulosidad lo obedecemos. Eso es lo que *deseamos*. Lo deseamos de veras, no porque nuestras obras sean importantes, sino porque su gran misericordia, amor, perdón y gracia hacen brotar esta respuesta de lo más hondo de nuestra alma. Una de las razones que me llevaron a escribir este libro fue para animarlos a comprender que esta fe en realidad es *posible*.

Puedes *decidir* hoy ser un seguidor al que le baste «una sola palabra», alguien que acepta de inmediato la oportunidad de obedecer los mensajes que tus oídos inclinados al cielo reciben directamente de Dios. Puedes *decidir* vivir siendo más consciente de esa voz, con un corazón abierto de par en par para obedecerla y una eternidad enriquecida gracias a ello. Puedes *decidir* creer que Dios tiene bienes y bendiciones espirituales reservados para ti cuando te rindas a *toda* su voluntad.

Si tuviéramos que resumir el cristianismo, nos quedaríamos simplemente con esto: *una relación con Dios.* El Dios vivo, el Dios de amor del universo habló a través de la historia y todavía habla hoy: no solo a los pastores o los sacerdotes, sino a *cualquier persona* que quiera escucharlo. Y Dios te hablará a *ti*. A pesar de la condición espiritual en que te halles, si inclinas tu oído al cielo, Dios hablará.

Él tiene en sus labios una gran aventura para ti. Inclina tu oído al cielo y él dirigirá tus pasos, te acompañará en el camino y un día celebrará tu fidelidad cuando llegues a la «perfección», así como el apóstol Pablo lo describe en Filipenses 1:6: «Estoy convencido de esto: el que comenzó tan buena obra en ustedes la irá perfeccionando hasta el día de Cristo Jesús».

Ya sea que nos encontremos con Jesús cuando regrese un día a la tierra o que seamos transferidos al cielo antes, imagina lo que será estar delante de él y decir: «¡Qué bien la pasamos! ¿No lo crees, Dios? ¡Gracias por esta aventura impresionante!».

En ese instante, repasarás todos los momentos cruciales de tu vida y verás que *valió la pena* escuchar con atención los mensajes de Dios. Recordarás las decisiones sobre tus relaciones cuando obedeciste la voz que te ordenaba tener paciencia y gracia. Recordarás las decisiones sobre tus finanzas cuando administraste tu dinero para traerle honra a Dios. Recordarás los diversos caminos vocacionales que se abrían delante de ti y cómo él te dijo: «Confía en mí una vez más», y lo hiciste. Recordarás las disyuntivas morales que enfrentaste, en las que él te salvó de caer una y otra vez. También recordarás un sinfín de decisiones espirituales determinantes en tu vida en las que la voz clara de tu amante Padre te acompañó con su guía.

Y hasta tanto llegue ese día, puedes acostarte todas las noches con un pensamiento que no tiene precio: «Hoy no procuré trabajar por mi propio reino, sino por el reino *de Dios*». Ese es el poder de una vida guiada por la voz de Dios, una vida que culminará con estas palabras: «¡Hiciste bien, siervo bueno y fiel!». Esa es la vida que nos aguarda, y comienza inclinando nuestro oído para oír la voz de Dios. Escucha. Obedece. Y luego acompaña a tu Padre celestial en una aventura alentada por la voz apacible y poderosa de Dios. No te arrepentirás.

VERSÍCULOS BÍBLICOS PARA GRABAR EN TU CORAZÓN

DESDE LOS DÍAS DE MI JUVENTUD EN LOS CAMPAMENTOS DE jóvenes, ha sido de enorme beneficio la memorización de muchos versículos de las Escrituras que me permite llevar la Palabra de Dios conmigo durante la vida diaria. El tiempo invertido en esta memorización valió la pena, ya que esas porciones de verdad me libraron muchas veces de caer y fueron la voz de Dios en un sinfín de ocasiones en que debí enfrentar diversos desafíos. Todavía dedico tiempo a la memorización de la Biblia. Y aunque ahora me cuesta más que cuando era joven, los beneficios compensan con creces el esfuerzo.

Te invito a memorizar los siguientes versículos, o todos los que puedas. Quedarás asombrado al comprobar con qué facilidad y frecuencia estas palabras de Dios vienen a tu mente la próxima vez que necesites la inteligencia del cielo.

LA SALVACIÓN

TITO 3:5: *Él nos salvó, no por nuestras propias obras de justicia sino por su misericordia. Nos salvó mediante el lavamiento de la regeneración y de la renovación por el Espíritu Santo.*

JUAN 1:12: *Mas a cuantos lo recibieron, a los que creen en su nombre, les dio el derecho de ser hijos de Dios.*

ROMANOS 10:13: *Todo el que invoque el nombre del Señor será salvo.*

LA VIDA ETERNA

ROMANOS 8:1: *Por lo tanto, ya no hay ninguna condenación para los que están unidos a Cristo Jesús.*

ISAÍAS 1:18: *¿Son sus pecados como escarlata? ¡Quedarán blancos como la nieve! ¿Son rojos como la púrpura? ¡Quedarán como la lana!*

1 JUAN 5:12: *El que tiene al Hijo, tiene la vida; el que no tiene al Hijo de Dios, no tiene la vida.*

ROMANOS 5:1: *En consecuencia, ya que hemos sido justificados mediante la fe, tenemos paz con Dios por medio de nuestro Señor Jesucristo.*

EL TEMOR

2 TIMOTEO 1:7: *Pues Dios no nos ha dado un espíritu de timidez, sino de poder, de amor y de dominio propio.*

ROMANOS 8:31: *Si Dios está de nuestra parte, ¿quién puede estar en contra nuestra?*

ISAÍAS 41:10: *Así que no temas, porque yo estoy contigo; no te angusties, porque yo soy tu Dios. Te fortaleceré y te ayudaré; te sostendré con mi diestra victoriosa.*

LA TENTACIÓN

1 CORINTIOS 10:13: *Ustedes no han sufrido ninguna tentación que no sea común al género humano. Pero Dios es fiel y no permitirá que ustedes sean tentados más allá de lo que puedan aguantar. Más bien, cuando llegue la tentación, él les dará también una salida a fin de que puedan resistir.*

ROMANOS 8:5: *Los que viven conforme a la naturaleza pecaminosa fijan la mente en los deseos de tal naturaleza; en cambio, los que viven conforme al Espíritu fijan la mente en los deseos del Espíritu.*

SANTIAGO 4:7: *Resistan al diablo, y él huirá de ustedes.*

LAS PRUEBAS

ROMANOS 8:28: *Ahora bien, sabemos que Dios dispone todas las cosas para el bien de quienes lo aman, los que han sido llamados de acuerdo con su propósito.*

EL ORGULLO

SANTIAGO 4:6: *Dios se opone a los orgullosos, pero da gracia a los humildes.*

SANTIAGO 4:10: *Humíllense delante del Señor, y él los exaltará.*

ROMANOS 12:16: *Vivan en armonía los unos con los otros. No sean arrogantes, sino háganse solidarios con los humildes.*

EL ENOJO

EFESIOS 4:26: *«Si se enojan, no pequen». No dejen que el sol se ponga estando aún enojados.*

SANTIAGO 1:20: *Pues la ira humana no produce la vida justa que Dios quiere.*

LA JUSTICIA

ISAÍAS 1:17: *¡Aprendan a hacer el bien! ¡Busquen la justicia y reprendan al opresor! ¡Aboguen por el huérfano y defiendan a la viuda!*

ISAÍAS 61:8: *Yo, el SEÑOR, amo la justicia, pero odio el robo y la iniquidad. En mi fidelidad los recompensaré y haré con ellos un pacto eterno.*

PROVERBIOS 19:17: *Servir al pobre es hacerle un préstamo al SEÑOR; Dios pagará esas buenas acciones.*

LA SABIDURÍA

SANTIAGO 1:5: *Si a alguno de ustedes le falta sabiduría, pídasela a Dios, y él se la dará, pues Dios da a todos generosamente sin menospreciar a nadie.*

MATEO 10:16: *Por tanto, sean astutos como serpientes y sencillos como palomas.*

PROVERBIOS 17:28: *Hasta un necio pasa por sabio si guarda silencio; se le considera prudente si cierra la boca.*

LA SEGURIDAD DEL AMOR DE DIOS

ROMANOS 8:38-39: *Pues estoy convencido de que ni la muerte ni la vida, ni los ángeles ni los demonios, ni lo presente ni lo por venir, ni los poderes, ni lo alto ni lo profundo, ni cosa alguna en toda la creación, podrá apartarnos del amor que Dios nos ha manifestado en Cristo Jesús nuestro Señor.*

EL PODER

FILIPENSES 4:13: *Todo lo puedo en Cristo que me fortalece.*

MARCOS 10:27: *Para los hombres es imposible [...] pero no para Dios; de hecho, para Dios todo es posible.*

ZACARÍAS 4:6: *No será por la fuerza ni por ningún poder, sino por mi Espíritu —dice el SEÑOR Todopoderoso.*

EL CONTENTAMIENTO

FILIPENSES 4:11: *He aprendido a estar satisfecho en cualquier situación en que me encuentre.*

HEBREOS 13:5: *Manténganse libres del amor al dinero, y conténtense con lo que tienen.*

1 TIMOTEO 6:6: *Es cierto que con la verdadera religión se obtienen grandes ganancias, pero sólo si uno está satisfecho con lo que tiene.*

LA PAZ

JUAN 14:27A: *La paz les dejo; mi paz les doy.*

MATEO 5:9: *Dichosos los que trabajan por la paz, porque serán llamados hijos de Dios.*

FILIPENSES 4:7: *Y la paz de Dios, que sobrepasa todo entendimiento, cuidará sus corazones y sus pensamientos en Cristo Jesús.*

«¿ESTE MENSAJE SERÁ EN REALIDAD DE DIOS?»

CON LOS AÑOS, HE COMPILADO UNA BREVE LISTA DE CINCO FILTROS que me ayudan a verificar cada mensaje que escucho. A pesar del desconcierto, el desafío que represente, o lo desestabilizador que sea el mandato recibido, si supera los siguientes cinco filtros, intento obedecerlo. Por el contrario, si el mensaje parece ser absolutamente razonable desde una perspectiva humana, pero no se ajusta a estos cinco criterios, me resisto a aceptarlo como de parte de Dios sin antes analizarlo con más detenimiento.

FILTRO #1: ¿ES EN VERDAD UN MANDATO DE DIOS?

Siempre que recibas un mandato, ya sea directamente de Dios o de labios de otra persona, dedica todo el tiempo que sea necesario para preguntar: «Dios, ¿este mensaje es tuyo? ¿No hay contradicciones con la persona que sé que eres? ¿Es coherente con tu carácter? ¿Se conforma a tus atributos? ¿Eres *tú* quien quiere transmitirme algo, o hay interferencias de otras voces en mi cabeza?» Antes de dar cualquier paso a fin de obedecer el mensaje que recibiste, asegúrate de verificar bien que se trataba de la voz de Dios.

FILTRO #2: LAS ESCRITURAS

Existen abundantes ejemplos en las Escrituras de cómo Dios procede en diversas situaciones de la vida y el ejemplo por excelencia es Jesucristo. Siempre que me parece recibir un mandato de Dios, me imagino a Jesús en mi lugar llevando a cabo la acción que se me insta a hacer. Si no puedo visualizar a Jesús haciéndola, deduzco que por algún motivo se me cruzaron los cables. Confronta todos los mandatos que recibas con las enseñanzas temáticas de la Biblia. Los mensajes que contradicen las Escrituras no son de Dios.

FILTRO #3: LA PRUEBA DE LA SABIDURÍA

Los mensajes de Dios rara vez son contrarios a la sabiduría y el sentido común. El libro de Proverbios está dedicado a analizar la sabiduría y sus atributos. Por ejemplo, la persona sabia ama el conocimiento, mientras que la persona imprudente lo odia; el sabio habla con mesura, mientras que el imprudente usa palabras duras y alborotadoras; el sabio es intachable, mientras que el imprudente es completamente corrupto; el sabio camina en rectitud, mientras que el imprudente se goza en la perversidad del mal; el sabio será honrado, mientras que el imprudente será avergonzado. Las Escrituras no cejan de exhortarnos a ser sabios en todo lo que hacemos, a vivir siempre con sabiduría.

La dirección de Dios rara vez viola la norma de la sabiduría. Asegúrate de no pasar por alto lo que es sabio dejándote llevar por mensajes que te apremien a actuar con rapidez. Si el plan es de Dios, seguramente no implicará ninguna acción a todas luces imprudente.

FILTRO #4: LA PRUEBA DEL CARÁCTER

En todo momento le advierto a la gente que refrene el impulso de apresurarse a entrar en un campo completamente ajeno a su temperamento, su educación, su formación o su experiencia en la vida. Y no es porque Dios no pueda apoyar un giro dramático de ciento ochenta grados, sino porque cuando lo hace, el cambio de rumbo será confirmado por muchas voces provenientes de diversos orígenes y en diferentes circunstancias.

FILTRO #5: LA PRUEBA DE LOS
CONSEJOS MADUROS

Siempre que te parezca que Dios te habla, debes buscar dos o tres seguidores de Cristo veteranos —cristianos que te conozcan bien y espiritualmente maduros— y tomarte el tiempo necesario para describirles en detalle la situación. Pregúntales con humildad: «¿Piensan que Dios en realidad me habló? ¿Será la voz de Dios lo que oigo, o según la opinión de ustedes se me cruzaron los cables?». Escucha con la mente abierta y concéntrate en las respuestas que recibas, ya que podrían salvarte de una imprudencia.

Somete todos los mandatos a la prueba de los consejos maduros. Te salvarás de una cantidad enorme de dolores de cabeza y quizás podrás confirmar la mejor voluntad de Dios para tu vida.

NOTAS

Capítulo 1: El oído de Samuel

1. 1 Samuel 3:4b.
2. 1 Samuel 3:5b.
3. 1 Samuel 3:9a.
4. 1 Samuel 3:9b.
5. 1 Samuel 3:10b.
6. Santiago Drummond Burns (1823–64), «Hushed Was the Evening Hymn» también se lo conoce como «Samuel» en algunos himnarios, traducido de *Church Hymns with Tunes*, SPCK, Londres, 1874.
7. Tito 3:5.

Capítulo 2: Un Dios que se comunica

1. 1 Reyes 19:10.
2. 1 Reyes 19:11.
3. Ibídem.
4. 1 Reyes 19:12.
5. 1 Reyes 19:13.
6. Génesis 3:8.
7. Génesis 8:15.
8. Génesis 12:1-9.
9. Véase Génesis 46:2.
10. Éxodo 3:2.
11. Éxodo 20:1.
12. Véase Éxodo 25.
13. Números 22:37-38.
14. Deuteronomio 5:23-24.
15. Véase Jueces 6 y 7.
16. Jueces 13:6-8.
17. 2 Crónicas 18:13.
18. Isaías 30:21.
19. Isaías 6:8.
20. Isaías 50:4-5.
21. Jeremías 1:7.
22. Amós 3:7.

23. Véase Lucas 1.
24. Lucas 1:28.
25. Mateo 1:20-21.
26. Lucas 2:10-11.
27. Véase Marcos 4.
28. Juan 11:14-15.
29. Hechos 8:26.
30. Hechos 10:15.
31. Hechos 15:28.
32. Hechos 27:23-25.
33. 1 Corintios 2:7.
34. 2 Corintios 2:17.
35. 2 Corintios 12:8-9.
36. Hebreos 1:1-2.
37. Véase Hechos 11, 13 y 16.
38. Véase Santiago 1:2-5 y Hebreos 12:5-11.
39. Hechos 9:4.
40. Hechos 9:5a.
41. Hechos 9:5b, enfasis añadido.
42. Dallas Willard, *Hearing God: Developing a Conversational Relationship with God*, InterVarsity, Downers Grove, IL, 1984, p. 18.
43. Hebreos 10:19, 22.

Capítulo 4: Cómo reconocer la voz de Dios

1. Salmo 46:10, énfasis añadido.
2. Mateo 10:16.
3. Proverbios 11:14.

Capítulo 5: Los mensajes de Dios por escrito

1. Efesios 4:32.
2. Proverbios 3:5-6.
3. Véase Romanos 13:1-2.
4. Tito 3:5.
5. Romanos 8:1.
6. Isaías 1:18.
7. 1 Juan 5:13, énfasis añadido.
8. Santiago 4:6.
9. Santiago 4:10.
10. Romanos 12:16.
11. Santiago 1:20.
12. Isaías 61:8.
13. Proverbios 19:17.

14. Énfasis añadido.
15. Juan 14:27a.
16. Énfasis añadido.
17. 1 Corintios 15:58.
18. 1 Corintios 15:58, Biblia en Lenguaje Sencillo.
19. Colosenses 3:16.
20. Henri-Frédéric Amiel, *Amiel's Journal; The Journal Intime of Henri-Frédéric Amiel*, A. L. Burt, Nueva York 1900, p. 16.

Capítulo 6: Luz para las noches oscuras del alma

1. 1 Samuel 30:6, énfasis añadido.
2. Si deseas saber más sobre esos años, lee el libro de Bill Hybels y Lynne Hybels, *Rediscovering Church: The Story and Vision of Willow Creek Community Church*, Zondervan, Grand Rapids, 1995.
3. Santiago 1:2-4.
4. Salmo 23:4a.
5. Brian Kolodiejchuk, ed., *Madre Teresa: Ven, sé mi luz. Las cartas privadas de «La Santa de Calcuta»*, Planeta, 2008.
6. Se trata del tradicional espiritual afroamericano «Standin' in the Need of Prayer».
7. Véase Mateo 26:38.
8. Mateo 26:46a.

Capítulo 7: Mandatos para los padres

1. En el año 2007, Shauna publicó un libro, *Cold Tangerines: Celebrating the Extraordinary Nature of Everyday Life* (Zondervan), en el que relata los detalles y las duras lecciones que aprendió durante esta etapa de su vida.

Capítulo 8: Cuando Dios habla a través de otras personas

1. 2 Samuel 12:1-3.
2. 2 Samuel 12:5.
3. 2 Samuel 12:7a.
4. 2 Samuel 12:13.

Capítulo 9 : Mensajes que cambian el mundo

1. Salmo 106:3
2. Salmo 140:12
3. Isaías 1:17.

4. Isaías 61:8.

5. Miqueas 6:8.

6. Lucas 11:42.

7. Véase Éxodo 22:25.

8. Véase Deuteronomio 15.

9. Zacarías 7:11b-12a.

10. Véase 2 Corintios 8:9; Proverbios 19:17; Mateo 25:31-46.

11. Sin duda el mejor libro que leí sobre el tema de la extrema pobreza es *Walking with the Poor*, de Bryant Myers (Orbis, Maryknoll, Nueva York, 1999). No volverás a ser el mismo cuando tu corazón entienda la verdad sobre la pobreza en el mundo. ¡Léelo bajo tu propia responsabilidad!

12. Según estimaciones estadísticas del Informe del Desarrollo Humano de las Naciones Unidas para el año 2006.

13. Michael Emerson y Christian Smith, *Divided by Faith*: *Evangelical Religion and the Problem of Race in America*, Oxford University Press, Londres y Nueva York, 2001.

14. Ibídem, p. 22.

15. C. S. Lewis, «El círculo cerrado» en *El peso de la gloria*, Ediciones Rialp, Madrid, 2002, p. 51. Este ensayo está basado en una conferencia de C. S. Lewis en el King's College de la Universidad de Londres en 1944. Se publicó originalmente en la colección *Transposition and Other Addresses* en 1949. Si desea leer una discusión fascinante sobre el concepto del «círculo cerrado», visite el sitio en la Internet: lewissociety.org/innerring.php.

16. Emerson y Smith, *Divided by Faith*, p. 14.

17. Ibídem, p. 93.

18. Ibídem, p. 94.

19. Mateo 5:44.

20. Matthew Soerens y Jenny Hwang, *Welcoming the Stranger*: *Justice, Compassion and Truth in the Immigration Debate*, InterVarsity, Downers Grove, IL, 2009.

Capítulo 10: Basta con que digas una sola palabra

1. Bill Hybels y Rob Wilkins, *Descendiendo hacia la grandeza*, Editorial Vida, Miami, FL, 1994.

2. Filipenses 2:6.

3. Filipenses 2:7a.

4. Énfasis añadido.

5. Hybels y Wilkins, *Descendiendo hacia la grandeza*, p. 19 (del original en inglés).

6. Filipenses 2:9-11.

7. Mateo 8:10, Reina Valera Antigua.